新——悦

遇见智识与思想

EGYPT

LOST CIVILIZATIONS ·

六千零一夜

〔英〕克里斯蒂娜·里格斯
Christina Riggs
著

关于古埃及的
知识考古

曹　磊
译

中国社会科学出版社

图字：01-2018-7666号

图书在版编目（CIP）数据

六千零一夜：关于古埃及的知识考古 ／（英）克里斯蒂娜·里格斯著；
曹磊译.—北京：中国社会科学出版社，2019.9
书名原文：Egypt
ISBN 978-7-5203-4477-7

Ⅰ.①六… Ⅱ.①克… ②曹… Ⅲ.①文化史－研究－埃及－古代
Ⅳ.①K411.203

中国版本图书馆CIP数据核字（2019）第101181号

出 版 人	赵剑英
项目统筹	侯苗苗
责任编辑	侯苗苗　沈　心
责任校对	刘　娟
责任印制	王　超

出　　版	中国社会科学出版社
社　　址	北京鼓楼西大街甲 158 号
邮　　编	100720
网　　址	http://www.csspw.cn
发 行 部	010-84083685
门 市 部	010-84029450
经　　销	新华书店及其他书店

印刷装订	北京君升印刷有限公司
版　　次	2019 年 9 月第 1 版
印　　次	2019 年 9 月第 1 次印刷

开　　本	880×1230　1/32
印　　张	11.75
字　　数	212 千字
定　　价	89.00 元

凡购买中国社会科学出版社图书，如有质量问题请与本社营销中心联系调换
电话：010-84083683

版权所有　侵权必究

谨以此书纪念我亲爱的比蒙（Behemoth）

历史的"罗生门"

　　《罗生门》是根据日本作家芥川龙之介短篇小说《筱竹丛中》改编的电影。电影中几位目击者就一位武士的死亡，讲述了不同版本的故事，各有各的背景、立场、态度和目的，最后人们再也无法弄清事情的本来面目。

　　英语中的历史"history"由"his"和"story"组成，即"他的故事"。历史与故事相似，客观发生过的事实只有一个，而以事实为原材料的历史却可以永无休止地演义，"罗生门"在所难免。给众说纷纭的"他的故事"贴上对错标签，是处理历史"罗生门"的常规思路，但这不该是唯一的思路。

　　历史作为一种由人构建的"知识"，执笔者必然有其生活的语境，无法突破自身的局限性，故而故事不可能与所有语境都合拍。中国古人曾经坚信天圆地方，自己身处世界中心，并在这种理念的指导下绘制了许多鬼画符般的地图，撰写了天方夜谭的《山海经》。

如今我们固然可以打着"科学"的名号将它们贬斥为封建糟粕，却也可以换个思路，琢磨古人为什么会有这种想法，崇尚天人合一的他们，又在这种世界观的烛照下燃烧出了怎样的人间烟火，这未尝不是面对历史"罗生门"的一种思路——知识考古学。

面对浩如烟海的历史"罗生门"，与其站在自己的语境中，片面纠结某个故事真实与否，不如想想，那些千奇百怪的"罗生门"，究竟为什么会被构建出来，讲这个故事的人依据为何、目的为何，故事承载了怎样的社会历史和文化。这恐怕要比单纯判断对错、作出取舍，更有意义，也更有趣。

克里斯蒂娜·里格斯（Christina Riggs）的《六千零一夜》就是这样一本有意义也有意思的书，作者希望梳理的是一个已经被世人众口相传，讲了 6000 多年的老故事。6000 年间沧海桑田，古埃及人、古犹太人、古希腊人、古罗马人、古埃塞俄比亚人、阿拉伯人、土耳其人、法国人、英国人、美国人，乃至与埃及远隔万里的我们，出于不同的目的，站在不同的立场上，不约而同地成了这个老故事的讲述者，喋喋不休地把埃及这个老故事传承、延续下去，就像阿拉伯古代传说《一千零一夜》里那样，讲了一天又一天，好像永远也讲不到尽头。时至今日，无论身在何处，每个人心里都会有个与埃及有关的故事。这个故事里的埃及与现实中的埃及既相似又不同，这更多地取决于故事讲述者自身的个性、学识、修养和际遇，以及所处的文化语境。套用福柯知识考古学的理论来说，每个人心中与埃及有关的这个故事，其实就是一种以埃及为名的"知识"。

克里斯蒂娜·里格斯的这本《六千零一夜》并非是要向读者简单介绍一些和古埃及有关的历史常识，炫耀身为专业学者的博闻强识，更主要的目的还是希望站在知识考古学的立场上，摸索作为"知识"的古埃及在过去6000年间东西方语境中的构建和演化历程，盘点围绕"古埃及"这3个字滋生出来的千奇百怪的历史"罗生门"，回忆6000多年前的"他们"，同时也反思6000多年后的"我们"。正如本书作者所说，作为现实国家的古埃及早在2000多年前就已终结，作为"知识"的古埃及却在东西方语境中不断"故事新编"，让文化的"金字塔"耸立在这个星球的每个角落，耸立在每个人的记忆里，潜移默化地影响着我们日复一日的生活。真实的古埃及到底是什么样的？这可能会是一个永远刺激我们想象，却又永远找不到"正确"答案的问题。或许未来某天，真的有人能给出个完美的答案。在这个幸福的日子来临前，我们也不妨先跟随克里斯蒂娜·里格斯，来一场以古埃及为目的地的知识考古。如果读者能够通过阅读本书学会一种思考问题的新方法，那将令本书作者和译者都倍感欣慰。

它伏在莲叶之下，卧在芦苇隐秘处和水洼子里。

莲叶的阴凉遮蔽它，溪旁的柳树环绕它。

《圣经·约伯记》

埃及大事年谱[1]

公元前 4500—前 3000 年前后，前王朝时期

公元前 3000—前 2600 年前后，早王朝时期，第一至三王朝，塞加拉阶梯金字塔完工

公元前 2600—前 2180 年前后，古王国时期，第四至六王朝，吉萨金字塔完工，特提金字塔完工

公元前 2180—前 2050 年前后，第一中间期

公元前 2050—前 1650 年前后，中王国时期，第十一至十三王朝

公元前 1650—前 1550 年前后，第二中间期

公元前 1550—前 1070 年前后，新王国时期，第十八至二十王朝，阿拜多斯塞提一世神庙中的王表追溯了最久远的埃及历史，众

---

[1] 本书的年谱细节方面与目前通行的版本有区别，其中提到的部分人物、地名、历史时期、艺术品等正文将有详细介绍，这里不额外注释；另外，本书脚注除特别说明，均为译者所加。

多工匠汇聚在德瑞尔美狄亚村（Deir el-Medina），为附近帝王谷的法老陵墓工程效力

公元前 1070—前 712 年前后，第三中间期，第二十一至二十四王朝，格林菲尔德莎草纸问世

公元前 712—前 332 年，后王朝时期，第二十五至三十王朝，波斯人入侵

公元前 332—前 30 年，托勒密王朝时期，终结于埃及艳后克娄巴特拉七世手中，同时期的古罗马正处于共和时代，普雷尼斯特马赛克镶嵌画问世

公元前 30 年—公元 395 年，罗马统治时期，埃及成为罗马帝国的一部分，弗洛伊德收藏的狒狒雕像问世，赫库兰尼姆壁画问世

公元 395 年至 5 世纪 40 年代，拜占庭统治时期，埃及成为拜占庭帝国的一部分，听命于君士坦丁堡，也就是今天的伊斯坦布尔，赫拉波罗撰写破解古埃及象形文字专著

公元 5 世纪 40 年代至 969 年，阿拉伯伊斯兰倭马亚王朝阿巴斯大帝吞并埃及

公元 969—1171 年，北非伊斯兰法蒂玛王朝统治埃及

公元 1171—1250 年，萨拉丁[1]建立阿尤布王朝统治埃及

---

[1] Saladin，萨拉丁·阿尤布·本，阿拉伯世界抗击十字军东征的英雄。

公元 1300 年前后，一幅英国古地图明确标注了约瑟粮仓的位置

公元 1250—1517 年，马穆鲁克王朝[1]统治埃及

公元 1517 年，奥斯曼土耳其苏丹塞利姆一世（Selim I）征服埃及

公元 15 世纪，意大利文艺复兴时期古希腊和古罗马时代重新受到重视，很多人认为这两个时代的文化与古埃及存在渊源，锡耶纳天主教堂的地板镶嵌画问世

公元 16 世纪，古罗马时期从埃及引入意大利的方尖碑被重新竖立起来，成为贝尔尼尼四河喷泉的组成部分

公元 18 世纪，共济会在欧洲和刚刚立国的美国受到贵族阶层及受过高等教育阶层的追捧，美国将共济会的标志——长着一只眼睛的金字塔刻在了国玺背面

公元 1798—1801 年，拿破仑率军侵入埃及，铩羽而归；与此同时，罗塞达石碑等文物流入英国；维旺·德农领导一批法国科学家、工程师和艺术家尝试绘制埃及古代和现代地图

公元 1805 年，奥斯曼土耳其帝国委任的埃及总督穆罕默德·阿里为巩固自己的权力，开始在辖区内推动欧洲式的工业化

---

[1] Mamluk，1250—1517 年，统治阶层大多拥有土耳其 - 切尔克斯血统。

公元 1809 年，《埃及百科》一书首次出版；欧洲服装设计以埃及风格为时尚

公元 1822 年，商博良以罗塞达石碑为基础破解了古埃及象形文字

公元 1849 年，穆罕默德·阿里去世，他的儿子和孙子先后接任埃及总督

公元 1849—1851 年，马克西姆·杜·坎普代表法国教育部前往埃及拍摄照片

公元 1851 年，欧文·琼斯参照在埃及见过的神庙和雕塑，为伦敦海德公园的水晶宫设计了埃及厅

公元 1858 年，穆罕默德·阿里的儿子萨义德·帕夏授命法国学者奥古斯特·马利耶特调查埃及境内的文物古迹

公元 19 世纪 60 年代以后，大批欧美资本涌入埃及棉纺和制糖工业，与此同时，西方游客人数激增，从 19 世纪 70 年代开始，蒸汽轮船开始用于以埃及为目的地的包办式旅行；英国维多利亚时代的科学家制定了首张种族等级表，这份等级表为殖民主义和奴隶制提供了"合法"依据；小说、绘画和通俗文化开始以文化生产的方式打造西方语境中的"古埃及"形象，比如洒满月光的尼罗河、绝世美女埃及艳后等

公元 1867 年，奥斯曼土耳其帝国苏丹从萨义德的儿子伊斯梅尔

开始，正式授予埃及最高长官"总督"称号

公元 1869 年，法国人参股投资的苏伊士运河通航，威尔第创作歌剧《阿依达》以示庆贺

公元 1875 年，埃及发生经济危机，英国政府趁机收购了埃及总督伊斯梅尔·帕夏手中的运河股份

公元 1882 年，英国军队进驻埃及，镇压由乌拉比·帕夏将军领导的起义；埃及探索学会成立，这是一个由英国政府资助，对象为埃及的考古团体，在英国控制埃及的 40 年当中，探索学会渗透进了埃及的每个角落，成千上万的文物和收藏品由此流散到世界各地的博物馆和收藏者手中

公元 1902 年，意大利人主持设计的位于开罗市中心的埃及博物馆成立，大量文物从位于吉萨的王宫转移到这座博物馆

公元 1914 年，第一次世界大战期间，为制衡奥斯曼土耳其帝国，英国宣布埃及为独立的苏丹制国家

公元 1919 年，埃及爆发由华夫脱党[1]领导的革命，脱离英国独立

公元 1922 年，英国承认埃及独立，但同时保留对埃及外交事务的控制权，原苏丹艾哈迈德·福阿德（Ahmed Fuad）被拥立为埃及

---

[1] 埃及资产阶级政党，主张通过和平手段谋求国家独立。

国王福阿德一世；图坦卡门王陵墓被发现，发掘者霍华德·卡特与埃及文物部就文物归属权问题发生争议，这些文物最终全部留在埃及

公元 1928 年，艾哈迈迪·穆赫塔尔的雕像《埃及的觉醒》完工，树立在开罗拉美西斯广场，后来迁移到开罗大学

公元 20 世纪 20—30 年代，黑人文艺复兴运动将注意力集中到古埃及，开始强调非洲在人类文学艺术史中的贡献

公元 1952 年，埃及爆发革命推翻法鲁克国王统治，建立埃及共和国，英国殖民占领彻底结束，即所谓的 "7 月 23 日革命"

公元 1956 年，纳赛尔将军就任埃及第二任总统，宣布收回苏伊士运河主权，经过短期军事对峙，英国和法国军队撤出埃及领土

公元 1970—1981 年，萨达特总统执政时期，图坦卡蒙王宝藏先后在欧美大城市巡展

公元 1981—2011 年，穆巴拉克总统执政时期，终结于 2011 年 1 月 25 日的国内政变

目　录

图 1　彩色木版画及献给特巴肯洪苏夫人（Tabakenkhonsu）的祭文，这位女士位于画面最右侧，身穿白色长袍。掌管天空的女神努特（Nut）高高在上，俯视苍生，站在画面左侧的是女神的孩子奥西里斯和伊西斯，他们正在会见鹦头人身的托特神和他带来的洪苏夫人的亡灵。这块木版画来自兴建于公元前 675 年的停灵庙

第 1 章

寻找古埃及

21世纪初的我们有关记忆和失忆的很多看法，往往可以追溯到1个世纪前西格蒙德·弗洛伊德（Simund Freud）的著作。在维也纳寓所的那间心理咨询室中，弗洛伊德提出了很多深刻改变我们对人类意识的观点。他认为，人类思维大致分为意识和潜意识两种模式。很多看似被遗忘的东西并非真的已经被我们忘记，只不过是深深埋藏在潜意识中而已，而潜意识依然在潜移默化中影响着我们的言谈举止。这种影响是不自觉的，只有当我们察觉到某种潜意识的存在时，才能有意识地加以克服。

"埋藏"（buried）这个词用在这里非常恰当，因为弗洛伊德终其一生还是位狂热的业余考古学家，他在心理咨询室里堆满了来自古希腊、罗马和埃及的雕塑等各类古董¹。曾经供包括诗人杜利特尔[1]在内的诸多病人半躺半靠的那把著名躺椅[2]，就摆在一幅描绘月色掩映中的拉美西斯二世的阿布辛波（Abu simbel）神庙[3]的版画下方。他的书桌上足足摆了36尊来自不同古代文明的雕塑，其中主要是古埃及的青铜和石头雕像，比如象征托特神（Thoth）的

---

[1] The poet H.D，指 Hilda Doolittle，希尔达·杜利特尔，20世纪美国女诗人。
[2] 即现在心理医生普遍使用的躺椅，弗洛伊德认为让病人躺在躺椅上可以避免同医生发生眼神交流从而更放松地说出自己的内心，医生也可以通过这种方式获得精神分析的新视角，这种躺椅也被称为"弗洛伊德躺椅"。
[3] The temple of Ramses II at Abu Simbel，古埃及规模最大的岩窟庙建筑，位于阿斯旺，由第十九王朝法老拉美西斯二世主持修建。

狒狒，这位神灵在古埃及是主管书写、智慧和记录历史的神。据弗洛伊德的房东回忆，他经常会用手轻轻拍打石头狒狒光滑的脑袋，就好像对心爱的宠物那样。

本书主要以古埃及为题，从弗洛伊德的生活和著作入手似乎显得文不对题，然而他提出的很多关于记忆遗失的观点不但适用于个人，同时也适用于整个人类社会。贯穿 20 世纪，众多学者、哲学家和作家不断构建着名为"文化记忆"的理论，认为不同的文化记忆无时无刻不在影响相应国家和社会的价值观、社会结构和日常生活。² 以美国为例，这个国家的文化记忆可以体现为包括感恩节在内的众多国家节日，体现为美国文学、艺术、建筑、音乐等领域的独特准则，体现为奴隶制的惨痛记忆和长期影响。时光流逝，这些东西演化成为整个社会的共同记忆，有了约定俗成的说法，可是它们最初的形成背景却并没有那么简单。这里不妨详细说说。

多数美国人认为过感恩节的传统可以追溯到 17 世纪新英格兰[1]殖民时期，然而这个节日其实是在 1863 年由林肯总统（president Lincoln）提议设立的，目的是为了提升内战时期[2]的国家团结。至于艺术领域的种种规范，其实自这些规范诞生以来，应该墨守成规

---

[1]　The New England，美国大西洋沿岸的 6 个州，属于英国人最早在北美开辟的殖民地。
[2]　The Civil War，即美国南北战争。

还是突破创新就是一个老生常谈的话题，经常引发激烈的争论。奴隶制对美国社会而言则属于被有意遗忘的历史。直到 2016 年美国国家非洲裔美国人历史文化博物馆[1]成立前，美国都没有为那些数以百万计因奴隶制而失去生命或遭受苦难的人设立的博物馆或纪念碑，联邦一级或州一级的政府甚至从未对这段历史作过官方认可。公众也没有普遍意识到曾经的奴隶制对今天的美国社会余波犹在。

借助弗洛伊德理论，我们可以像解读个人意识那样，解读这种社会心理。埋藏记忆的目的可能是为了有意忘记奴隶制这种悲惨往事，掩饰欧洲殖民时代的侵略行径，或者干脆是为了压制那些与主流话语存在差异的不同声音。这些记忆以及由此引发的焦虑可以被埋藏，却不会被遗忘。某些突发事件，比如白人警察枪杀手无寸铁的黑人等，可能会像在伤口上撒盐那样重新唤醒它们，让这些悲惨往事得以改头换面，故事新编。

如果说某些文化记忆是为了埋藏那些艰难困苦的历史时刻，那又应该怎样理解那些引发我们庆贺甚至狂欢的共同历史和记忆呢？在西方主流文化中，古埃及通常扮演着正面形象，被认为是已经被

---

[1] The National Museum of African American Art and Culture, 2016 年 9 月 24 日开馆，位于华盛顿。

西方（"west"这个词如果仅按字面去简单理解是有问题的[1]）历史和文化部分招安了的失落文明。实际的情况是，身在西方的我们站在自己的立场上，通过书籍、电视节目和博物馆展览，建构并重新"发现"了那个"古埃及"，大家也往往是从自己的立场出发去理解那个所谓的"古埃及"。例如巴黎协和广场（the Place de la Concorde）取代原先的断头台而竖立起来的方尖碑[2]，还有拉斯维加斯金字塔形的卢克索（Luxor）酒店 3 和赌场等，这些东西归根结底都是西方人打着"埃及"名号的自说自话。拉斯维加斯的赌场修建成金字塔模样仅仅是为了开个有益无害的玩笑吗？欧洲各地纷纷竖立起方尖碑仅仅是出于西方现代科学为人类共同利益而保护和研究古代历史文化的高尚动机吗？答案正如本书将要展现的那样，回忆并非一个简单的过程，当我们试图以回忆的方式重建"过去"时，"过去"就已经变得面目全非了。

关于法国人对古埃及的热情，还有拉斯维加斯的金字塔形赌

---

[1]　这本书运用了很多知识考古学和系谱学的理论，即认为无论"西方"还是"古埃及"，作为一种人为建构的文化或知识，本身拥有复杂的形成背景，内部包含着诸多矛盾和妥协，是一个张力平衡的存在。感兴趣的读者可参考福柯《知识考古学》、萨义德《东方学》和贝尔纳《黑色雅典娜》等书。

[2]　Obelisk，方尖碑是古埃及的代表性建筑，象征了对太阳神的崇拜，文艺复兴后的欧洲出现了强烈的复古倾向，方尖碑逐渐被赋予了新的含义并受到普遍推崇，巴黎协和广场上的方尖碑原本矗立在卢克索神庙门前，拥有 4000 年以上的历史，最初的作用是记载法老拉美西斯二世的丰功伟绩，1836 年被整体迁移到法国。

场，本书后面将有专门介绍，这里还是继续谈谈弗洛伊德的话题。作为狂热的业余考古爱好者，弗洛伊德对人类意识演化的历史性认知其实是与同时期的考古学研究成果相匹配的。弗洛伊德理论虽然吸收了很多古希腊神话元素，而且他本人一生除了从维也纳前往雅典和罗马游历过一趟，就再没有参观过其他古代遗迹，可是这位心理学家晚年的思想却大量吸收、借鉴了古埃及元素。他神游古埃及的方式是坐在书桌前，同那些古埃及神像四目相对。

月亮神

那尊狒狒雕像仍旧立在弗洛伊德书桌右手边桌角的位置上。书桌所在的住宅位于伦敦北部，弗洛伊德当年为躲避纳粹迫害，以难民身份逃到这里，然后就在这所住宅度过了生命中最后的时光。这所住宅现已得到保护，成为弗洛伊德博物馆。博物馆的馆藏包括 1 个图书馆，很多古董，精心收藏的各种盖毯，当然还有那把著名的"弗洛伊德躺椅"。1938 年，弗洛伊德将这些东西从维也纳带到伦敦，目的是尽可能营造自己熟悉的环境。为了把其中的贵重物品带出奥地利，他的朋友兼病人玛丽·波拿巴 [1] 替他向纳粹政府支付了相关

---

[1] Marie Napoléon，拿破仑的曾孙女，在西方也被称为"坞丽公主"，她患有抑郁症，是弗洛伊德的第一个病人，后来就成为他的学生、崇拜者和资助人。

图 2　弗洛伊德收藏的石头狒狒雕像，公元 1 世纪前后完成于古埃及或罗马

费用。

桌子上 21.5 厘米（8 英寸）高的雕像表现的是只蜷缩、蹲坐的公狒狒，它的尾巴从右侧环绕着身体，两只前爪搭在膝盖上。狒狒头顶上横卧着一个新月形的小构件，新月下凹的部分又托着一个醒目的小圆盘，它是满月的代表。狒狒是古埃及文化象征托特神[1]的两种动物之一，不过弗洛伊德的这尊狒狒雕像很可能是古罗马帝国时期的作品，或者至少创作于公元前 1 世纪—公元 3 世纪古罗马帝国统治下的埃及。狒狒由整块大理石雕刻而成，这种石料在埃及非常稀有，在意大利和地中海东部却很常见。古埃及雕像通常采用长方形底座，弗洛伊德狒狒雕像的底座却是圆形的，狒狒的后爪和尾梢与底座相连的部分明显经过二次加工，这说明雕像本身蕴含的历史信息非常复杂。很有可能，它是后来的作者在某件古代雕塑残件的基础上重新雕刻而成的，因此风格方面更加符合弗洛伊德那个时代收藏者的口味。

弗洛伊德收藏的古董大多来自一位名叫"罗伯特·拉斯汀"（Robert Lustig）的商人，他的古玩铺子就在距离前者维也纳寓所不远的位置。20 世纪早期，包括埃及在内的北非和中东地区对文物出口没有任何限制，很多古董因此从这个地区源源不断地流入欧洲和

---

[1] Thoth，古埃及文化中主管书写、知识、智慧和月亮的神，被认为是埃及象形文字的发明者。

其他地方，类似弗洛伊德狒狒雕像这种体积大小适中，能摆放在室内的古董销路尤其好。1902 年，开罗（Cario）市中心刚落成的考古博物馆[1]甚至开设了专门商店，根据出口许可向公众出售那些与馆藏展品内容重复，或被认为没有太大价值的文物。

弗洛伊德书桌上摆放的几尊小雕像明显经过有意挑选，都是某种古代文化或知识的代表。或许，作为拥有很高教育水平的医生和著述等身的作家，弗洛伊德经常需要通过凝视象征托特神的狒狒、古希腊的雅典娜，或者古埃及圣贤伊姆霍特普[2]获取灵感。在古埃及神话中，托特神是主管书写和智慧的神，不过我们也有理由认为他同时还操控着历史和文化记忆，因为托特神还扮演着神圣书记官的角色，法老和诸神们希望被载入史册的重要决定、日期和事件，都要经他之手落实到纸面上。除此之外，托特神还负责在阴间称量死者的心脏，并将结果记录下来，作为评判这个人生前善恶的依据。就连法老们坐江山的年限也要由托特神预先刻写在神圣的鳄梨树[3]上。

书写在古埃及受到特别的重视，因为当时只有 2%—5% 的人能读书写字。古埃及帝国鼎盛时期人口平均在 200 万左右，其中识字的大概只有 4 万人，而且差不多都是男人或男孩。为了能够读书写

---

[1]　应指开罗市中心解放广场的埃及博物馆。
[2]　Imhotep，古埃及历史真实存在过的半人半神化的人物。
[3]　Persea tree，鳄梨树在古埃及神话和壁画中经常出现，被认为具有神力。

字，这些人从小就要在神庙附属的学校接受专门训练。神庙在古代埃及不仅是举行祭祀、供奉神灵的场所，同时也被视为国家政治、经济的支柱。某些男孩从小就要被挑选出来，作为专职书记官学习读写。书记官在古代埃及受人尊敬，拥有权力，甚至可以凌驾于政府官员之上。男孩们学习写字的主要方式是抄写那些带有道德说教色彩的神话故事，某本这种读写学校编写的教科书如此告诫学生[4]：

> 你热爱书写应该胜过热爱你的母亲……你应该认识到书写的魅力，没有比书记官更伟大的职业，世界上没有任何东西能够与之相提并论。

正是由于书记官的身份，托特神在各种艺术作品中经常被塑造成手里拿着 1 支芦苇笔[1]、1 卷莎草纸、1 个细长的装着削好的芦苇笔的笔匣，还有一黑一红 2 瓶墨水的形象，这些东西当时所有书记官都必须配备。

除了狒狒，托特神还可以以一种非洲圣鸟——鹮（拉丁文学名为 Threskiornis aethiopicus，属于涉禽，长着细长而弯曲的喙）的形象出现，或者也可以像很多古埃及神灵那样，被刻画为兽首人身

---

[1] 芦苇杆削尖蘸墨水写字。

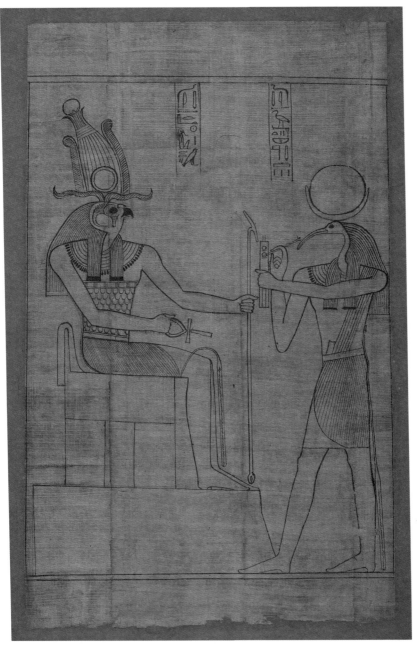

图 3　用墨水画在莎草纸上的拉·哈拉胡提神和托特神，见于大约创作在公元前 950 年的"格林菲尔德莎草纸"

的模样，也就是强壮男性的身体上长了一个鹮的脑袋。不管采取哪种形象，鹮的脑袋上也要和狒狒一样，顶着新月和满月的象征。大约创作于公元前950年，献给富有的女祭司纳斯坦波塔夏鲁的亡灵书[1]便表现了鹮头人身的托特神在隼头人身的拉·哈拉胡提神[2]5面前把芦苇笔伸进墨水瓶蘸墨水的情形。

纳斯坦波塔夏鲁的亡灵书原本是一幅展开超过37米（121英尺）的长卷，后来大英博物馆为方便装入玻璃框保存、展出，把它裁成了若干块。古埃及时代，这幅长卷被安放在女祭司的坟墓里，它上面用象形文字记载的那些咒语被认为蕴含着深奥的知识和神秘的力量，可以在另一个世界为死者引路。"入门测验"[3]是这些古埃及男女祭司工作生活的一部分。身为祭司，意味着他们死后的灵魂注定要同另一个神圣世界打交道，因此就需要提前作好各种准备，比如把用得着的咒语和礼节记录下来。献给死者的亡灵书全方位体现了古埃及人对死后世界的理解。

即便用墨水画在白里泛黄的莎草纸上，托特神头顶代表月亮

---

[1] Nestanebtasheru 音，她的亡灵书现藏于大英博物馆，是目前发现的篇幅最长的亡灵书，通常被称为"格林菲尔德莎草纸"。

[2] Re-Horakhty，古埃及神话中象征法老的鹰神与太阳神的合体。

[3] Initiation test，古埃及人认为人死后只要尸体不腐烂，灵魂就可以不朽并周游于死后世界，进入死后世界需要具备一定条件、经过一定考验，这就是"入门测验"，意思与中国人认为人死后灵魂首要先在阴间经过阎王审判然后才能轮回转世相似。

的圆盘和拉·哈拉胡提神冠冕上代表太阳的圆盘仍然显示出这两位神性人物时刻散发的神力光芒，他们戴着被古埃及人称为"三绺发""假发"或"饰头巾"[1] 的披肩长发的鸟头，则提醒人们这两位神灵与神圣天空和珍贵青金石[2] 间存在的紧密联系。古埃及人心中的神灵不但能像金属一样闪闪发光，还能幻化出阳光般的七彩光泽。那个时代的埃及艺术品中，经常出现人类与动物相混合的造型，人不仅可以顶着动物脑袋，还可以被安上牛的尾巴、鸟的羽毛或者某些动物的犄角。古埃及艺术家这么做，并非因为他们心中想象的神就是这个样子，而是因为按照当时艺术创作约定俗成的规矩，将某些动物身体部位安放在人身上，是为了体现那些无法被人类理解和描述，也无法由人类掌控的巨大神力。

　　为了表现托特神的重要性和多才多艺，古埃及艺术家同时为他创造了鹮、鹮头人身，以及狒狒这 3 种形象。3 种形象都可以代表托特神，却存在微妙的区别和不同的用途。古埃及的某些时期，非常流行用小型的鹮雕像象征托特神。弗洛伊德收藏的这种狒狒雕像器型有大有小，通常以独立造像的形式摆放在神庙里。不仅如此，

---

[1]　古埃及人无论男女都流行把自身的头发剃光，然后戴各种造型的假发，上面还要添加很多饰物，既是预防寄生虫的需要，也是身份地位的显示，这个风俗后来被古罗马继承，近代欧洲男性流行戴假发，现在西方法官和律师出庭仍然要戴羊毛假发都属于这种风俗的遗留。

[2]　古埃及青金石与黄金等价，被认为是天空的象征。

古埃及人还会饲养那些被认为同神存在关联的动物，作为祭祀时的牺牲。它们以祭品的身份遭到宰杀，然后会被制作成木乃伊埋葬起来。这种风俗在公元前 600 年前后开始普遍流行，一直延续到古罗马时代。[6] 今天的考古学家在埃及最大的托特神神庙附近发掘出了数千具鹮和狒狒的木乃伊，它们被整齐地安放在成片的地下墓穴里，这块墓地紧挨着那些曾经生活在这座古代城市里的居民们的墓地。[7]

作为古埃及文化中主管书写和智慧的神，托特神及其相关信仰在古埃及人与亚述帝国[1]、古希腊商人和雇佣军，以及染指这片土地最晚的古罗马帝国发生交往或冲突的特殊阶段，往往会受到特别重视。法老们的世系传承可能会被各种原因打乱，神庙与祭司的传承却相对稳定。作为专属于众神的书记官，托特神掌管的书写和智慧神力，逐渐演化为被某个掌握古埃及象形文字和语言的小圈子所垄断的知识。每当周围的环境发生重大变故，祭司们就可以将神庙当作保存古代知识的"避风港"。这种做法非常成功。恰恰是通过托特神的形象，古典时代[2]和中世纪的人们才能记得住很久很久以前法老时代埃及的历史。

---

[1] 古西亚文明，存在于两河流域。
[2] The classical world，指中世纪以前的古代西方世界，以古希腊为代表。

静止的赫尔墨斯[1]

前面提到的托特神神庙和配套的埋藏有牺牲动物木乃伊的墓地位于尼罗河（Nile）西岸，具体位置是在开罗以南 300 公里（185 英里）的阿曼尼亚（Alminya）省。这座神庙及邻近古城历史上不断地改名换姓，这本身就说明了埃及历史的漫长和复杂。时至今日，当地看似现代的外表背后。依然时时显露着过去的蛛丝马迹，那种感觉就好像是在纸张上反复擦抹、书写一样。古城现在的名字叫"艾尔－阿什穆嫩"[2]，这个名字是对稍早些的科普特[3]语名字"shmunein"的阿拉伯语翻译。"shmunein"的说法则源自更早的古埃及地名"khmunu"，它的意思是"八神之城"（City of the Eight）。古埃及早期宗教认为，今天的世界由 8 位神灵从混沌之中创造出来，古城的名字代表了当时的居民对这 8 位神灵的崇拜。后来，托特神越来越受到古城居民们的重视，象征他的鹮形象被不断赋予各种神圣含义。正是由于当地人对托特神的异常推崇，虽然整个埃及都崇拜托特神，可是献给这位神灵规模最大的神庙却出现在艾尔－阿什

---

[1] Hermes，古希腊神话中主神宙斯的儿子，被认为是诸神的信使，经常被塑造成快速奔跑或飞翔的形象。

[2] El-ashmunein，具体位置在开罗以南 300 公里的明亚市。

[3] Copts，这个名词源自阿拉伯语，指信仰基督教的古埃及人。

穆嫩。只可惜，这座宏伟的古代建筑现在几乎已经片瓦无存。

　　古埃及考古学领域通常习惯用某个地方古代的名字来指代这处古代遗迹，"艾尔－阿什穆嫩"现在更通行的名字其实是"荷莫波里斯"（Hermopolis），这个名字来自希腊语，意思是"赫尔墨斯之城"。当年，生活在地中海东部、说希腊语的居民纷纷来到埃及做生意。亚历山大大帝（Alexander the Great）征服埃及以后[1]，这些异乡人逐渐在埃及定居，同时开始为自己宗教信仰中的神灵在古埃及神灵体系中寻找对应。这样一来，某些专属古埃及的神灵便根据与其对应古希腊神灵的相似性，获得了希腊式的名字。某些神灵无法在古希腊神话中找到对应，比如古埃及的主神阿赛特[2]和维斯尔[3]，则直接被硬安上了今天仍被我们沿用的希腊式名字——伊西斯[4]和奥西里斯[5]。今天的人们或许知道赫尔墨斯是古希腊的信使神，为了提高送信的速度，他的身上还长了翅膀。人们不知道的是，很久很久以前，赫尔墨斯还被认为是主管语言、书写和学习的神，他本

[1] 即托勒密王朝，这个时期的埃及社会出现明显两极分化，社会上层在适度接纳埃及元素的同时坚持说希腊语，推崇希腊文化和习俗，将马其顿视为故乡，社会下层则更多保存原始埃及风貌。

[2] Aset，即后面说的伊西斯在古埃及语中的名字。

[3] Wesir，即后面说的奥西里斯在古埃及语中的名字。

[4] Isis，奥西里斯的妹妹兼妻子，以她为源头的女神崇拜习俗在西方影响深远。

[5] Osiris，古埃及神话中的冥王，生前为贤明法老，遭弟弟暗杀，后被制成木乃伊复活，古埃及人制作木乃伊的习俗就起源于这个神话。

人则以机智和狡诈著称于世。凭借这种相似性，将赫尔墨斯和托特神等同起来，只需要作些语言学和神学方面的变通，变通的结果就是"荷莫波里斯"（Hermopolis）。有时，"Hermopolis"的后面要加上"Magna"的字样，为了与埃及的同名城市相区别，"Magna"的后面还得再加上"The Great"2 个字。这个埃及加希腊式的名字曾让那些早年间来到埃及的欧洲游客、学者和考古学家倍感新奇。

对古埃及宗教感兴趣的，不仅是那些曾在当地游历或定居的古希腊人。当时，地中海东部的商业航线四通八达，埃及海岸、黎凡特[1]、土耳其、塞浦路斯（Cyprus），乃至意大利半岛[2]在很长历史时期里都曾被古希腊和来自今天黎巴嫩（Lebanon）地区的腓尼基[3]水手当作航行中的落脚点。最晚在公元前 2 世纪，甚至更早的时代，古罗马帝国内部便如雨后春笋般地冒出了很多具有埃及色彩的异教团体。分布在地中海沿岸的这些异教团体主要崇拜女神伊西斯，她既是主神奥西里斯的妹妹，同时也是妻子。奥西里斯被他的哥哥赛特[4]谋杀后，伊西斯凭借法术保全了哥哥兼丈夫的生命力和性能

---

[1] The levant，历史名词，大致范围包括中东托罗斯山脉以南、地中海东岸、阿拉伯沙漠以北和上美索不达米亚以西的广大区域。
[2] The Italian peninsula，通行的说法应为"亚平宁半岛"。
[3] Phoenician，西亚古代文明。
[4] Seth，古埃及神话中象征力量、战争、沙漠、风暴和外国的神。

力[1]。神话中的伊西斯被塑造为全能的母亲形象，哥哥兼丈夫奥西里斯复活后，与她生下一子荷鲁斯[2]。这个孩子被秘密抚养成人，长大后替父亲报了仇。

地中海沿岸崇拜女神伊西斯的异教团体同时还吸收了很多古埃及人与尼罗河泛滥有关的宗教理念8，比如对来自河流的圣水的重视，以及神圣动物崇拜等。公元79年被维苏威火山（Mount Vesuvius）喷发掩埋的庞贝城（Pompeii）和赫库兰尼姆（Herculaneum）城内就都修建有供奉女神伊西斯的埃及异教神庙，赫库兰尼姆城内一面保存完好的墙上还绘制有在这样的神庙中祭祀女神伊西斯场景的壁画。壁画中的神庙规模不大，一连串台阶通向高高在上的大门。类似这样的规制和古埃及的传统神庙，比如荷莫波里斯的托特神神庙完全不同，却与公元1—2世纪分布在意大利和埃及的多处伊西斯神庙结构大同小异。赫库兰尼姆的壁画同时还体现出了明显的异域风情，神庙大门两旁画着鳄梨树和狮身人面像。原产自非洲，羽毛黑白相间的神圣鹮鸟站在位于台阶右侧的高台上歇脚。一位男祭司正在给焚烧祭品的火堆扇风，另一位男祭司手里则举着一片棕榈树叶，那就是当时的扇子。围拢在祭坛周围的信徒中，有很多人手持

---

[1] Sexual potency，传说中奥西里斯被赛特砍成14块扔进尼罗河，伊西斯只找到其中13块，阴茎那一块被鱼吃了，只好用橄榄木雕刻了替代物。
[2] Horus，古埃及神话中法老守护神和战神。

被称为"西斯铃"[1]的金属拨浪鼓,这是一种源自古埃及的乐器,人们认为它发出的"沙沙"声可以取悦诸神,古埃及人依据声音把它叫作"shesheshet"。挨着狮身人面像站着的男女祭司手里也拿着西斯铃,待在神庙门口台阶下面的男祭司手里则气势汹汹地挥舞着一片细长的羽毛,这种羽毛是古埃及艺术中经常出现的东西。

重要的人物总要压轴出场,画面正中站在神庙门口的男祭司手里捧着一个造型奇特的瓶子。这个瓶子是洗礼专用的,瓶口处预留了水嘴,方便往外倒水。值得注意的是,男祭司捧瓶子时特意把身上穿的袍子扯出来一块垫在手上,这是为了保证自己的皮肤不直接同盛圣水的容器发生接触。就像很多宗教一样,古埃及宗教非常重视圣洁、纯净,无论是在这种宗教的故乡,还是受它传播影响的异域。古埃及祭司举行祭祀仪式时,讲究穿新的亚麻布衣服,不但要严格斋戒,禁止性行为,还必须把身上的体毛刮干净。这也正是赫库兰尼姆壁画中男祭司全部留光头的原因所在。画面中的这些男祭司的使命是继承前辈若干代祭司流传下来,已经延续千百年的宗教手稿、祭祀流程和信仰理念,女性祭司则被赋予其他使命,或者干脆被禁止参与此类仪式。就像那些前辈祭司们一样,这些有幸被神选中的男人们将自己掌握的知识当成秘密保守,只向那些同样有幸

---

[1] Sitrum,被认为是和古埃及生育女神有关的法器,又称"叉铃"。

被神选中，同时愿意发誓保守秘密的预备祭司传授这些知识。

托特神以及他在古希腊神话中对应的赫尔墨斯是最受尊敬的主管书写和智慧的神，被认为掌握着关于宇宙和人性的最高等级秘密，也就是我们现在所说的自然科学和哲学。将知识当成秘密保守并非意味着这些知识真的是关于某些千古之谜的答案，也并非意味着古埃及人真的像今天的人们认为的那样掌握着某些不可告人的巫术。事实上，保密这种行为本身便具有着巨大的社会影响力。掌握

图4 公元1世纪意大利赫库兰尼姆城壁画

秘密，同时也意味着拥有特权，意味着掌握秘密的人可以进入某些特定的区域，可以拥有某些特别的人脉关系，可以获得特殊的物资供应。相应地，不掌握秘密的人则被排除在拥有特权的小圈子以外，这其中的道理与现在的私人会所和俱乐部别无二致。保密这种行为本身其实是一个悖论，因为如果真的能够做到完全保密，那就不会有人知道你掌握着某种秘密，你当然也就不会拥有相应的社会影响力，可是很多时候，保守秘密的目的其实反倒是希望别人知道你掌握着某种秘密，保密因此成为了一种强调行为，而非掩饰。

在古埃及宗教希腊化、罗马化的过程中，保密越来越受重视，几乎成为了这种宗教的标志性特征。从属于这种宗教的祭司需要掌握某种特殊文字和符号（古希腊人称之为"神圣文字"）才能读写宗教文献，古罗马时代及近古代[1]大大小小的异教团体也大多采取地下的、秘密的活动方式，基督教后来也或多或少从中获得了借鉴。"Hermes"（赫尔墨斯）这个神灵的名字后来衍生出了"hermetic"这个词，它的意思可以理解为"密封的"，也就是保密或向社会其他成员隔绝。正是借助"hermes"这个含义丰富的词语（Trismegistus意为"三呼万岁"，是对古埃及语"wer、wer、wer"的翻译），古埃及的托特神才得以摇身一变，进入了欧洲人的文化空间。古埃及的

---

[1] Late antiquity，指西方从古典时代向中世纪的过渡期，大致范围是西罗马灭亡后到欧洲封建时代开始前，也有学者将这个名词译为"晚古时期"。

托特神被认为是若干古希腊哲学手稿的作者，只不过他在希腊的名字是"赫尔墨斯·特利斯墨吉斯忒斯"（Hermes Trismegistus）。这些手稿被认为大致完成于公元 1—3 世纪之间[9]，创作时参考了某些古埃及文献作为蓝本。到了使用拉丁语的古罗马时代，这些手稿被整体性地命名为《赫尔墨斯文集》[1]，后来逐渐失传，直到意大利文艺复兴时期才被重新发现。与此同时，以希腊语版本为源头的科普特语、叙利亚语[2]以及阿拉伯语版本的《赫尔墨斯文集》，却先后在中东地区薪尽火传。借助将基督教欧洲与伊斯兰教，将中东和北非连接起来的大海，传说中的"赫尔墨斯·特利斯墨吉斯忒斯"坚守了自己的神圣职责，让那些古代知识流传下来，为今天的我们所用。

从锡耶纳[3]到维也纳

很难想象某座罗马天主教堂可能成为邂逅古埃及托特神的最后处所，然而位于锡耶纳的圣凯瑟琳大教堂[4]宏伟的地板的的确确承

---

[1] *The Corpus Hermeticum*，也可译为《秘文集》。

[2] Syriac，指古叙利亚语。

[3] Siena，意大利古城，位于佛罗伦萨以南 50 公里，是中世纪意大利的政治、商贸和艺术中心。

[4] The Cathedral of st Catherine，最初完工于 1264 年，不过锡耶纳人为了赶超佛罗伦萨，把它建成世界上规模最大的天主教堂，又在这个基础上不断扩建，1339 年因黑死病流行被迫中断，所以这座教堂目前仍然处于未完工状态。

载着人们对"赫尔墨斯·特利斯墨吉斯忒斯"的敬意。现而今，只要迈过教堂正厅的门槛，就可以看到这件艺术杰作。教堂地板铺设于公元 14—16 世纪，面砖材质为白、黑、红、绿各色大理石，每块都出自当时最顶尖的艺术家之手。地板采用拼花镶嵌工艺，面砖先要从整块大理石上切割下来，经过单独打磨，然后再拼接成整体。公元 1488 年 [10]，雕塑家乔万尼·迪斯特法诺[1]完成了圣凯瑟琳教堂地板的总体设计，若干单片面砖拼接出来的图案就是古埃及的托特神，也就是中世纪欧洲人口中的赫尔墨斯·特利斯墨吉斯忒斯。就像当时欧洲人塑造的众多赫尔墨斯·特利斯墨吉斯忒斯形象一样，教堂地板上的他被刻画为留着长长胡须的睿智长者形象。圣凯瑟琳教堂的赫尔墨斯·特利斯墨吉斯忒斯头戴高高的尖顶帽，这种帽子是那个时代东正教神甫[2]或智者的专属标志，拜占庭（Byzantine）末代皇帝在他的画像中头上也戴着这种帽子。与尖顶帽搭配的是古色古香的厚重长袍，袍子上以黄金饰物作为装饰。画像底部同样用马赛克面砖拼接而成的拉丁文箴言意思可以理解为——赫尔墨斯·墨丘利·特利斯墨吉斯忒斯（Hermes Mercury Trismegistus），当代摩西（Moses）。

　　摩西就是《圣经》里的那位先知，他出生在埃及并在那里长大

---

[1]　Giovanni di Stefano，意大利文艺复兴时期锡耶纳画派最重要的代表人物。

[2]　Eastern priest，以东罗马帝国为基础形成的基督教流派，目前以希腊和俄罗斯为代表。

图 5 意大利锡耶纳天主教堂石头地板上的赫尔墨斯·特利斯墨吉斯忒斯形象，完成于公元 1488 年

成人，文艺复兴时代的学者认为这位先知接受过大量古埃及人智慧的启迪。15 世纪的欧洲，将赫尔墨斯·特利斯墨吉斯忒斯这个异教徒形象与《圣经》中率领信众"出埃及"的领袖人物相提并论，是再正常不过的事情。当时，包括柏拉图（Plato）在内的古代哲学家的作品在知识分子群体中被广泛阅读，这些先贤也因此受到他们的普遍尊敬。在解释基督教起源这个问题上，先贤们的真知灼见被认定对基督教和《圣经》的产生起到了很大的促进作用。1460 年代，《赫尔墨斯文集》回流到意大利，这套巨著想象中的作者赫尔墨斯·特利斯墨吉斯忒斯由此得以跻身先贤行列，成为了古埃及智慧

的化身。源自古埃及的智慧则被认为是一种最古老、最有用的智慧。

锡耶纳教堂的地板明白无误地显示了赫尔墨斯·特利斯墨吉斯忒斯与古埃及托特神的关联性，这种关联性并非如我们所期待的那样，体现在身材外貌或者穿着打扮方面，而是体现在赫尔墨斯·特利斯墨吉斯忒斯用一只手拿着的那本打开的书的书页上写着的拉丁文——Suscipite o lecteras et leges Egipti。这句话的意思可以翻译为："啊，埃及人，接受文字和法律！"赫尔墨斯·特利斯墨吉斯忒斯右侧还有两个人物形象，其中一位用手拿着那本书的另一边，他应该象征了由赫尔墨斯·特利斯墨吉斯忒斯施加教化的埃及人。单从头巾和短胡须这两个细节来看，手里拿着书的这个人的确具有明显的非欧洲特征。赫尔墨斯·特利斯墨吉斯忒斯左侧有块石碑，石碑的底座是两尊希腊化了的斯芬克斯小雕像，碑文的内容涉及神秘的智慧，神圣的文字，圣父、圣子和圣灵，其中的拉丁文引文出自《赫尔墨斯文集》。这幅以赫尔墨斯为中心的马赛克拼接画，通过图像和文字明白无误地说明了某些古埃及著作与被认为出自耶稣基督之手的某些基督教思想间的联系，拼接画中赫尔墨斯头戴的帽子和手拿的书卷，形象地暗示了源自前基督教时代的知识在 15 世纪的基督教时代，在意大利的华丽转身。

那些身在锡耶纳的信徒走进教堂望弥撒时，是否能意识到大厅地板上蕴含的深意呢？恐怕很少有人能够做到这点，因为他们普遍缺少解读这些图案和文字深意的相应知识。时至今日，恐怕也很少有造访这座教堂的旅行者或正在阅读本书的读者知道赫尔墨斯·特利斯墨吉斯忒斯这一神话形象。即便他们能够注意到地板上的图案，可是由于图案中人物外貌的迷惑性，他们恐怕也很难把这个人和古代埃及联系起来。毕竟，这幅拼接画里没有金字塔，没有长着翅膀象征太阳的金盘，也没有象形文字，如果说它和埃及有关，可能根本没有人相信。

古埃及人的亡灵书问世于公元前 1000 年前后，弗洛伊德收藏的狒狒雕像完成于公元 100 年前后，赫库兰尼姆的壁画完成于大约公元前 100 年，锡耶纳的地板拼接画则是 15 世纪晚期的作品，当那些古罗马和意大利文艺复兴时期的艺术家试图通过创作的方式重回古埃及时，时光的流逝似乎已经让他们忘了这位经常以狒狒或鹮形象示人的神灵到底应该是什么模样。以公元 6 世纪为起点，截止于公元 15 世纪中期的漫长中世纪彻底改变了欧洲和中东地区的政治、社会和宗教，让这个时期的文化与古代埃及和现代欧洲出现了明显断裂。直到 17 世纪，多数欧洲人对古埃及艺术的印象仍旧局限于方尖碑，以及那些在古罗马时期被掳掠至意大利的雕塑和小型文物，还有同时期古罗马艺术家参照埃及模式的仿制品。正如本书前面所说，欧洲人对丁古埃及宗教的理解也要经过古希腊和古罗马文化这具"透镜"的折射。由此形成的认识体系更多强调对古埃及智慧的盲目崇拜，甚至将其视为一种神秘的存在。

18 世纪，欧洲文化发生剧变，启蒙运动开始逐渐改变人们对现代和古代埃及的理解。今天的文化语境将启蒙运动理想化为一个崇尚理性的时代，一个充满发现的时代。然而，启蒙运动本身也有其形成的复杂政治、经济背景，比如殖民主义、工业化、奴隶贸易等。凭借强大军力作为支撑，欧洲开始了扩张主义的进程，大批商人和探险家得以来到埃及，随后又将他们的经历、见闻，比如动物木乃伊、巫沙布提俑[1]等，带回故乡，引发人们的强烈好奇。贯穿整个启蒙时代，人们始终将古代埃及视为象征文明和神秘的国度。类似共济会[2]和蔷薇十字会[3]这样的秘密社团，他们崇拜的偶像和教义往往受到贴着赫尔墨斯标签的古埃及文化影响，在当时正处于上升阶段的社会中产阶层，以及被认为"启蒙"程度更高的贵族阶层中拥有广大信众。通过"故事新编"的方式，这些人实现了对古代知识的再解读，满足了当代社会的需要，虽然再解读的过程本身不乏有意识地误读甚至歪曲。共济会因莫扎特（Mozart）1791 年的歌剧《魔笛》（*The Magic Flute*）闻名于世。这幕歌剧里的英雄因为

---

[1] Shabti figure，陪葬用的小型雕塑，类似中国古代的陶俑。

[2] Freemason，出现在 18 世纪的英国，目前世界规模最大的秘密社团。

[3] Rosicrucian，又称"蔷薇十字会"，成立于 1484 年，主要从事炼金术、占星术等神秘学活动，小说《达·芬奇密码》里的很多内容都以这个组织为原型。

自己的英勇行为，不但获得了浪漫爱情作为回报，还感动得大祭司萨拉斯托（Sarastro）施法，让他得以见识了来自古代的伟大智慧。歌剧的结尾，演员们齐声歌唱，赞美伊西斯和奥西里斯——他们是永恒的光明和智慧的象征。

本书下章将要谈到，拿破仑（Napoleon Bonaparye）1798 年对埃及发动的远征，通常被认为是现代欧洲对古埃及文化认识过程中的一个"分水岭"。拿破仑的远征将更多与埃及有关的知识引入欧洲，埃及的文物和现代艺术品开始更多地被西方了解。与此同时，拿破仑的远征还增加了欧洲与穆罕默德·阿里[1]，这位代表奥斯曼土耳其帝国苏丹管辖埃及的阿拉伯裔将领治下国度的经济和文化往来。这种往来绝不是单向的，而是双向的。埃及在这个过程中成为了专业学术领域的研究课题，大量文物通过博物馆渠道和普通商业渠道涌入欧洲。直到 1914 年第一次世界大战爆发，几乎所有欧洲和北美大城市都曾举办过不同形式的古埃及艺术展，许多城市还出现了具有古埃及风格的地标性建筑。这也是弗洛伊德在维也纳购买那尊狒狒雕像时，西方社会整体的文化氛围。就在距离弗洛伊德维也纳寓所几步远的地方，矗立着以艺术史为主题的维也纳艺术史博

---

[1] Mohamed Ali，1805 年被奥斯曼帝国任命为埃及总督，被认为是现代埃及的奠基人。

物馆[1]。弗洛伊德曾因那些与埃及有关的馆藏文物流连忘返,特别对那张古斯塔夫·克林姆特[2]创作的埃及题材壁画情有独钟。通过反复参观这家博物馆,弗洛伊德对古埃及的了解达到了无以复加的程度,这个古老文明对他再无秘密可言。

以文明自我标榜的启蒙运动其实也有其阴暗面,针对埃及的考古活动同时伴随着来自西方的殖民侵略,围绕苏伊士运河(the Suez Canal)控制权的反复争夺,背后充满肮脏、血腥的棉纺品生产,乃至那个沦为英国"儿皇帝"的傀儡苏丹[3]等等。通过聚焦古代埃及,同时无视现代埃及的方式,西方人最终从自己的文化立场出发,构建了一个符合自己胃口的"埃及"。这个被西方人讲述的"埃及"包括众多馆藏文物,若干旅游胜地,以及数不清的打着"埃及"名号的文学、音乐、戏剧等艺术作品。

第一次世界大战结束后,全球地缘、政治格局发生剧烈调整,随着奥斯曼土耳其帝国的解体,西方世界对埃及的殖民统治遭到严重挑战。20世纪20—30年代,埃及始终在努力尝试摆脱西方控制,

---

[1] Kunsthistorisches Museum,完工于1891年,由奥匈帝国皇帝佛朗茨·约瑟夫一世下令修建,主要用于集中展示哈布斯堡王朝统治时期的艺术成就。

[2] Gustav Klimt,奥地利象征主义画家。

[3] The Sudan,第一次世界大战时期,埃及名义上是奥斯曼土耳其帝国下辖的行省,与土耳其处于敌对关系的英国趁机宣布埃及为自己的"保护国",废黜了土耳其委任的总督,扶植傀儡,并授予其苏丹头衔。

成为独立国家。为了达到这个目的，原本几乎和现代埃及无紧密联系[1]的古代埃及被整合进埃及的国家历史当中，用以增强民族自豪感和自信心，争取国家独立，反抗西方针对埃及的以殖民主义为基础的歧视和丑化。[11] 与此同时，与埃及远隔重洋的美国，深受奴隶制遗毒迫害的非洲裔美国人也在极力谋求主流社会更多的尊重和认可。为了表达对现实的不满，以及对更美好未来的憧憬，发起黑人文艺复兴[2]的作家和艺术家同样将目光聚焦于古代埃及。他们认为，这种针对失落文明的重新发掘，不但可以给自己的故乡非洲带来复兴的希望，还能打造一个更加公平有序的世界。

时至今日，只要在网络上搜索关键词就会发现，无论托特神还是由此衍生而来的赫尔墨斯·特利斯墨吉斯忒斯，其实都没有走远。深奥的埃及学在 20 世纪初前后的英国已经初具雏形，相关知识在两次世界大战间短暂的平静时期，再次深刻影响了人类的共同认知。与频频发生问题的现代文明相对，包括埃及文明在内的古代、原始文明被认为是一种更本真、更符合人性的文化，反现代的潮流就此风生水起。20 世纪 30 年代，自称为古埃及祭司投胎转世的

---

[1] 现代埃及人以阿拉伯民族为主体，他们在种族、文化方面和以金字塔为象征的古埃及人其实没有太大联系。

[2] The Harlem Renaissance，又称"哈莱姆文艺复兴"，20 世纪 20 年代由美国纽约黑人聚居区哈莱姆的黑人作家发起，主要体现了当时西方社会中黑人权利意识的觉醒。

神秘学家阿莱斯特·克劳利[1]推出了专门研究塔罗牌[2]的《托特之书》[3]，这本书混合了西方炼金术和占星术、古埃及神话，以及中国周易等多种知识。阿莱斯特·克劳利富于想象力和煽动力，习惯离群索居，却拥有大批忠实追随者。他对古埃及魔法和神话的兴趣可以追溯到 19 世纪 90 年代。当时，阿莱斯特·克劳利参加了以炼金和占星术士为主题，名为"黄金黎明"[4]的秘密社团。这个社团在盛产不羁文人的布鲁姆斯伯里[5]召开会议时，克劳利结识了叶芝[6]和奥莉薇拉·莎士比亚[7]等团体成员，12 三个人因为对古埃及的共同兴趣走到一起，同时又各怀心思，面和心离。

　　弗洛伊德与习惯用各种古代神秘文化"炒冷饭"的阿莱斯特·克劳利虽然看似属于两个不同世界，却共同意识到了战争在欧

---

[1]　Aleister Crowley，英国神秘学家。

[2]　Tarot cards，西方占卜工具，流行于中世纪，在西方文化中的地位相当于中国周易。

[3]　*The Book of Thoth*，出版于 1943 年，研究塔罗牌的专著。

[4]　Hermetic Order of the Golden Dawn，欧洲规模最大的神秘学社团，对西方文化产生了深远影响，目前已分裂为多个流派。

[5]　Bloomsbury，属于伦敦的范围以内，20 世纪初各类文人在这里结社，产生了"布鲁姆斯伯里文化圈"，对中国五四运动也有影响。

[6]　W. B. Yeats，指 William Butler Yeats，威廉·巴特勒·叶芝，爱尔兰现代主义作家、诗人，神秘主义者。

[7]　Olivia Shakespear，英国女小说家和剧作家，拥有较高文学天赋，但文化水平不高，作品当时也并不受重视。奥莉薇拉和诗人叶芝关系密切，两人几近结婚，但最终决裂。

洲的迫在眉睫。为了躲避战乱，弗洛伊德来到位于伦敦的新家，每天坐在书桌前摩挲着象征托特神的石头狒狒脑袋，完成他最后的精神分析历史学大作《摩西与一神教》[1]13。正是在这本书里，弗洛伊德运用他的记忆抑制（suppressed memory）理论提出，《圣经》中的先知摩西并非犹太人，而是古代埃及人，基督教标志性的一神崇拜则起源于历史上遭遇暗杀的古埃及法老阿赫那吞[2]，这位法老遭到谋杀恰恰是因为通过提倡一神教的方式限制主张多神教的传统祭司们的权力。《摩西与一神教》这本极具争议性的著作，体现了作者内心在信仰取向与自我身份认同方面存在的复杂张力。弗洛伊德出生在世俗犹太人家庭，却是一个无神论者，既对犹太教缺乏好感，同时又不可能对当时欧洲甚嚣尘上的纳粹主义迫害犹太人的事实熟视无睹。有谁能知道，那些摆放在他书桌上，包括石头狒狒在内的艺术品，究竟承载着多么难以名状的内心世界？

为什么要在桌子上摆着个象征托特神的狒狒雕像，这件事恐怕只有弗洛伊德自己才说得清楚。话虽如此，梳理古埃及的托特神在古罗马时代，意大利文艺复兴时代，以及 20 世纪不同文化语境中

---

[1] *Moses and Monotheism*，1939 年用德语写成，英文版同年问世，这本书目前已有中文版。

[2] Akhenaten，原名"阿蒙霍特普四世"，古埃及第十八王朝法老，在位期间进行了宗教改革，强化对太阳神的一神教崇拜。弗洛伊德认为同样倡导一神教的摩西是埃及人，应该是阿赫那吞的部下，甚至可能是他的儿子。

的演化史，仍旧可以让我们对古埃及文明在过去 2000 年间不断被讲述和重构的宿命，有一个管中窥豹的体察和认识。就像个人的记忆一样，人类共同的文化记忆始终同遗忘相伴相随。遗忘，或者历史学家经常挂在嘴边的"失落"（lost）这两个字，在人类历史中其实是种普遍现象。当某种语言不再被人实际使用时，当旧有的神灵为新的神灵所取代时，它们很快就会加入到"失落"的行列。当人们试图以"回忆"的方式重构这些失落的历史时，其实并不能保证重构的客观性和真实性。历史作为一种叙事，本身不存在"真"或"假"的问题，特别是在某段历史距离我们非常遥远的情况下，比如古代埃及的历史。真正的问题在于，历史如何去讲述，以及采取什么视角去讲述。[1]

---

[1] 这个部分使用了基于知识考古和系谱学的新历史主义理论，即认为历史本身是一种文本，是一种叙述，任何历史都不是单纯地对过去事件作出客观讲述，而是叙述者基于自身语境建构出来的特定文本。

第 2 章

4000 年埃及史

法国画家安东尼·让·格罗[1]非常善于审时度势[2]，他师从活跃于法国大革命时代前后的杰出画家，同时也是精明政治家的雅克·路易·大卫[3]，早年还与未来的法国皇后约瑟芬·德·博阿尔内[4]成为朋友，因此得到拿破仑信任，被任命为法国陆军的随军画师。1 拿破仑在大革命后权力越来越大，先是当上了"第一执政"[5]，随后又在1804年自封为法国皇帝。同样是在这个时间段，伴随着拿破仑的东征西讨，安东尼·让·格罗的代表性作品在巴黎两年举行一次的双年艺术沙龙（the biennial Salons）活动中不断受到追捧。国家政权对艺术活动的大力支持和资助当然不可能没有条件，主要目的是充分发挥其宣传功效。安东尼·让·格罗凭借惊人的艺术天赋，在塑造了无数拿破仑的光辉形象的同时，带着锁链跳舞，竭尽所能地在自己的作品中保存了很多真实历史场景。

目前保存于凡尔赛（Versailles）宫，完成于1810年的油画《金

---

[1] Antoine-Jean Gros，法国古典主义画家。

[2] 原文为 "knew exactly which side his baguette was buttered on"，这是句谚语，大意是指人非常精明，能够见风使舵。

[3] Jacques-Louis David，法国大革命时期代表画家，拿破仑御用画师，他的《马拉之死》一直被中国中学历史课本选为插图。

[4] Josephine de Beauharnais，一般被称为"约瑟芬皇后"，拿破仑的第一任皇后，两人在1809年离婚，不过拿破仑保留了前妻的"皇后"称号。

[5] First Consul，1799年11月9日，拿破仑发动雾月政变，出任第一执政。

图 6　油画《金字塔战役》，完成于 1810 年，作者安东尼·让·格罗

字塔战役》（*The Battle of the Pyramids*）在安东尼·让·格罗的所有作品中算是尺幅比较小的，总共只有 4 米长。这幅作品至今仍广受人们喜爱，市面上随处可见它的印刷复制品。这幅油画表现的是拿破仑在 1798 年率军远征中东的场景，那场发生在《金字塔战役》问世前 10 年的战争虽然以失败告终，拿破仑东征西讨的历史却在随后的 10 年中不断激发着法国公众的想象力。1798 年率领大军出发时，拿破仑还是位野心勃勃的年轻将军，时刻憧憬着效仿诸如亚历山大大帝等古代先贤，金戈铁马，建功立业。除了这种浪漫主义的追求，拿破仑远征的目的也有针对国家交通运输和军事战略需要

的考量。很长时间以来，众多法国工程师已经反复论证了在西奈半岛（the Sinai Peninsula）东部挖开苏伊士地峡[1]，直接沟通地中海至红海（the Red Sea）航道的可能性。拥有了这条海上捷径，船只从欧洲航行到印度洋的路程就可以缩短几个星期，法国还可以利用这条航道，同英国争夺南亚次大陆的殖民控制权。

1798 年 5 月 19 日，拿破仑率军从法国登船启程。法国远征军总共有 35000 名士兵，另外还招募了 167 名随军学者，这些学者包括工程师、化学家、矿业专家、植物学家、动物学家、测绘专家、艺术家、作家、外交官，乃至维凡·多米尼克·德农[2]这样的职业间谍。这位间谍在掳掠埃及文物的行动中发挥了关键作用，他搜罗的战利品在欧洲引起了广泛反响。对安东尼·让·格罗来说，维凡·多米尼克·德农也算得上是他人生中的"贵人"。返回法国以后，维凡·多米尼克·德农不但被拿破仑任命为卢浮宫博物馆（Louvre）的馆长，² 同时还被赋予了组织举办各类艺术沙龙，督促法国艺术家们加紧创作符合新法兰西帝国时代需要的艺术品的重要职责。所谓"符合新法兰西帝国的时代需要"，实际的意思就是表现拿破仑的文治武功。

---

[1] The Suez isthmus，今天苏伊士运河的位置原先是一条沟通地中海和红海的地下水道，运河是在这个基础上开挖出来的。

[2] Vivant-Donminique Denon，法国艺术家、作家、考古学家和外交官。

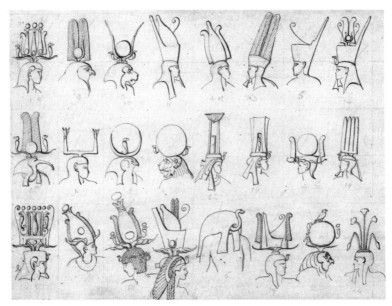

图 7　维凡·多米尼克·德农 1802 年前后依据埃及菲莱岛壁画制作的拓本

　　1801 年，法国远征军连续在陆战和海战中遭到奥斯曼土耳其帝国和大英帝国的联手重挫，只得退出埃及。这场远征结束时，拿破仑的舰队基本灰飞烟灭，英国舰队则满载着 19000 名法国战俘凯旋而归。早在 1799 年，为了平息国内武装政变[1]，拿破仑已经先于自己的大军返回法国。虽然这场远征以失败告终，拿破仑仍然要求法国艺术界将失败的军事行动描绘成一次"胜利"。更重要的是，

————————

[1]　指拿破仑发动雾月政变，登上权力顶峰。

法国远征军不应该被塑造成臭名昭著的强盗十字军形象，而应该被美化成为埃及带来文明和幸福的"英雄"。正是在这样的大背景下，安东尼·让·格罗创作了《金字塔战役》。这幅油画表现的是1798年7月，法军在埃及作战的场景，拿破仑和他的军官们出现在画面上虽然符合史实，可是他们作为侵略者的身份却得到了部分掩饰。画面中倒地死去的是位来自埃塞俄比亚（Ethiopian）的黑人士兵，2名分别具有阿拉伯和土耳其民族特征的士兵站在同伴的尸体旁边向拿破仑屈膝求和。拿破仑则颐指气使地挥舞着手臂，显得和远处的金字塔一样高。

这个画面还原的是拿破仑在开战前集合士兵训话的场景，他当时说了这么句话：

士兵们，等在你们前面的是足有4000年的漫长历史！

当时的法军士兵身穿厚重的羊毛呢子制服，忍受着埃及如火骄阳的炙烤，还缺吃少喝，而拿破仑简简单单的一句话，就对他们起到了莫大的激励作用。这些士兵随后在战斗中取得了决定性的胜利，埃及统帅被迫下令部队后撤整编。法军的胜利为安东尼·让·格罗提供了绝佳的创作素材，即使1810年流连于巴黎艺术沙龙的那些参观者都知道，法军当年在埃及的胜利其实非常短暂。

拿破仑究竟如何得知埃及的金字塔象征着 4000 年的漫长历史？虽然更准确的数字应该是 4500 年，可他说的终究不算特别离谱。1798 年，类似拿破仑这种教育水平的人[1]对埃及的过去究竟了解多少？那时的人们又是如何计算金字塔年代的？正如本书第 1 章所说，"古埃及"作为一种知识，它的含义在西方语境中不断发生着变化。从古典时代的罗马，到中世纪的开罗，再到 1900 年代的维也纳，不同时代的人们不约而同地对古埃及文化保持着浓厚的兴趣，可大家对"埃及"这两个字的理解却既有共同之处，又不完全相同。接下来，我们将仔细梳理作为知识的"古埃及"在漫长的历史中是如何被构建起来的，还将仔细梳理那些围绕这个构建过程引发的争论。当年受到拿破仑激励的那些法国士兵，乃至拿破仑本人可能并不知道，早在 4000 多年以前，"埃及"作为一种知识就已经被建构了起来，这个时间甚至早于他心目中的英雄亚历山大大帝出生的年代。

约瑟[2]的粮仓

本章讲述的古埃及历史的跨度大致以史前时代为起点，直到公

---

[1]　拿破仑曾就读巴黎军官学校，后因经济困难肄业。
[2]　Joseph，《圣经》记载中雅各和拉结的第十一子，被哥哥卖到埃及为奴，后来成为了埃及宰相。

元 7 世纪，这是目前多数考古学家和埃及学家约定俗成的讲述模式。依据这个学术界共同遵守的讲述模式，我们就可以简单明了地讲清楚埃及历史上某年、某月、某日都发生过什么事。除了这种约定俗成的讲述模式，古埃及这个故事也可以有其他讲法。例如，有些人认为，古埃及人是柏拉图笔下那个"理想国"亚特兰蒂斯（Atlantis）的幸存者；还有人认为，金字塔其实是外星人帮助修建的。类似这样的说法基本属于无稽之谈，不过也有很多说法具有一定的科学性。例如，17 世纪包括开普勒[1]、牛顿（Isaac Newton），以及当时拥有广泛社会影响力的大主教詹姆斯·乌雪[2]等欧洲学者，以古埃及历史、神话为参照计算，认定《圣经》中上帝创造世界的具体年代应该是公元前 4004 年。即便到了 20 世纪，仍然有很多虔诚的基督徒相信我们所处的这个世界仅仅几千年前才被创造出来，而不是像 19 世纪的很多地理学家和古生物学家通过科学手段证明的那样，已经存在了几十亿年。

即使拿破仑真的在公元 1798 年说过金字塔已经屹立了 4000 多年，他口中的这个"4000"也只是当时欧洲人用来形容历史非常漫长的虚数，是种修辞手法，并不是一个确指的数字。那个年代，欧洲学者关于埃及的知识主要来自少数直接到过埃及的旅行者，以及

---

[1] Johannes Kepler，德国天文学家，主要成就是提出了行星运行的三大定律。

[2] James Ussher，生于爱尔兰都柏林，根据对《圣经》的考据编纂了《乌雪年表》，认为世界创造于公元前 4004 年 10 月 23 日，那天是一个礼拜天。

间接翻译出自阿拉伯乃至古希腊、罗马作者的相关专著。例如，位于吉萨的 3 座金字塔就曾令来自古代希腊的旅行者希罗多德[1]赞叹不已，他因此写下的作品自从文艺复兴时代起便在欧洲广泛流传。希罗多德游历埃及的具体时间是公元前 5 世纪，[3]这个人可能本身就懂当时的埃及语言，也可能是依靠翻译与祭司等埃及民众交流，进而了解了埃及的历史和古迹。希罗多德作品中保留的历史信息经后来的埃及学家验证，是基本准确的。例如，他告诉人们建造吉萨 3 座金字塔的法老分别是胡夫（Khufu）、哈夫拉[2]和门卡乌拉[3]，而且这些金字塔并没有地下结构。[4]

　　15 世纪意大利文艺复兴时期，希罗多德的作品重新受到重视，被翻译为拉丁文，只不过当时的欧洲人很快就把金字塔和《圣经》里的约瑟联系了起来。据《圣经》记载，约瑟被嫉妒他的哥哥们以奴隶身份卖到埃及，结果却凭借本身的智慧和神的眷顾，成为了法老最信任的大臣。按照《圣经·创世纪》的说法，约瑟准确预见到尼罗河将要暴发洪水，便说服埃及人大量储藏粮食，平安度过了荒

---

[1]　Herodotus，古希腊作家、历史学家，被称为"历史之父"。

[2]　Khafre，胡夫的儿子。

[3]　原文为 Mycerinos，胡夫的孙子，迈西瑞劳斯是他在希腊语里的名字，Menkaura 则直接来自古埃及语，现在使用更为频繁，这里从俗翻译。

[4]　原文如此，1986 年 10 月，埃及和法国联合科考队曾对胡夫金字塔周边组织过钻探考古，发现地下还有某种建筑结构，是用高品质石灰岩修建的，不过这项研究活动后来就没有下文了。

图 8　赫里福德天主教堂保存的地图局部，表现的是被尼罗河和红海夹在中间的区域

年。欧洲中世纪时期，开罗郊外沙漠中的某处巨大石头建筑被普遍认为是约瑟当年主持修建的粮仓遗迹，保存在赫里福德[1]4天主教堂的一张 13 世纪的牛皮世界地图上就用类似粮仓的符号标注了这个位置。

话虽如此，难道所有古老而具有标志性的历史遗迹就只能由《圣经》垄断吗？中世纪的阿拉伯世界，吉萨的金字塔同样刺激着包括巴蒂达迪[2]在内诸多作者的想象力。巴蒂达迪曾针对吉萨的金字塔进行探险和测绘活动，得出结论认为那 3 座金字塔恰好排在一条直线上[3]，堆砌紧密的砖石代表了当时高超的建筑工艺。除此之外，这位作者还认为金字塔建造的年代应该早于《古兰经》和《圣经》都记载过的大洪水。巴蒂达迪最大的优势在于他本身就生活在埃及，长期和金字塔打交道的他相信，金字塔应该是很久以前遗留下来的巨大坟丘，金字塔周围的空地原先则都是墓园。至于坟墓的主人，他认为可能是那些受人崇敬的先贤。鉴于金字塔上千年以来始终被人们当成圣地朝拜的事实，巴蒂达迪得出结论说这些建筑物肯定是由古代的伟大智者主持建造的。5凭借地理上的优势，13 世纪的阿拉伯学者肯定要比他们的欧洲同行更了解埃及的来龙去脉。

---

[1]　Hereford，位于英格兰西部。

[2]　Abd el-Latif al-Baghdadi，1162—1231 年，当时伊斯兰世界全能型的学者和旅行家，研读过大量古代手稿。

[3]　现在通行的观点认为吉萨 3 座金字塔的排列方式模拟了猎户座的三星，猎户座在古埃及则被视为奥西里斯的象征。

只可惜，直到今天很多以古埃及为题的论文、专著更多奉希罗多德而非巴蒂达迪为圭臬，网上检索相关信息更多出现的也是前者的名字。值得注意的是，客观的科学研究过程中也经常出现并不客观的现象，虽然每位研究者都在极力保持客观、公正，然而特定的文化背景总会影响我们对信息的判断取舍。任何研究者都不可能生活在真空当中，每个人都有自己的视角和立场，大家总会有意无意从自己的角度出发，去寻找自己希望找到的东西。

拿破仑执政时期，精通阿拉伯语等多种东方语言的安东尼·希尔维斯特·德·西塞[1]将巴蒂达迪的全部作品都翻译了过来。尽管如此，已经先入为主的希罗多德用希腊语写成的作品因为问世的年代更早，还是被认为比年代较近的巴蒂达迪作品靠谱得多，最起码引用率要高得多。后来，随着西欧列强的经济和军事利益争夺聚焦到了北非和中东地区，当地历史上的宗教、文化传统被有意识地与生活在那里的各类现存"东方"[2]民族剥离开来，转而被以《圣经》和古典世界为代表的西方文化解读为自己的根基。类似这样的观点源自爱德华·萨义德[3]1978年在同名专著中提出的

---

[1] Antoine Silverstre de Sacy，法国男爵和东方学家。

[2] Oriental，作者这里运用了萨义德的东方学理论，即"东方"在西方主导的全球化时代也是一种不断被西方构建的"知识"。

[3] Edward Said，巴勒斯坦裔美国学者，生于耶路撒冷，文学理论家和批评家，最早提出了 Orientalism（东方学）的概念。

"东方学"[1]理论，他的理论认为"东方"始终是一个被西方讲述的概念。⁶《金字塔战役》所表现的场景并非单纯对土地的入侵和掠夺，同时也是对知识的入侵和掠夺[2]。拿破仑麾下那些随军学者，特别是其中的早期埃及学家有意无意所做的就是这个工作，他们需要在这片散布着金字塔等种种古埃及遗迹的土地上，为欧洲人寻找立足的合法依据。

书写的历史：法老名单、大事年表和虚构文明

19 世纪的欧洲人习惯用"东方"（oriental）这个词指代所有生活在从摩洛哥（Morocco）到土耳其（Turkey）范围内的人，这个范围大致包括整个地中海沿岸的东部和南部。相比欧洲文明，这些东方文明普遍处于落后和欠发达地位。当时的历史学家将人类文明视为有生命的东西，必然要经历出生、成长和死亡的生命周期，处于生命周期的不同文明自然就有强、有弱、有涨、有落、有高峰、有低谷。直到今天，很多人还在按照这样的逻辑去理解历史。

19 世纪，欧洲人对古埃及历史的了解逐渐加深，一幅跌宕起

---

[1]　原文为 Orientalism，直译"东方主义"，不过中国学术界更普遍的译法为"东方学"，萨义德《东方学》一书目前已有多个中文版本。
[2]　萨义德东方学称其为"文化殖民"或"文化帝国主义"。

伏的古埃及年表由此被构建出来。埃及历史上最强盛的阶段分别被
确定为古王国时期、中古王国时期和新王国时期，强盛阶段间的过
渡则被称为"中间期"（相关内容可参考本书开头的年表）。对于"中
间期"，史学家认为平淡无奇，只是任凭时光流逝，没有什么事情
值得记述。19 世纪的历史学家认为，国家的成立条件必须有稳定
的人口，稳定的疆域，而且只有专属于某个疆域的"土著人"对这
片土地的统治才算合法。[1] 依据这个逻辑，大家普遍认为埃及历史
以公元前 8 世纪为起点，出现过长时间中断。当时，来自位于今天
苏丹（Sudan）的库什[2] 人经过一系列战斗，打败来自今天伊拉克
（Iraq）的亚述[3] 军队，取得了对埃及的控制权。随后的 300 年左右
时间里，来自库什王国、亚述王国和古波斯帝国（以今天的伊朗为
核心）的国王相继统治过埃及，期间也有某些声称自己是地道"埃
及人"的反抗者短期夺取过政权，复辟所谓古埃及法老的正统血脉。
公元前 332 年，拿破仑心中的偶像亚历山大大帝率军远征波斯和埃
及。当时的埃及近似古波斯帝国的卫星国，中央政府基本就是傀儡。
土著埃及人对亚历山大大帝的到来欣喜异常，箪食壶浆，纷纷加入

---

[1] 作者这里说的是 19 世纪现代民族国家观念的形成，按照知识考古学理论，"国家"这个概念并非天然存在，它也是一个被逐渐建构起来的知识。

[2] Kush，古埃及人对尼罗河第一瀑布以北范围的称呼，主要指今苏丹北部的尼罗河流域，当地产生了古老的库什文明。

[3] Assyrian，中亚古代文明，发源于两河流域。

希腊化的马其顿大军，反抗波斯帝国统治。埃及由此进入托勒密王朝时代，这个王朝伴随着"埃及艳后"克娄巴特拉的死亡寿终正寝，罗马人转而将埃及纳入自己的势力范围。以这个所谓的"中断时期"为下限，历史学家确定了我们今天还在使用的古埃及年谱，将狭义的古埃及历史划分为 31 个前后相继的王朝。[1]

公元前 3 世纪早期，7 名叫"曼涅托"（Manetho）的古埃及祭司撰写了名为《埃及史》（*Egyptian Matters*）的书。就像那个时代许多同社会阶层的埃及人一样，曼涅托同时精通埃及语和希腊语，他用双语书写了自己国家的历史。曼涅托生活的年代，来自马其顿的国王刚在埃及确立了自己家族的统治地位，这位祭司先后经历了托勒密（Ptolemy）一世（他是亚历山大大帝儿时的玩伴，也是成年后的下属）和他的儿子托勒密二世执政时期。曼涅托的作品并没有善本流传下来，不过很多希腊语和拉丁语的历史专著以引文的方式保存了这本书的大量片段。据这些文字记载，曼涅托先后担任过开罗附近赫利奥波利斯的神庙，以及位于尼罗河三角洲地区塞本尼托（Sebennytos）神庙的最高负责人。身为祭司，曼涅托不但精通埃及文学和宗教，还对希腊神话体系了如指掌，他的书本身就以诸如希罗多德等希腊作者的作品为蓝本。祭司身份让他可以方便地浏览神

---

[1]　现在普遍的说法是 30 个王朝。

庙中保存的档案文献。所谓档案文献，既包括刻满象形文字的墙壁和石碑，也包括那些在神庙里保存了即便没有上千年，也有几百年的莎草纸卷。正是依据这些稀有的档案文献，曼涅托仔细梳理了古代埃及法老的传承谱系，从近似神话的远古时代，一直讲到亚历山大大帝远征前的波斯帝国统治时期。今天仍被学者广泛使用的 31 个王朝的划分方法就是由他最早提出的。

依据对神庙档案文献的研究，曼涅托确定了历史上每位法老的姓名和在位年限。以法老在位时间为纪年单位是包括古埃及在内的众多古代文明普遍采用的方法，这种方式要比犹太教、基督教和伊斯兰教等文化体系以出埃及的日期，耶稣诞生日期或者穆罕默德诞生日期为基础的纪年方式更加精确。每当有新法老登基，古埃及人就要以他开始执政那天为起点重新纪年。参照这样的纪年方式，2016 年也可以被称为"伊丽莎白二世（Queen Elizabeth II）65 年"，即 2016 年是这位女王加冕后的第 65 年。要想准确梳理古埃及历史，除了厘清每位法老的在位时间，还必须梳理出他们执政的先后顺序。[8] 好在，这样的名单大量保存于莎草纸卷和类似埃及南部圣城阿拜多斯[1]那样的神庙墙壁石刻里。神庙墙壁石刻的名单中，这些姓名整齐排列，互相保持同等间距，每个姓名都被椭圆形围了起

---

[1] Abydos，这个地方今天被称为"阿拉巴特·马德富纳"（el-Arabat el-Madfuna）。

来。[1] 除了莎草纸卷，曼涅托著述的最主要依据就是类似阿拜多斯神庙这样的石刻。阿拜多斯的石刻名单非常长，占据了神庙的整个门廊，它不仅是一种历史记录，同时也是古代埃及共同的文化记忆。正如前面所说，社会既能记忆，也能有意地遗忘。某些曾经统治埃及的人由于非正统的身份，最终被排除在了这份名单以外，比如曾经以王后名分行使法老权力的哈特谢普苏特[2]。完成类似这样的石刻名单可能需要几年，或者至少几个月，它们散布在古代埃及各地的大小神庙当中，日复一日强化着包括神庙祭祀、雕刻家，乃至烤面包师傅[3] 和清洁工在内的诸色人等对这个国家的认同感。

　　社会共同记忆使得国家意识在一代又一代人的生命传递过程中保持稳定，即便暂时遭到毁灭，国家也可以依靠共同记忆凝聚人心，在废墟上重建。以历代法老为主题的艺术作品、神话传说和纪念仪式帮助古代埃及维持着这种共同记忆，让它能够延续千年。即便曾经统治过埃及的那些"外国法老"，比如曼涅托生活年代的托勒密家族，要想把统治维持下去，也必须让自己和这个与古代法老有关的共同记忆扯上关系。那些埃及历史上所谓的"中断时期"，表面上看似乎是来自异域的文化进入这个国家鸠占鹊巢，可换个角度去

---

[1]　古埃及象形文字的书写规则，法老和王后的名字必须用椭圆圈圈起来以示尊敬。
[2]　Hatshepsut，古埃及第十八王朝女王。
[3]　古埃及人被认为最早发明了面包。

图 9　塞提一世和他的儿子（未来的拉美西斯二世）

看，古埃及的本土文化却通过与外来文化融合和转化的方式让自己延续了下来。

类似这样的文化交流融合历史上屡见不鲜，因为没有任何一种人类文明能做到完全与外界隔绝。19 世纪和 20 世纪初期的历史学家倾向以不同的生活区域和性格特征来划分人群或者民族，例如生活在凉爽区域，精明而善于算计的东亚人，专横的东方人[1]，崇尚理性的欧洲人，原始或者蛮荒的非洲人等等。诸如此类带有偏见的分类方式虽然早已遭到摒弃，可是其中的某些观念却仍在潜移默化中影响着我们对世界的认知。一旦我们给某个特定的群体或地域贴上了某种"标签"，这种观念就很难再被动摇。人类自诞生以来就要从事各种生活、生产活动，社会因此应运而生。如果可以将"文明"（civilization）定义为大城市的出现，复杂生产技术的发明，以及社会分工的日益完善的话，那么就可以下结论说，不同社会的接触和交流促进了人类文明的进步。问题在于，我们对"文明"的定义不应该是单一的，虽然这种定义代表了当今最"高级"的生活方式。不同人类文明的规模可以有大有小，生活其中的人们可以采用定居农耕的生活方式，也可以采用迁徙游牧的生活方式，当然还可以把这两种生活方式混合起来。总而言之，个人有个人的

---

[1] Oriental，这个"东方"当时特指地中海沿岸的北非和西亚地区。

生活方式，文明也有文明的生活方式，何谓"文明"的答案不应只有一个。

　　同样是这些将人分为三六九等的历史学家，还为人类文明的演化设定了一条进化论的路线，即从原始状态到最先进状态的不断上升和进化，所谓"最先进的状态"当然要以现代西方社会为样板。类似这样的社会进化论观念同样存在问题，因为同一时代往往存在不同进化阶段人类文明共存的情况，其中既有先进的，也有原始的，于是某些处于原始阶段的人类文明就可能被站在进化制高点的西方人以"落后"的名义加以歧视。更何况，历史的演化本身并非单纯的直线进化。某种形式的人类文明可能会在某块土地上突然冒出来，然后又突然消失，既说不清它的出处，也说不清它的去处。无论过去还是现在，将自己所处的"先进"文明与同一片土地上曾经存在过的"原始"文明拉上关系，保持相应社会共同记忆的延续性和完整性，始终都是历史学家们的一项苦差。

公元前 40 世纪

　　以库什、波斯和托勒密这 3 个统治阶段开始为下限的埃及历史时期，它的上限再往前推的历史被今天的埃及学家统称为"前王朝时期"。这个阶段早于曼涅托记载的历代法老开始统治埃及的时代，当时的埃及人甚至还没有发明文字。曼涅托对这段遥远历史的处理方式基本沿袭了古埃及和希腊同行的先例，即把这个从开天辟地到有法老出现的中间阶段，描述为由神或半人半神主宰的时期。这段历史没有可靠的文字记录保存下来，所以人们也就只能姑妄言之，姑妄听之了。况且，编造一些与神和半神半人有关的故事本身也可以为随后作为他们继承者的法老的统治提供合法性依据。

19 世纪晚期，考古学家在埃及各地发现的历史遗迹对人们已经习惯的关于前王朝时期的讲述模式提出了挑战。时至今日，针对前王朝时期的研究仍然属于埃及考古学领域的前沿课题。[9]那些保存在肥沃尼罗河平原以外区域沙漠中的远古遗迹，能够为我们提供很多更早年代生活、繁衍于这片土地上的农耕和游牧文明的相关信息，例如存在于公元前 5000—前 3000 年间法尤姆洼地[1]和山谷的早期人类文明等。这个时期的人类文明阶段大致处于完全的石器时代和半石器、半青铜时代，埃及大地相比现在植被更加茂盛，不过仍旧以沙漠环境为主。为了求得生存，有些人定居到了尼罗河冲积平原上，有些人则逐水草而生。

1894 年，英国考古学家弗林德斯·皮特里[2]主持了针对一处

---

[1] The Fayum depression，位于埃及中部的同名省份。
[2] W. M. Flinders，指 William Matthew Flinders Petrie，英国考古学家。

埃及前王朝时期墓地的第一次大规模考古挖掘，具体位置在埃及南部的奈加代（Naqada）附近。古墓中的尸体普遍呈侧卧状，双腿蜷缩[1]，尸体通常会用毯子包裹，偶尔也会出现用涂抹了树脂的亚麻布代替毯子的情况。除了尸体，墓葬中还经常出现石质或陶制的瓶瓶罐罐，用来磨碎化妆品颜料的调色板，玛瑙和水晶质地的头饰，燧石和黑曜石制作的工具，以及方铅矿、孔雀石等矿石。出土的东西说明那个时代的埃及人已经有了广泛而频繁的对外贸易，类似黑曜石这种东西当时主要来自埃塞俄比亚，各类矿石产自埃及周边的山区及西奈半岛，贝壳则是红海的产物。除此之外，这些陪葬品还说明当时的埃及人已经拥有高超的纺织和制陶技术。不同墓葬中的陪葬品有多有少，则意味着那个时代的埃及人已经有了阶级意识，不同社会阶级可以享受不同的墓葬规格。

例如在耶拉孔波利斯[2]的遗址墓地，考古学家新近发现有具女性尸体被包裹在芳香的乳香树树皮里，这种树皮当时属于最上等的香料，很可能进口自索马里（Somalia）或埃塞俄比亚。[10] 尼罗河对埃及的意义不仅是通过定期利用洪水给田地施肥，同时也是一条水

---

[1]　即侧卧葬，这种埋葬姿势在远古墓葬中很常见。
[2]　Hierakonpolis，埃及古代城邦，位于尼罗河西岸，后来统一埃及，建立第一王朝。

图 10　彩陶陶罐，
公元前 3400 年前
后制作于埃及

上通道。公元前 3500 年前后，埃及人开始使用带图案的陶器作为
陪葬品，这些陶器上就经常出现橡树独木舟的形象。一些学者仔
细研究了出现在这些独木舟上的人物和符号的意义，他们认为，
船尾处的几只鸟和船舱中的 2 个人是几位女神的象征。陶罐上的
图案反映的是前王国时期埃及人想象的神话图景——神灵和国王
们乘坐神舟，在尼罗河沿岸的地上天国中航行。遗憾的是，我们无
法确定类似这样的神话就是随后古埃及神话体系形成的基础。对任
何神话和历史文化想象的解释都不可能是唯一的。很多时候，我们
可以作出各种各样言之成理的解释，却无法肯定地说某个解释唯一

正确。

"前王朝时期"（Predynastic）这个名词的字面意思正如历史学家们定义的那样，就是统一的埃及王国出现前的那个历史时期。埃及的王国时代开始于法老曼涅托建立的第一王朝，正是从这时开始，尼罗河下游及整个三角洲地区只听命于一位国王。20 世纪 80 年代，传统的埃及历史纪年方式得到调整，历史学者在"前王朝时期"和"王朝时期"中间又加了一个名为"早期王朝"（protodynastic）的过渡期。在这个过渡期内，散布于埃及各地的小国和部落互相吞并、重组，形成了统一的政府，统一的神庙和神灵体系，贸易和资源逐渐受到集中控制。这些埃及早期历史中不知名的国王带领手下，为这个国家建立了精密的社会结构，完善了以农业为基础的经济体系，创建了配套的文化艺术范式。社会成员开始以衣服、饰品等外在特征区分不同社会等级，每个人都要想方设法保住自己的地位，同时向更高的地位上爬。

就这样经过了一两代人的时间，埃及历史上第一个统一王朝出现了，国王自称为"美尼斯"（Menes），今天的学者则称他为"那尔迈"（Narmer）。社会的剧变意味着文化艺术同时发生调整，原先的彩陶和调色板[1]销声匿迹，取而代之的是用土坯堆砌的高大坟墓，

---

[1]　Palette，古埃及人化妆时调制化妆品的石板，其中最具代表性的就是纳尔迈调色板，这块石板上刻画了埃及首位法老纳尔迈的形象。

象形文字的发明，以及今天的人们所熟知的那种典型的古埃及艺术风格。曼涅托前两代王朝时期的法老们大多埋葬在庞大的、用土坯堆砌的坟墓里，埋葬地点主要集中在阿拜多斯南部。从第三王朝时期开始，土坯堆砌的坟墓逐渐让位于金字塔，这是因为一位伟大法老的出现。

金字塔时代

吉萨 3 座大金字塔中的任何一座都不可能拥有埃及历史上第一座金字塔的殊荣，虽然它们曾经有幸与拿破仑同时出现在安东尼·让·格罗的《金字塔战役》里。事实上，时代越早的金字塔看起来就越不起眼，金字塔形制的发展本身和埃及文化的发展相同步，不过二者间的微妙关系却又不能简单地用"兴衰起伏"这 4 个字来形容。[11] 吉萨的金字塔完成于第四王朝时期，它们之所以出名，主要是因为大，而且它们也符合多数人头脑中对金字塔的标准印象。漫长的历史过程中，尼罗河两岸曾遍布大大小小的金字塔，其中某些在规模上并不逊色于吉萨金字塔，只可惜它们没能完整保存下来。一些金字塔的外部砖石会被人们拆下来重新利用，一些金字塔则因为施工过于仓促，成为"豆腐渣工程"，无法经受千年风雨的洗礼。

　　现存的早期金字塔并不符合人们对金字塔的通常定义，只是由砖石分层堆砌而成，例如位于萨卡拉（Saqqara）的法老左塞尔[1]阶梯金字塔。这位属于第三王朝时期的法老在位时间很长，他的那座金字塔的修建时间相对也比较漫长，还被后来的伊姆霍特普大祭司誉为金字塔建造史中里程碑式的创新。伊姆霍特普是埃及历史上真实存在过的人物，死后却被人们当作半人半神加以崇拜。受惠于伊姆霍特普的伟大智慧，特别是他传说中的魔力，左塞尔阶梯

图 11　19 世纪西方人拍摄的阶梯金字塔照片，金字塔完工于公元前 2650 年前后

[1]　Djoser，古埃及第三王朝法老，他的金字塔是世界现存年代最早的金字塔，呈六级阶梯形。

金字塔被古埃及人赋予了更多文化内涵，成为了一个文化符号。后王朝时期，很多当地人热衷在阶梯金字塔附近寻找自己的长眠之所，艺术家们走进隶属于阶梯金字塔的享堂，仔细研究安放在里面的左塞尔石头雕像，以便为塑造那些真正意义上的"埃及法老"[1]艺术形象获取灵感。12 从某种意义上来说，金字塔不仅是现实的建筑物，还是一个神性的存在。

底边几乎呈直角的金字塔在埃及古王国时期还具有一种特别的文化内涵，它象征着高空中的太阳将阳光洒向大地，这种建筑物的出现和当时埃及对太阳神的崇拜紧密相关。第四王朝的法老们最早自称为"太阳神之子"（the son of Re）。太阳神和荷鲁斯早在左塞尔法老时代就开始受到埃及人崇拜，这两位神灵又都将隼作为自己的化身，然而背后却各有不同的神话背景和传承谱系。这两位神灵最初可能是由相对独立生活在埃及境内的不同群体分别信仰的。荷鲁斯就是替传说中的奥西里斯王复仇的那位王子，后者死于自己的哥哥赛特之手。拉[2]从一开始就是太阳的象征，后来却逐渐演化为奥西里斯神的反面，前者掌管天堂，后者主导地府，也就是人死后灵魂的最终归宿。今天的学者几乎找不到任何线索作为依据去推测这些相关甚至相反的神灵最终是怎么被整

---

[1]　指埃及土著人。
[2]　Re，古埃及神话中的太阳神，也是地位最高的神。

合起来的，唯一可以确定的是，在古王朝时期，埃及法老对太阳神崇拜现象给予了特别关注，同时还想方设法让自己同这位神攀上亲戚。

修建金字塔不仅需要耗费巨大的人力，还需要强大的共同信念去凝聚这些人，更需要高效的官僚体系去管理这些人。基于这样的前提，只有实现高度集权的法老才有可能创造这样的奇迹。反之，当中央集权失效的埃及处于四分五裂状态时，比如西方历史学家划定的"中间期"时，法老就没有能力组织实施规模如此庞大的工程。时间到了中王国时期的第十二王朝和第十三王朝，埃及恢复了统一和稳定，法老们这才开始重新修建金字塔作为自己的死后居所。这些法老大多被埋葬在位于法雍（Fayum）的皇家墓地，他们的金字塔和神庙基本沿袭了更早历史时期那些埃及法老们制定的模式。[13]类似这样在建筑和艺术领域的复制行为有助于强化共同的文化记忆，强调法老传承世系的牢固性、合法性，从而增强埃及人对国家的认同感和向心力。

古代埃及在中王国时期实现复兴的最主要原因在于当时的埃及人加强了与地中海沿岸其他处于青铜时代人类文明的互通有无。通过跨国贸易和移民，埃及获得了巨大利益，然而与此同时，尼罗河三角洲地区也逐渐出现了一些足以与中央政权抗衡的地方势力。从姓名上看，这些地方势力的领导者应该不是土生土长的埃及人，他们极有可能来自黎凡特西部地区。中王国时期晚期，法老对国家的控制力逐渐衰落，这些人因此找到了乘虚而入的机会。稍晚些时候的古埃及历史学者将他们称为"希克索斯"（Hyksos，这是当时埃及人对外国国王的称呼），同时将这些人的出现视为再次天下大乱的开始。曼涅托将这个动乱时期称为"神惩罚埃及的时代"。这个时代的历史被讲述为埃及中断了一直以来的繁荣昌盛，中断了延续千年的文化传承，直到某位本土英雄挺身而出，打败了来自异族的统治者，乾坤重定，玉宇再清。直到现在，很多历史学家仍然沿用着这样的讲述模式。

古埃及第二中间期历史的虚虚实实很难彻底讲清。这个阶段的历史基本可以概括为来自埃及南部的土著领袖，与占据北部的异族领袖之间连续不断的战争。公元前 1500 年前后，来自底比斯（Thebes，也就是今天的卢克索），名叫"雅赫摩斯"[1]的南方领袖打败了北方的多位"希克索斯"，重新统一了尼罗河沿岸和三角洲地区，新王国时期开始。这个时期出现了多位非常有名的法老，比如哈特谢普苏特、阿赫那吞、图坦卡蒙和拉美西斯二世[2]等，这些法老们死后还留下了众多保存有丰富文物的陵墓和神庙，古埃及的新王国时期因此更多为今人所熟知。

---

［1］ Ahmose，古埃及第十八王朝的创立者。
［2］ Ramses II，又称"拉美西斯大帝"。

这个时期的法老们不再痴迷金字塔，转而开始在帝王谷（the Valley of the Kings）中修建位于地下的秘密墓穴。话虽如此，金字塔对埃及人而言仍然是一个内涵丰富的文化符号，由单块巨石雕刻而成，高耸、修长，象征法老王权的方尖碑成为了金字塔的替代物。[14] 贯穿整个新王国时期，历代法老总要在神庙大门外成对树立方尖碑。这些方尖碑由单块巨石打磨而成，高度在 30—40 米，重达数百吨，属于当之无愧的人类建筑奇迹。这些方尖碑的原材料主要是来自埃及南部阿斯旺（Aswan）地区的红色花岗岩，必须经过尼罗河的水路运输，最终才能被树立到北部的神庙门外。方尖碑的盛行不但意味着古代埃及帝国再次建立了强大的中央政权，也意味着这个国家拥有强大的国力。当时，甚至有少数并不具有皇室血统的埃及人修建小型金字塔作为自己的陵墓。这种小型金字塔通常只有几米高，四面的坡度比位于吉萨的正规金字塔或者方尖碑上的金字塔形尖顶要更陡一些。除此之外，单块大理石雕刻而成的小型金字塔（古埃及人称为"Pyramidions"）还被赋予了特殊的神圣用途——祭司或官员要把他们献给神灵的祈祷文刻在这种小金字塔上。第十九王朝时期，有位名叫"拉美西斯"（Ramose）[1]的书记官，他平时的工作主要是负责监督帝王谷的法老陵墓修建。这位书记官

---

[1] 与古埃及法老同名。

就拥有一座用于镌刻祈祷文的小金字塔，小金字塔的 4 个面中有两个面对称雕刻了他本人的形象，另两个面则对称雕刻了隼神的形象，还刻了掌管地平线的拉·哈拉胡提。由此可见，类似书记官拉美西斯这样不具备皇室血统的人，为表达对太阳神的崇拜而使用金字塔形象在新王国时期是一种普遍现象。

图 12　书记官拉美西斯坟墓顶上装饰的石灰岩小金字塔，墓主大致去世于公元前 1250 年前后

正如前面所说，公元前 1000 年前后，临近尾声的古埃及新王国时期再次出现天下大乱的迹象。中央政权的衰弱让这个国家进入了第三个中间期，同时也是古埃及历史上的最后一个中间期。这个时代的埃及出现了南北朝分治的状况。与此同时，身在底比斯的大祭司阿蒙[1]也趁机起事，成为当时埃及实际上的最高统治者，埃及由此进入第二十一王朝时期。到了曼涅托生活的第二十五王朝时期，统治埃及的法老全部来自库什，也就是今天的苏丹。他们治下的埃及逐渐结束了第三中间期，进入了后王国时期。[15]

库什作为独立的王国本身拥有漫长的历史，而且还长期与埃及保持贸易往来，以及人口和文化交流。公元前 750 年前后，库什打败亚述军队，开始向北拓展势力。此时的库什不但大量从埃及引进先进的农业技术，还非常热衷借鉴埃及的艺术风格。很多库什国王将自己的陵墓设计为阶梯金字塔造型，还将它们安置在努里（Nuri）和库鲁（Kurru）等地[2]，这个位置恰好是在尼罗河第四条支流的下游，距离古城纳帕塔（Napata）不远。库什国王的金字塔高度通常虽然只有 10 米左右，最高的也不超过 30 米，可它们的修建却经历了漫长的历史过程，众多国王和王后长眠于此，整片墓地的规模大得令人惊叹。从第二十五王朝开始，先后有 5 位来自纳帕塔的法老

---

[1]　Amun，古埃及第二十一王朝时期掌管底比斯太阳神神庙的大祭司。
[2]　指今非洲苏丹境内的努比亚金字塔群。

统治过埃及，时间跨度大概为 1 个世纪。后来，来自亚述的势力卷土重来，将第二十五王朝的末代法老坦沃塔玛尼（Tantamani）赶回苏丹老家，重新建立对埃及的统治。话虽如此，金字塔这个文化符号的"神力"在今天的苏丹地区仍然维持了多个世纪。这样的现象提醒我们，很多时候，文化传统并不像地理或社会环境那样可以通过人力轻易改变。若干个世纪以后，公元前 300 年—4 世纪前后，源自埃及的金字塔文化以苏丹为"跳板"，进一步向南流传到了古城麦罗埃（Meroe）。这个地方同时也是连接中非、南非和东非三大区域贸易通道的枢纽。古希腊和罗马时代的历史学家都曾反复在自己的作品中提及古国麦罗埃。这个地方之所以引人关注，主要是因为它被认为曾经有效抵抗过来自亚历山大大帝的进攻（这样的进攻其实从未发生过），后来又让罗马大军折戟城下（这次进攻历史上确有其事）。麦罗埃富有的统治者可以随心所欲地选择任何墓葬形式，然而他们偏偏看中了金字塔。麦罗埃金字塔四面的坡度一般为 70 度，配套的神庙通常会被安放在紧挨着金字塔其中一个侧面的位置上。

从最早开始修建阶梯金字塔的法老左塞尔，到最晚将金字塔作为自己陵墓的麦罗埃国王，中间横亘着 3000 年的时光。金字塔文化的长盛不衰不但证明了发源自尼罗河两岸的古埃及文明的顽强生命力，也说明了这种文明具有丰富的多样性，可以在不同社群内部实现持续演化。后来，这种源自尼罗河的文化形式又流传到了古罗马帝国。公元前 15 年前后，[16] 对古埃及文化极度痴迷的罗马政治家盖尤斯·克斯提乌斯[1]决定将金字塔作为自己死后的居所。这座金字塔高度为 36 米，以它为模版，在同时期的罗马，相似形式的金字塔如雨后春笋般冒了出来。

直到拿破仑远征埃及的时代，西方人印象中金字塔的标准形象就是阶梯形的。1782 年，尖顶上长着一只眼睛的金字塔形象出现在了美国的国玺上，这个符号被认为是共济会的标志。20 世纪 30 年代，同样的标志出现在 1 美元钞票的背面。眼睛的金字塔总共由

图 13　美国国玺，1782 年由威廉·巴顿（William Barton）设计完成并投入使用

[1]　Gaius Cestius，时任罗马执政官，这里说的就是位于罗马的克斯提乌斯金字塔。

13 块石头组成，它们象征着美国最初独立时的 13 个州，与金字塔配套的拉丁文的意思是"神佑美国"。总的来说，这种眼睛金字塔代表了美国人对国力强盛和国运长久的祈求。想当年，站在金字塔脚下的拿破仑心中其实也怀着同样的希望，企盼麾下的军队能够所向披靡，建立他梦想中的庞大帝国。

亚历山大大帝，史上第一个"拿破仑"

关注古埃及文明在不同文化语境，甚至是对立文化语境中的演化，是本书贯穿始终的主线。对研究古埃及历史和文明的演化而言，金字塔是一个不错的切入点。就像本书第 1 章提到的托特神那样，金字塔是一个可以从过去一直说到现在的话题。类似这样的话题还有很多，比如古埃及的艺术、建筑、神话和传说，乃至古埃及人发明的运输工具等。这些东西以古埃及为起点，在人类历史中经历的漫长过程，本身已经变得扑朔迷离，同时也为后世的人们提供了数不清的话题。

本章既然是从 1798 年拿破仑率军远征埃及开始的，那不如仍以这个人物收尾，或者至少以他心中的楷模亚历山大大帝作为收尾。拿破仑大军远征期间，那些随军学者得到了自由研究沿途遇到的花草、动物、矿产资源、艺术作品、手工艺品，以及建筑等课题的机会。在维凡·多米尼克·德农，也就是未来的卢浮宫博物馆馆长兼安东尼·让·格罗的人生贵人的领导下，标记、测绘埃及各地古迹成为了学者们的重要任务。虽然后来战败的法军被迫向英国上缴了他们掳掠到的全部埃及古物，法国学者还是被允许保留下了他们依据这些古物绘制的图画以及制作的各种拓片。回到巴黎后，学者们很快就把手中的资料汇集成册，出版发行。这套丛书被命名为《埃及百科》(*Description de l'Égypte*)，总容量超过 20 册，分成 2 部分在 1809 年和 1829 年先后出版。丛书按题材分现代埃及、自然历史和文物古迹 3 个大类，足足可以装满一个常见款式的书架。任何对法国那次远征获得的成果感兴趣的人，如果经济条件允许的话，都要自费购买一套，就算囊中羞涩，也可以通过馆藏相对丰富的图书馆借阅。从某种意义上来说，《埃及百科》站在欧洲人的立场上，想象、构建了一个既现代又古代的"埃及"。时任总督穆罕默德·阿里则通过敞开大门、吸引外资的方式进一步确认了这个西方语境中的"埃及"形象。

　　拿破仑征服中东地区建立帝国的梦想虽然没能实现，这却不妨碍他将自己与希腊，同时也是整个欧洲或西方公认的英雄亚历山大大帝相提并论。亚历山大和波斯帝国开战时也曾率军进入埃及，而且只遭遇到极其微弱的抵抗。当时的埃及人受够了波斯帝国的统治，因而将亚历山大视为帮助自己摆脱波斯人的解放者，身在吉萨

图 14　1809 年出版的《埃及百科》第 1 卷扉页图

金字塔脚下的古城孟菲斯（Memphis）的祭司们甚至给亚历山大加冕，授予他法老称号。《埃及百科》第 1 卷扉页的图画中，作者借用亚历山大大帝的事迹，间接讨拿破仑欢心。拿破仑本人的形象虽然没有出现，可他名字的首字母却被放在了画面的最下方，字母头上还"戴"了王冠的装饰图案[1]。画面上方正中，一名全身赤裸的英武士兵正在驱使他的马拉战车，画面左右两侧边条的位置上开列了法军取得的历次胜利。古希腊神话中的缪斯女神（Muses）紧跟在赤裸士兵身后，象征着"文明"的曙光重照埃及大地，或者更准确地说是继亚历山大大帝和庞培[2]之后，再次重照埃及大地。被所有这些包围着的画面中心区域描绘了尼罗河沿岸风光，比如各种雕像、狮身人面像和方尖碑。作为西方文明经典象征的庞贝柱[3]被放在最突出的位置，其他更具埃及本土特征的东西则只能充当它的背景，沿着画面中的尼罗河罗列开去，消失在远方的沙丘包围当中。这幅图画用混成技法体现了整个埃及的地理特征，画面最靠前的位置反映的是吉萨金字塔所在的北方地区；靠后的位置描绘了南部的尼罗河支流沿岸，其中正后方以菲莱岛（Philae）为原型，左侧以

---

[1]　欧洲国王及某些王室成员书写姓名时会在首字母的上面画个王冠图案以示尊贵，这种习俗保留至今。

[2]　Pompey，罗马共和时代末期军事家和政治家。

[3]　Pompey's Pillar，今埃及亚历山大的著名古迹，兴建于托勒密三世统治时期的萨拉皮雍神庙的残留物。

卡纳克（Karnak）为原型，右侧以哈布城（Medinet habu）为原型。画面中没有任何人物形象，从而给了西方观者更大的想象空间，让他们能够天马行空地投入其中，来个"画中游埃及"。庞贝柱的后面，一座金字塔处于半遮半掩的状态。这个埃及的传统象征非常"识趣"，知道谁才是"主角"，应该把舞台让给谁。

第3章

神圣文字 [1]

079

---

[1]　Sacred signs，古埃及象形文字也被称为"神圣文字"。

就像很多曾有幸去过埃及的游客一样，我在那个地方买了一条纪念品项链。项链有个椭圆形吊坠，吊坠上用象形文字刻着我的名字，看起来就和前面提到的用椭圆圈围起来的法老名字差不多。那条项链我只戴了一阵子，后来再也不戴了，因为戴了这条项链以后，有些我根本没有见过的人能直接叫出我的名字。我当时没有意识到是项链的缘故，更没意识到与我交往的人多少都认得点象形文字。这种情况在2个世纪前还根本无法想象，因为古埃及象形文字当时已经失传了上千年。

吊坠上的象形文字符号采用1个符号对应1个字母的方式拼写我的名字——Kristina。这个名字来自希腊语，古埃及象形文字中当然找不到直接的对应，所以只能采用同音字的方式间接对应。恰恰是通过这个办法，19世纪的托马斯·杨[1]和商博良[2]凭借两个众所周知的希腊化名字——托勒密和克娄巴特拉（Cleopatra），破解了古埃及象形文字。这两个人是公元前200年以后先后统治埃及的法老和女王，古埃及象形文字拼写他们的希腊语名字同样采用了字母一对一间接对应的方式。与直接用字母代表声音的表音文字不同，属于表意文字的古埃及象形文字中那些鸟的图案、身体部位的图案、

---

[1] Thomas Young，英国百科全书式的学者，擅长多个领域。

[2] Jean-François Champollion，法国历史学家、语言学家和埃及学家，被誉为"埃及学之父"。

各种几何图形，以及曲线和直线本身就具有某种寓意。自从文艺复兴时代以来，欧洲学者就渴望破解古埃及象形文字，启蒙时代的到来让这种渴望变得更加强烈。学者们认为，破解象形文字可以帮助他们理解古埃及和赫尔墨斯·特利斯墨吉斯忒斯留下的知识，同时也可以弥合已经穆斯林化的埃及和西方基督教文明存在的历史断层，构建一种共同记忆。

为了重拾这个失落的文明，解读那些神秘的符号，人们花了很大力气用于破解那些散落在神庙中，密布在方尖碑和各种雕塑表面，以及用红色或黑色墨水书写在莎草纸上的古怪文字。1801 年英军从投降的法军手里缴获了大批埃及文物，其中一块镌刻着托勒密和克娄巴特拉这 2 个名字的黑色石碑为托马斯·杨和商博良的工作提供了突破性进展。这块石碑的一面同时用 3 种文字镌刻了同样的内容，3 种文字包括世俗文字[1]、象形文字和希腊文。最初发现石碑的法军军官显然意识到了它的价值，因此才把它从尼罗河三角洲西部的艾尔拉什德[2]城城墙上给拆了下来，这块石碑后来就被西方人称为"罗塞达"（Rosetta）。1

本章主要介绍以象形文字为代表的古埃及文字体系，同时还要探讨这种古老的文字究竟是如何"失落"的？以及它是否真的如我

---

[1]　Demotic，经过简化处理的古埃及象形文字，主要用于日常生活。
[2]　El-Rashid，埃及港口城市，过去的名字就叫"罗塞达"。

们认为的那样，已经"失落"了？这个故事必须从头讲起，也就是从象形文字在早期王朝时期被发明时讲起。当时，埃及历史上的第1位法老在尼罗河沿岸出现，建立统一的中央政权。从那以后，古代埃及先后使用过几种语言文字体系。了解不同时期埃及社会的识字率和文字使用情况，对理解古代埃及语言在托勒密王朝、罗马统治时期和拜占庭统治时期的演化过程至关重要。进入中世纪，埃及被彻底阿拉伯化，阿拉伯世界的学者就像他们后来的欧洲同行一样，也曾对古老的象形文字发生浓厚兴趣。虽然17世纪的耶稣会教士[1]基歇尔[2]在自己的研究中曾借鉴过来自阿拉伯世界的相关资源，可是伊斯兰学者在这个领域的成就仍然很少为西方人所知。基歇尔的研究其实只是站在神学立场上强调这些古老文字的神圣性和象征性，真正洞悉这些文字含义的还是后来的托马斯·杨和商博良。这两个人曾研究过多种古代和现代语言，他们从更贴近实际的角度帮助欧洲人认识了这种文字。

就像其他语言体系一样，古埃及人的语言包括语法、句法和词语三大部分，只不过被他们用来充当文字的是以动物及其他物

---

[1] Jesult，天主教流派，1534年创立于巴黎大学，主要特点是废除了很多中世纪的繁琐教规。

[2] Athanasius Kircher，17世纪欧洲百科全书式学者，耶稣会成员。

体为原型的图画，而非抽象的字母或楔形符号[1]。过去150年当中，埃及学学者成体系地阅读、梳理了大量古埃及文献。这些文献中有很多涉及神秘主义，不过也有很多是世俗中流传的政府律令、游历见闻，乃至抵押文契等。借助这些文献，笼罩着古代埃及的那层神秘面纱终于被揭开了一角，与此同时却也带给我们更多的疑问。

古埃及最早使用的象形文字

任何涉及罗塞达石碑的话题总要使用诸如"钥匙""密码""解读"之类的字眼加以修饰，就好像历史上的埃及对今天的读者而言仍然迷雾重重似的。从某种意义上来说，古埃及对今天的很多人仍然是谜一样的存在，我们无法按照自己的经验去理解那个世界。今天的人差不多都识字，我们写下某些东西，同时自然而然地认为别人肯定能读懂它，然而普遍识字相对漫长的人类历史仍然属于新生事物，今天的某些人类群体其实也还没有做到普遍识字。当读写成为某个社会中少数人掌握的特权时，这种技能就可以成为统治阶层巩固自身的一种手段，比如中世纪欧洲基督教会所做的那样。据可

---

[1] 指楔形文字，苏美尔人在公元前31世纪前后开始使用，是目前已知最古老的文字。

靠估计，古埃及人的识字率始终控制在 2%—5% 之间，从来也没有增加过，这个范围以外的人根本就是"睁眼瞎"。你可以想象一下，自己待在足有 100 人的房间里，所有人只能依靠其中的两三个人写电子邮件，签贷款合同，掌握政府的各种政策。不识字的人除了信任那两三个人，别无他法。

"象形文字"（hieroglyphs）这个说法最早由古希腊学者提出，意思是"神圣的刻符"（sacred carving），古埃及人用小鸟、身体部位之类符号表示意思的做法和今天的我们用图画传达信息大同小异。象形文字又称"神圣文字"，这个说法可谓名副其实，因为它们最初的作用主要就是用来书写与神沟通的文书。这些文书被镌刻在棺材和雕像上，出现在陵墓和神庙里，也被用作珠宝、武器和家具的装饰，比如图坦卡蒙陵墓中出土的那些稀世珍宝。就像今天的意大利斜体字[1]一样，象形文字是古埃及人在正式场合使用的文字，这种文字的出现与古埃及艺术的发展紧密相连，或者更精确地说，与雕刻、绘画领域的发展紧密相连。书写和绘画在古埃及其实难分彼此，两者都通过线条简单勾勒面孔和肢体，都通过画面位置的上下布局暗示尊卑关系，都通过不同元素的组合传达丰富信息，而且画面中主要形象都必须统一面朝观看者的右侧，人物

---

[1] Italic calligraphy，中国一般称为"圆体英文"。

和动物在这方面的表现尤其明显。[1]之所以产生这样的规定，是因为古埃及人写字遵循从右到左的规则，就像阿拉伯人和希伯来人（Hebrew）一样。有意思的是，如果客观条件需要，比如出于装饰的考虑等，古埃及象形文字也可以调过来，按从左到右的顺序书写。如果将这种技法运用到墙壁上，比如陵墓的墙壁，就可以产生一种对称美。同样依据源自文字书写习惯的法则，无论采用二维模式的绘画，还是采用三维模式的雕塑，古埃及艺术中的男性形象（女性很少成为艺术表现的对象）也都是下半身向右扭，同时左腿向前迈一步。无论这些艺术品将来会被摆在哪里，派什么用场，都必须严格遵循这样的法则。

象形文字出现在公元前 3200 年前后，当时的埃及正处于前王朝时期末尾、早王朝时期开始的阶段，他们的艺术也在这个时期发生了突变。如果简单地下结论说象形文字的出现是为了满足新帝国统治者的需要，那可能过于武断。此前的若干世纪当中，那些用图案装饰的陶罐、石磨，以及外观修长的圆柱形雕塑，已经为象形文

---

[1]　作者这里说的是古埃及绘画的正面律。中国古人认为死后必须留全尸才能转世轮回，古埃及人也有类似的说法，所以人的绘画也必须是全身像，不能遗漏任何细节。但当时还没有西洋油画的透视画法，如果正面画脸就无法表现鼻子，所以古埃及人物正面像就采取了一种不正常的姿势，下半身朝右扭，左腿迈出一步，上半身正面朝前，头统一扭向右侧，突出鼻子轮廓，但是面孔上的眼睛又要画成正面、完整的形象。

字的最终出现作足了铺垫。目前出土的一块属于法老那尔迈[1]的大号、双层调色板上雕刻着他本人及随从的形象，这些图案已经体现出了后来3000多年中古埃及象形文字和绘画共同遵守的规则。同样是在那个时代，已经出现了某些非常容易辨识的象形文字，比如刻在调色板最上面的国王名字——狂鲶（Fierce Catfish）。它们按照法老王室礼仪的要求，统一用方框圈了起来。随着中央集权帝国的建立，各类文书越来越频繁地往来于埃及各地，这是官僚机构维持正常运转，保证国家信息、物资顺畅流通的必然要求。与此同时，象形文字蕴含的神圣意味以及苛刻的使用规范，也让它们有可能成为法老王权的某种象征。

古埃及象形文字体系中的某些符号本身没有意义，只代表说话时发出的一个声音。某些符号，比如用来拼写我的名字或者埃及艳后克娄巴特拉的那些符号，它们被圈在椭圆圈里面，可以同时代表单独的一个音节，也可以代表两三个音节。除了代表特定的声音，某些象形文字不仅具有阴性和阳性的区别，还可以表示单复数。另外，某些符号的含义不能只看字面意思，而是要结合上下文语境。[2]这类词语被埃及学家称为"限定词"（determinative），它们通常被加在某些词语的后面，从而进一步说明前者的含义。例如，以"麻

---

[1] Narmer，古埃及第一王朝的开创者，作者这里说的是著名的那尔迈调色板。

雀"[1]形象出现的限定词，它加在其他词语后面就可以表示"不"或者"小"的意思。同样的道理，某个词语后面跟着的两条人腿的形象就有"行动"的意思。古埃及人读某句话时，不是所有词都要读出来，比如那些限定词；反之，现实对话交流中的某些语音也不一定能在象形文字中找到对应的符号。例如，纯元音就没有固定的符号，因为它们总要根据语境或前后词语搭配作出相应调整，[2]实际书写时只能写一个辅音或类似于辅音字母的符号（比如 o 或 y），读者阅读时要根据实际情况自己决定发音。现代阿拉伯语和希伯来语保留了类似的习惯，书写时经常省略元音。古埃及语言从大的范围来讲属于闪米特[3]语系，这种语言虽极具"个性"，又与属于相同家族的，比如阿拉伯语、希伯来语和阿卡德语[4]，存在很多共性。不仅如此，豪萨语[5]（主要在尼日尔和尼日利亚）和柏柏尔语[6]（主要在撒哈拉沙漠的范围内使用）等非洲语言与古埃及语言也有很多共同点。

象形文字只是古代埃及使用的多种书写符号体系中的一种。当

---

[1] Sparrow，古埃及象形文字里就是画只麻雀的样子。

[2] 类似俄语中的清浊变音，即某些字母的发音要根据语境和前后搭配字母而定。

[3] Semitic，这个概念最早由德国学者在 1781 年提出，涵盖多种近东地区民族。

[4] Akkadian，古代阿卡德人使用的语言，他们曾在今伊拉克境内建立过阿卡德帝国。

[5] Hausa，非洲三大语言之一。

[6] Berber，西北非地区柏柏尔族使用的语言。

书记官用芦苇笔沾着墨水在莎草纸上写字时，他们使用的是更简便而流畅的符号。[1]书写过程中，书记官会对象形文字作出简化，从而提高书写速度，最终催生出了简体的古埃及象形文字，同时期的希腊人称其为"Hieratic"。虽然这个词语含有"祭司专用"的意思，但简体象形文字在古埃及的使用其实非常普遍，通常用于书写信件、文契等世俗文书。如果用于书写类似祭文或亡灵书等特殊文本，简化字通常还要在字体方面加些装饰以示尊贵。简体象形文字的出现对埃及历史发展起到了推动作用。日复一日，乡村中的书记官或供职于神庙的抄写员用这些符号传播法律和政令，大量饱含知识的莎草纸卷也被创作出来。那些有幸成为后备书记官的男孩们到各自家乡的神庙中集中学习读写，他们首先接触到的也是简体字。这种情况同今天埃及考古专业的大学生们正好相反，他们学习古埃及文字是从正体象形文字入手的。

口语在人们的使用过程中随时都在发生演化，书面语则要相对稳定、滞后。如果人们选择用某种古老而刻板的书面语去记录语言，那往往是因为看重它通过漫长使用的历史而获得的稳定性和权

---

[1] 这种情况类似俄语字母有印刷体和手写体的区别，今天中国人使用的隶书汉字当年也是相对于篆文的简化符号。

威性，比如钦定版《圣经》[1]使用的那种书面语，现在的人们在教堂里还会连篇地背诵它们。相比正体，简体象形文字更容易跟上语言演化的步伐。埃及学家将古埃及语言中语法和词汇的演化分为早期埃及、中期埃及和晚期埃及 3 个阶段。这 3 个阶段和古埃及历史的演化阶段并不完全重合，而且每个阶段使用的语言与之前和之后使用的语言也并不一定存在传承关系。

中期埃及统一使用正体象形文字，这种情况持续到托勒密王朝阶段，在神庙中尤其普遍。晚期埃及的语言，也就是生活在公元前 1325 年前后的图坦卡蒙王每天说的语言，主要用简体象形文字书写。从公元前 650 年前后开始，被称为"世俗文字"的符号体系逐渐进入埃及人的生活，这种文字在简体象形文字的基础上得到了进一步简化。罗塞达石碑便使用了这种世俗文字，用这种文字镌刻的文本要比石碑上用正体象形文字和希腊语镌刻的相同内容文本保存情况更好。与简体象形字不同，世俗文字只能用于书写世俗文书或者那些包含有伤风化内容的文本。现存的用世俗文字书写的古埃及文献涉及范围非常广泛，内容涵盖最贴近民众生活的婚书到最形而上学的教义问答，不一而足。由于能读懂世俗文字的学者人数非常有限，这些文献中的大部分目前还在排队等待翻译。

---

[1] *The King James Bible*，1611 年在英国出版的英文版《圣经》，由英王詹姆斯一世下令翻译，故名。

　　世俗文字流行的这一历史时期，古埃及社会的主流语言是希腊语[1]，然而这个时期以世俗文字为代表的埃及本土语言却对希腊语保持着很强的排斥倾向，拒绝从后者那里借用词汇。祭司和书记官们甚至有意识地将驱逐"外语"，保持世俗文字的纯粹性当成自身职责。在托勒密统治时期以及随后的罗马统治时期，埃及本土语言演化成为了今天人们比较熟悉的科普特语[2]。时至今日，埃及的基督教堂里还在使用这种语言。目前发现的最早的科普特语文献诞生于公元1世纪，这种语言借用了希腊语的24个字母，同时还额外造出8个字母用以表示希腊语里没有的发音。经过这次改革，埃及人终于可以在书面语中体现元音，补充了很多象形文字体系中没有的东西。以这种文字书写的手稿大多都不会牵扯埃及传统宗教的内容，这可能是因为在罗马和拜占庭统治时期的埃及使用新文字的同时，多数埃及人已经接受了基督教。

　　与世俗文字正好相反，科普特语大量借用了来自希腊语的词汇。截至公元6世纪前后，希腊语可能已经占到总词汇量的40%。公元7世纪，埃及实现伊斯兰化，伊斯兰文化成为社会主流文化。科普特语和阿拉伯语在这个国家并存了若干世纪，逐渐地，这两种

---

[1] 古埃及托勒密王朝的根源是亚历山大大帝的马其顿帝国，崇尚希腊文化，所以当时埃及上流社会以希腊化为时尚，正式场合说希腊语。

[2] Coptic，古代埃及基督徒使用的语言。

语言成为了区分埃及社会伊斯兰教群体和基督教群体的标志，不过分属这两个宗教群体的埃及人在日常生活中也并非只说自己群体的语言。同今天的很多国家一样，古代埃及在语言方面呈现明显的多样化，人们具有双语甚至多语的能力，可以根据不同场合的需要选择使用相应的语言。崇尚希腊文化的"外国法老"统治埃及时期，同时掌握多种语言已经成为古埃及人生活的一部分。以新王国时期为例，这个时期埃及官方的外交语言是古阿卡德语，我们发现的往返于古埃及与今天伊拉克范围内多个古国的外交泥板文书全部以这种语言写成。受当时条件的限制，埃及人使用的小众语言以及某些宗教祭文往往无法像外交文书那样以文献的形式保留下来，不过我们仍然可以下结论说，法老统治下的埃及是一个多元化的社会，虽然这种多元化的实际程度可能并不如文献所反映得那么高。古埃及人认为文字本身具有神奇魔力，这种魔力不仅产生于它们被写在莎草纸上的那一刹那，随着时光流逝，当莎草纸上的神奇符号变得无人能识，这些文字在人们眼中的"魔力"反而会进一步增强。

谜语和符号

公元 2 世纪早期实施的一次人口普查记录显示，当时古埃及的省会城市俄克喜林库斯（Oxyrhynchus，这个词在英语中有尖嘴鱼

Sharp-nosed fish 的意思）总共有 2 个专职象形文字雕刻师。[3] 读者可能不禁要问他们平时靠什么谋生？这两个人当时的主要工作可能是负责维护那些仍在正常运转的埃及风格神庙，偶尔接点印章、雕像之类的零活。罗马统治时期的埃及，从事象形文字雕刻是一个非常考验耐心的工作，主要靠家族传承的方式得以延续。尽管如此，到了公元 2 世纪晚期，懂这种文字的埃及人仍旧变得凤毛麟角，大家通常只会将它们用在复古风格的棺材和裹尸布上充当装饰。[4] 随后又过了 100 年左右，能读懂象形文字的人就只剩垂垂老矣的少数群体，前面提到的简体象形字和世俗文字此时也面临着相同的困境，科普特语逐渐大行其道。那个时代的埃及，某种特定的语言往往只被特定的个人或社群使用，因此某种语言一旦"死亡"，哪怕是其中的一部分，比如口语或书面语"死亡"，就很难再复活过来。正是由于这个原因，公元 3 世纪早期底比斯的祭司们使用的莎草纸宗教手卷在使用世俗文字书写正文的同时，往往还要分别用科普特语和希腊语把相同的内容再写一遍，以便读者能够选择自己熟悉的语言去了解那些宗教仪轨。[5] 目前能够确认的产生年代最晚的古埃及象形文字出现在公元 394 年，它们被雕刻在菲莱岛的伊西斯神庙里。这座神庙还保存着目前已知出现年代最晚的世俗文字石刻，它们雕刻于公元 452 年。古埃及人在保留传统文字方面的竭尽全力，显示了埃及本土文化作为一种文化认同对他们的重要意义，同时也说明，不同语言和宗教要想实现共存和融合其实非常困难。

　　公元 5 世纪，有位名叫"赫拉波罗"（Horapollo）的埃及祭司或学者，他为了向那些只懂希腊语的信众更好地讲解宗教文献，认为自己有必要重新掌握古老的象形文字。时至今日，我们仍旧不清楚赫拉波罗的具体身份，也拿不准他的故乡到底是不是亚历山大城（Alexandria）。至于那套署着赫拉波罗名字的大作《埃及象形文字》（*Hieroglyphica*）[6] 是否真的出自他的手笔，也同样不得而知。15 世

图 15　菲莱岛伊西斯神庙中的世俗文字石刻，马克西姆·杜·坎普（Maxime Du Camp）拍摄于 1849—1851 年间，1852 年冲印

纪早期，前往希腊安德罗斯岛（Andros）游历的佛罗伦萨贵族发现了《埃及象形文字》的手稿，把它带回佛罗伦萨。这份手稿在意大利文艺复兴时代的知识分子群体中引起了巨大反响，特别是在 1505 年威尼斯出版业的领军人物奥尔德斯·马努蒂厄斯[1]将它正式付梓以后。那之后又过了几年，《埃及象形文字》有了拉丁文版本，传播范围因此更加广泛。

赫拉波罗的这本书主要是利用象形文字的特点，"望文生义"地推测 189 个古埃及象形文字的含义。文艺复兴时代的西方知识分子在相继"复活"了古希腊和罗马文化以后，转而对古埃及文化发生浓厚兴趣，《埃及象形文字》的出现可谓"及时雨"，布鲁诺[2]和伊拉斯谟[3]等很多学者、艺术家都曾通过赫拉波罗的书获得灵感。遗憾的是，赫拉波罗并没有意识到他研究的那些符号到底是什么意思，或者应该说他研究出来的意思，与今天从语音学和语义学角度研究出来的意思不一样。赫拉波罗的研究以当时埃及相关领域研究者的共同知识背景为基础，即特别关注古埃及象形文字所蕴含的魔力和象征意味。从这个角度出发，许多象形文字，特别是那些以动物为原型的符号，都被赋

---

[1] Aldus Manutius，15 世纪意大利学者和出版商。

[2] Giordano Bruno，因捍卫日心说被教会烧死的意大利科学家。

[3] Erasmus，文艺复兴时期著名思想家、历史学家和文学家。

予了"望文生义"的解释。例如，代表"大"这个意思的燕子符号就被解释为"继承"，因为同时代类似赫拉波罗这样的埃及人相信雌燕临死前会在泥坑里打滚，然后用身上沾着的泥浆筑巢，留给孩子。

　　虽然我们至今无法掌握所有象形文字的含义，因此无法对赫拉波罗研究的准确程度作出判断，不过总的来说，这种"望文生义"的做法还算抓住了象形文字的本质。依据这个逻辑，他相信象形文字中豺的符号肯定具有"防腐"的意思，因为古埃及神话里的豺头神阿努比斯[1]被认为主管人死后的木乃伊制作。在这个基础上，赫拉波罗又对豺或狗符号的含义进行了引申，认为它还具有"法官"和"脾脏"的意思。得出这样的结论，主要是因为法官当时被认为应该具有狗一样的攻击和保护能力。至于脾脏，那主要是按照当时的医学知识，人们认为脾脏是豺或狗身上最薄弱的器官。

　　尽管《埃及象形文字》算不上真正意义的象形文字字典，它使用的那种"望文生义"的解读方式却仍旧对 16—17 世纪的欧洲知识分子群体产生了深远影响。与此同时，赫拉波罗的工作也刺激了希腊语和拉丁语文化圈里的知识分子进一步解读象形文字，了解古

---

[1] Anubis，古埃及神话中的死神主要负责审判死者生前善恶。

代埃及智慧的兴趣。当时的欧洲知识分子希望能够按照赫拉波罗的方法去解读某些常见的象形文字，尤其是古罗马帝国掳掠到欧洲的那些埃及文物上的象形文字，或者同时期仿制的埃及风格艺术品上的象形文字。需要说明的是，那个时代的人还不能像今天那样准确分辨原版埃及文物和古罗马仿制品。

赫拉波罗的研究成果非常有限，而且本身也没有太大实际价值。同时期生活在埃及的阿拉伯学者与他们的欧洲同行面临着相同的问题，贯穿整个中世纪，他们始终对这种图画文字保持着浓厚兴趣。那个时代的埃及，象形文字遍布神庙、陵墓当中，同时也被镌刻在雕塑和其他器物上。虽然使用程度有限，可象形文字在这个国家毕竟还处于实际使用当中，更何况中世纪埃及在若干世纪中同时使用科普特语和阿拉伯语，很多当地学者因此要比赫拉波罗以及后来文艺复兴时期的欧洲知识分子更了解这种文字。生活在公元9世纪的伊本·瓦什雅[1]就是这些阿拉伯学者中的最杰出代表，他的工作为随后几个世纪同领域学者的研究树立了典范。伊本·瓦什雅最早意识到，古埃及象形文字的符号可以分为表音符号和表意符号两大类。[7]伊本·瓦什雅这样的阿拉伯学者解读象形文字的思路与后来的赫拉波罗大同小异。中世纪的炼金术师兼

---

[1] Ibn Wahshiyah，9世纪著名阿拉伯学者和炼金术师。

巫师们往往认为极具象征色彩的古埃及象形文字拥有极大的魔力，这种魔力可以通过字体的装饰、结构的对称、行列的平行等书写规则表现出来。阿拉伯传统书法在这方面持有相似的美学观点，炼金术则是那个时期伊斯兰世界最重要的一门"科学"。阿拉伯的炼金术师兼巫师们同样认为这种由古埃及祭司在神庙和莎草纸上发展而来的书写技艺具有某种魔力。除了"魔力"这两个字，我们找不到更合适的字眼可以用来形容这种用文字书写所体现出来的神秘主义韵味。

梦幻喷泉

地中海是沟通基督教欧洲与伊斯兰中东的"桥梁"，即便是在两个世界发生冲突，干扰正常外交和商贸活动的特殊阶段，比如十字军东征时期，这道"桥梁"也从未被真正切断。就像公元 15 世纪时赫拉波罗的手稿从奥斯曼土耳其统治下的希腊穿越地中海，被人带到佛罗伦萨一样，历史上的地中海始终是人口和物资交流的"快速通道"。正是通过频繁的人口和物资交流，现代早期的欧洲学者可以方便地搜集各种古代手稿，就算他们想要拿到几本古代希腊文或拉丁文的手稿，也并不比了解阿拉伯同行的研究成果困难多少，前提是必须精通那些语言。

基歇尔（1601/2—1680）神甫[1]精通 12 门以上的语言，出生在德国的他能同时读写阿拉伯语、科普特语、希伯来语和古叙利亚语，这位神甫后半生的主要工作是在梵蒂冈从事研究和教学。[8]基歇尔神甫是位具有巴洛克风格[2]的学者和作家，真正担得起"博学"这两个字。除了精通多种语言，神甫还熟知古代埃及和中国历史，对水利、数学和火山学也有所涉猎。凭借博学多才，神父先后获得了神圣罗马帝国哈布斯堡王朝[3]皇帝，罗马教皇乌尔班八世[4]、英诺森十世[5]和亚历山大七世[6]的资助。过去二三十年当中，学术圈对基歇尔的关注度持续上涨，然而这位神甫在世的最后几年间，当时年轻一辈的学者却对他的研究成果相当质疑。这种情况在神甫去世多年后并未发生改变，包括 19 世纪 20 年代破解了古埃及象形文字的商博良在内的启蒙知识分子群体对神甫也不是

---

[1] 原文为"father"，这里按中国教民习惯翻译，即天主教称"神甫 / 神父"，基督教新教称"牧师"。

[2] The Baroque fashion，这个词源自葡萄牙语，本意指不圆的珍珠，后来引申为凌乱、驳杂的意思。

[3] The Habsburg Holy Roman，哈布斯堡王朝是欧洲历史上最重要、影响力最大、统治地域最广的王室家族，这个家族的成员曾出任过奥地利、匈牙利、比利时、荷兰以及德国等国国王。神圣罗马帝国全称为"德意志民族神圣罗马帝国"或"日耳曼民族神圣罗马帝国"，主要以今天的德国、奥地利为核心形成的松散西欧国家联盟，神圣罗马帝国皇帝被认为继承了历史上的罗马帝国正统，因此是欧洲名义上的最高统治者。

[4] Urban VIII，公元 1623—1644 年在位。

[5] Innocent X，公元 1644—1655 年在位。

[6] Alexander VII，公元 1655—1667 年在位。

特别重视。

基歇尔神甫的工作对欧洲的科学和历史研究起到了承前启后的作用。《埃及象形文字》这样的希腊语和拉丁语古代手稿被大家争相阅读，与此同时，以希伯来语、阿拉伯语等所谓的"东方"语言书写的手稿也受到普遍关注。前面已经说过，那个时代的"东方"是一个相当宽泛的概念，范围涵盖整个地中海沿岸和中东地区。那个时代的欧洲人认为，"东方"是西方文化的"遗产"。从雅典（Athens）到亚历山大城，从耶路撒冷（Jerusalem）到伊拉克的巴比伦（Babylon），从土耳其的安纳托利亚（Anatolia）到帕尔米拉[1]和波斯（Persia），这个辽阔地域在16—17世纪实现了广泛的跨文化、跨语言交流，进而对西方现代基督教文明的形成起到了重要影响。正是在这个大背景下，欧洲出现了宗教改革[2]。基歇尔神甫青年时代，就连罗马天主教庭也顺势而动，完成改革，甚至不惜因此动摇西方的文化根基。

面对这种情况，读懂"东方"这笔"遗产"就成为了异常迫切的需要。对16世纪和17世纪的西方知识分子而言，赫尔墨斯·特利斯墨吉斯忒斯完全可以与亚里士多德（Aristotle）或柏拉图这样

---

[1]　Palmyra，位于今叙利亚，丝绸之路末端贸易重镇，拥有众多古迹。
[2]　The Protestant Reformation，开始于16世纪，促生出了路德派、加尔文派等基督教新教。

的西方圣人平起平坐，甚至地位更高。某些被今天的正统基督教文化视为异端的学说，在那个时代却可以获得普遍容忍和接受。身在这样的文化语境当中，类似基歇尔这样的天主教神甫才可能通过破解象形文字的方式追寻失落的古埃及智慧，他所效忠的教皇们也才可能对这种行为睁一只眼、闭一只眼。

来自罗马最有势力的潘菲利（Pamphili）家族的教皇英诺森十世在位时，打算在位于纳沃纳广场[1]的万神殿[2]前面修一座喷泉。教皇找到2个人主持设计，首先当然是那个时代最顶尖的雕塑家贝尔尼尼[3]，其次则是最顶尖的学者基歇尔神甫。[9]这座喷泉的主题是要象征罗马天主教庭的无上权威和在世界范围的影响力。喷泉的岩石基座出现了罗马教会的奠基者圣彼得（st Peter）[4]的形象，还出现了非洲的尼罗河、欧洲的多瑙河（the Danube）、亚洲的恒河（the Ganges），以及美洲的普拉特河[5]这4条大河形象。16.5米高的红色花岗岩方尖碑矗立在基座之上，碑体表面刻满了古埃及象形文字，

[1]　The Piazza Navona，位于古罗马城中心。

[2]　Ancestral palace，目前唯一保存完整的古罗马时期建筑，始建于公元前27—前25年。

[3]　Gian Lorenzo Bernini，意大利雕塑家、建筑家和画家，巴洛克风格的代表，被誉为17世纪最伟大的艺术大师。

[4]　今天的梵蒂冈圣城建立在圣彼得陵墓的基础上，它的核心是圣彼得大教堂，这座教堂的地下至今完整保存着圣彼得的墓穴，《达·芬奇密码》的作者丹布朗在另一本小说《天使与魔鬼》中对此有详细介绍。

[5]　The Río de la Plata，位于今美国内布拉斯加州。

图 16　贝尔尼尼的四河喷泉，1648—1651 年修建于罗马纳沃纳广场，上面耸立着罗马皇帝图密善（Domitian）在公元 1 世纪晚期下令迁移过来的方尖碑

象征潘菲利家族的鸽子小雕像被安放在碑顶上。

　　那座造型奇特的方尖碑是公元 1 世纪由罗马皇帝图密善[1]下令从埃及南部的阿斯旺整体搬迁过来的，原先可能被立在罗马城市中

---

[1]　Domitian，古罗马帝国第 11 位皇帝，后来遇刺身亡。

心附近某个属于女神伊西斯以及她在希腊神话体系中的丈夫塞拉匹斯[1]的神庙大门外。至于碑身上的象形文字，则可能出自当时生活在罗马的埃及祭司之手。这些符号中包含图密善的全名和荣誉称号，也是按前面提到的音译法直接拼写出来的。公元 309 年，罗马皇帝马克森提乌斯[2]下令将这座方尖碑移往刚刚完工的玛佐森广场[3]。公元 7 世纪，罗马发生内乱，方尖碑被人推倒或自行倒下，断成了 5 块。1649 年，贝尔尼尼把它重新竖立起来之前，这种状态已经维持了很多个世纪。

建造喷泉基座、修理方尖碑在那个普遍萧条的年代绝对称得上耗资巨大，英诺森十世却并没有心慈手软，反而以此为名目向罗马城内的穷苦居民征收重税。[10] 基歇尔神甫的工作是对方尖碑的里里外外做一番彻底研究。1650 年，他以自己的研究成果为基础出版了图册，其中包括对碑文的翻译，这个"翻译"当然也是基于他自己的理解。神甫对自己破解象形文字的能力似乎非常有信心，他甚至要求贝尔尼尼领导的团队把缺失的碑文补齐。原先的碑文本身具有明显的罗马风格，再加上后补的碑文，今天看起来非常古怪。

伟大的基歇尔神甫当然不可能永远不犯错误，他后来曾被迫承

---

[1] Serapis，古希腊人在奥西里斯的基础上造出来的神。

[2] Maxentius，公元 306—312 年在位，因推行暴政丧失人心，后兵败被杀。

[3] 原文为 the new Circus，这个词找不到对应的罗马地名，根据四河喷泉方尖碑的历史推测，应指玛佐森广场，公元 4 世纪早期，马克森提乌斯下令将它移到这个地方。

认自己对另一块方尖碑碑文的"翻译"完全是出于艺术家想象的再创作，这算是一段令人尴尬的小插曲。[11] 基歇尔神甫在他生活的那个时代拥有很大的影响力，同时还拥有广泛的人脉，然而这并不能减少同时代学者对他研究成果的质疑，神甫耗尽心血出版的那些专著在他去世后很快就变得无人问津了。以今天的眼光看，基歇尔神甫的工作可能为 1822 年商博良成功破解古埃及象形文字打下了基础，不过下此结论的前提是一种进化论史观，也就是说后辈在前辈不断犯错的基础上逐渐接近真相，最终取得成功。学术界针对基歇尔神甫的态度变化充分说明这种进化史观在研究知识的演化领域根本靠不住。不同时代，不同语境，我们所谓的"知识"总是处于持续的解构和建构当中，对于某种"知识"的定义往往取决于政治、宗教等多种环境因素。恰恰是基于这些环境因素，基歇尔神甫在研究过程中大量借鉴阿拉伯学者成果的事实被有意淡化和遗忘，中东伊斯兰世界在这方面的贡献遭到选择性遗忘。所谓的"事实"和"真相"都可以随时代和语境的变化而变化，因为不同时代和语境对何为"事实"，何为"真相"的定义和解释本身就要不断发生变化。今天的学者们意识到"知识"的这种特性，因此才催生出认识论[1]

---

[1] Epistemology，指个体的知识观，即个体对知识和知识获得所持有的信念，主要包括有关知识结构和知识本质的信念和有关知识来源和知识判断的信念，以及这些信念在个体知识建构和知识获得过程的调节和影响作用（石克里《普通认识论》）。

的相关理论。

18 世纪启蒙时代的知识分子摒弃了基歇尔神甫为代表的知识结构，将宗教与科学相剥离，构建了今天我们所熟悉的现代知识体系。这个体系对"事实"和"真相"的定义有自己的一套标准，它要求直接、客观的研究，要求使用特定的测量和计量仪器，研究者本人则必须出身院所、博物馆、高校等知识分子圈，受过专业训练。拿破仑远征军正是因为充分"装备"了这套知识体系，学者和士兵们才得以联手，系统性地搜罗这个国家的文物古迹，测绘地貌，勘探矿藏，标定战略要地。只可惜，基歇尔神甫没有见过罗塞达石碑。否则，他或许就能通过希腊文的碑文猜测出象形文字和世俗文字碑文的意思；或许，他还会延续"翻译"四河喷泉方尖碑的思路，根本不管希腊文，而是照旧"望文生义"地胡猜一通？神甫去世 150 年后，罗塞达石碑重见天日，遇见了商博良。与其说这块石碑遭遇了自己的"伯乐"，还不如说它的露面恰逢一个合适的时代。

翻译的艺术

罗塞达石碑上其实还有第 4 种文字，只不过一般人都没有注意到，那是用英语书写的石碑辗转来到大英博物馆（the British

Museum）的经过，就刻在石碑侧面，刻痕里还刷了白色颜料。石碑一侧的文字为："1801 年，英国陆军于埃及缴获"；另一侧的文字为："献给国王乔治三世。"[1] 石碑高 112 厘米，宽 76 厘米，厚度为28 厘米。1799 年 6 月，法国陆军进攻位于罗塞达的圣朱利安要塞（fortst Julien）时发现了它。领头的法军中尉觉得这块石碑很重要，就把消息报告给了师级指挥官梅努[2] 将军，这位将军当时是法国委任的罗塞达所在省份的总督，他后来皈依伊斯兰教，经名叫"阿卜杜拉"[3]，与一位埃及女士结了婚。梅努将军认为下属发现的这个同时刻有 3 种语言的石碑的确非常重要，就把这件事汇报给了拿破仑刚刚下令在开罗成立的埃及研究院，这所研究院也是当时所有法国随军学者的"大本营"。相关学者很快制作了石碑拓片并把它送回法国，希望有人能读懂上面的象形文字。

1800 年，拿破仑的亲信卡勒巴[4] 将军由于力主与英国媾和而遭到暗杀，梅努将军随后被任命为法军在埃及的最高指挥官。[2] 人们希望这位新任司令官能够力挽狂澜，然而经过亚历山大城漫长

[1] George III，1738—1820 年，在位期间曾派马戛尔尼率使团来华拜见乾隆皇帝。

[2] Jacques François Menou，曾任巴黎警备司令，1795 年 10 月 4 日，巴黎发生保皇党叛乱，此人因采取默许和支持态度被撤换，实际接替他指挥权的人就是拿破仑。

[3] Abdullah，非阿拉伯民族人士皈依伊斯兰教后要在保留本民族语言姓名的同时，起一个阿拉伯语的名字，称为"经名"。

[4] Kléber，拿破仑手下著名的骑兵指挥官。

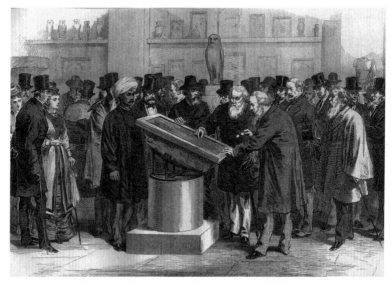

图 17　1874 年，学者们参加国际东方学会议，研究大英博物馆馆藏的罗塞达石碑

的围城战以后，梅努将军最终选择于 1801 年向英军投降。和谈过程中，梅努将军坚持要求法国随军学者可以保留他们的笔记、地图和图片等资料，声称这些都属于私人财产，不应该算在战利品的范围内。英军指挥官则坚决认为那些被搜罗来的小型石碑属于法国的国家财产，英军可以将其视为合法战利品，除非有确凿的证据证明它们的确属于私人物品。按照这个标准，罗塞达石碑显然不可能算是梅努将军的私有财产。1802 年，它被装船海运到伦敦。负责运送石碑的护卫舰同样是来自法国的战利品，加入英国海军后，它被更名为"埃及人"（Egyptienne）号。英国文物学会（The Society of

Antiquaries）在他们位于萨默塞特宫[1]的办公场所小范围展览了石碑，同时制作了石膏模型和拓片分送当时英国最顶尖的大学。1802年夏天，罗塞达石碑连同其他雕像、石碑等从法国转手得到的埃及文物被统一送到大英博物馆收藏。[13]

　　大英博物馆的参观者通常都不喜欢埃及艺术品颜色上的强烈反差，特别是当博物馆将黑色或彩色的艺术品同经典的白色大理石雕像摆在一起时。好在多数人对罗塞达石碑的颜色并不特别在意，而是非常想知道它上面的碑文到底说了什么。问题在于，这块石碑实在非常古老，即便希腊文使用的也是种特别语体，普通人根本读不懂。前面提到的法国学者安东尼·希尔维斯特·德·西塞已经确认石碑上的一种文字属于古埃及世俗文字，他联手瑞典外交官兼语言学家约翰·阿克布莱德（Johan Akerblad）尝试认出了用这种文字拼写的某些希腊语名字。此外，安东尼·希尔维斯特·德·西塞还给英国学者托马斯·杨写了封信，指出希腊语和世俗文字碑文中提到的法老姓名与象形文字碑文中那些被椭圆圈起来的符号存在的对应关系，这可能是破解象形文字的关键。按照这个思路，托马斯·杨成功在象形文字碑文中找到了托勒密等人的名字，并在 1819 年公开发表了自己的研究成果。

---

[1]　Somerset House，15 世纪修建的宫殿，后来成为了英国各种学术组织的所在地。

图 18　艺术家凭想象复原的完整罗塞达石碑

与此同时，托马斯·杨与安东尼·希尔维斯特·德·西塞的法国同行兼竞争者商博良取得了联系。商博良手里拥有的材料不仅有罗塞达石碑的拓片，还包括其他很多流传于同时期欧洲学者手中的古埃及石碑拓片，特别是来自威廉·约翰·班克斯[1]拥有的一尊用希腊语和象形文字同时书写碑文的双语方尖碑的拓片。1815年，威廉·约翰·班克斯最早在菲莱岛的伊西斯神庙发现了这尊方尖碑，随后在19世纪20年代把它移到了自己位于多塞特郡（Dorset）的乡间别墅金斯顿莱西[2]。凭借自己掌握的科普特语知识，以及手里的那些双语拓片，商博良最终复原了几乎完整的古埃及象形文字字母表，同时还标注了它们的发音。1822年9月，他给法国科学院（The French Academy）写信，公布了自己的研究成果。除了这些字母，商博良还破解了那些没有读音的象形文字符号，掌握了正确翻译那些古埃及文献的方法。凭借这样的成果，商博良成为埃及学领域一门崭新学科的领军人物。遗憾的是，他在取得如此辉煌的成果后仅仅10年便与世长辞，年仅42岁。他去世时只培养了很少的几个学生，手头的工作也处于非常零散的状态。

正所谓难者不会，会者不难。古埃及象形文字看起来让人摸不着头脑，可是一旦掌握了正确的方法，要想读懂它们其实也非常容

---

[1] William John Bankes，英国旅行家和业余考古学家。

[2] Kingston Lacy，位于英国多塞特郡的古堡。

易。幻想依靠赫尔墨斯·特利斯墨吉斯忒斯的帮助了解宇宙奥秘根本不可能，解开谜语的密钥只能靠自己摸索，破解罗塞达石碑碑文的过程就是一个很好的例子。三种语言的碑文讲述的虽然是同一件事情，可它们在细节方面又不存在完全一一对应的关系。罗塞达石碑镌刻的其实是年轻法老托勒密五世在公元前 196 年发布的一份诏书。三种文字的碑文中，要数世俗文字碑文保存得最为完整。这段碑文开头首先列出了托勒密五世那串长长的姓名，同时说明了发布诏书的时间。这之后，法老详细罗列了自己登基后给予祭司和神庙的种种优待，比如减免税款，向特定的神庙拨款等。最后，法老得出结论说，作为回报，祭司们应该为在神庙里为托勒密[1]竖立雕像[2]：

能够在每座神庙、每座公共神庙中与神像同处一室，赋予他极大的荣耀。雕像应按埃及风格制作，每座神庙的祭司每天应按时向雕像行礼 3 次，进献圣洁的祭品，同时遵照正常的宗教仪轨对待这些雕像，让雕像在节日、狂欢日和命名日（the named day）享受与神像同等的待遇。[3] 14

---

[1] Ptolemy，这里应指托勒密王朝的创立者托勒密一世。

[2] 这种做法在古代中国被称为"配享"，即把凡人的塑像作为神像的配角安放在庙宇里，属于一种极高荣誉的体现，只有公认的大德高贤才能享受。

[3] 辛普森（Simpson）翻译，帕金森（Parkinson）校对《罗塞达石碑》（The Rosetta Stone》，pp.57—60。原书注。

如果埃及所有重要神庙都真的按照这个要求去做，那可算得上是一次举全国之力的大动作。实际的情况是，我们发现的其他版本的相同内容法老诏书，以及其他石碑残片等证物证明当时托勒密五世的要求的确在埃及全国得到了严格落实。今天的学者认为，托勒密五世之所以要发动这一场造神运动，主要是由于面对动荡的国内局势，他急需获得来自祭司阶层的支持。

罗塞达石碑的四边都存在破损，这说明它原先可能是某块体积更大石碑的一部分，不过这块更大的石碑到底应该是什么样子呢？直到1999年，大英博物馆都在使用支架呈一定角度立姿展示石碑，就好像是在巨大的书架上摆出一本打开的书似的。这种展示方法自法国人发现石碑就被确定了下来，因为同时期读者浏览书籍或报刊采用的也是相同方式，反复涂墨制作拓片让石碑表面进一步拥有了类似书页的质感。19世纪早期，出于防尘和防止人手触摸带来油渍的考虑，大英博物馆给石碑表面镀了一层蜡，不过石碑本身并没有加装护罩，参观者仍旧可以直接触摸这件著名的古物。1981年，岁月的侵蚀让石碑表面越变越黑，大英博物馆只得用白色颜料把上面的字迹重描一遍，以便让大家看得更清楚。

1999年，博物馆采取特别的文物保护技术去除了石碑上日积月累形成的包浆，让它得以向世人展现自己的庐山真面目。石碑主体是一块杂色斑驳的灰色花岗岩，顶部破损的边缘则留有一条粉色岩石的痕迹。除此之外，博物馆还决定改变传统做法，按石碑最原始的样子把它矗直立在那里。参考同时期相同形制的石碑，大家认为完整的罗塞达石碑应该有 50 厘米左右高，顶部为圆弧形。石碑很可能是和托勒密雕像配套刻出来的，具体的安放位置应该是神庙里的神像前面。

罗塞达石碑虽然被有意安放在类似神庙大厅这样的公共场所，不过立碑的人似乎并不打算真正让大家去读上面的碑文，因为碑文采用了非常特殊的字体，即便那个时代识字的埃及人也不一定看得懂。更何况，碑文还刻得非常小，石碑的位置本身也很低矮，要想看清上面的内容很不容易。与那些真正依靠象形文字传达信息的早期法老不同，罗塞达石碑上的象形文字展示的其实是一种对知识的占有，以及凭借对知识的占有而获得的特权。无论当年矗立在古埃及的神庙里，还是后来被摆在博物馆里，罗塞达石碑都不是一本轻易就能读懂的"书"，直到商博良找到"密钥"，欧洲学者这才获得了破解古埃及谜语的能力。大家在欢呼雀跃之余，似乎已经忘记应该追问、反思一下，古埃及人为什么要用这种谜语般的方式书写碑文？

第4章

洪水赐福

杰出的巴洛克风格雕塑家和建筑家贝尔尼尼将来自埃及的方尖碑重新竖立在罗马纳沃纳广场的四河喷泉上。所谓四河喷泉，其中的一条河就是非洲的尼罗河，它的具体表现形式是一个大胡子男人斜靠着悬崖上的松树，抬起左胳膊撩着衣服，试图挡住自己的头和面孔。只有站在特定的角度，观看者才能看到他的大胡子和下半张脸。将尼罗河塑造为成熟的充满力量的男性形象，灵感来源于古罗马时代的河神尼罗斯（Nilus，这个名字用希腊语写为"Neilos"）雕像，之所以要把他塑造成犹抱琵琶半遮面的样子，是为了暗示四河喷泉完成时的欧洲人对尼罗河的源头到底在哪里仍处于未知状态。

古希腊和罗马时代的学者曾对尼罗河的源头所在，以及这条大河周期性的洪水泛滥倍感好奇。对这些人而言，上述问题直接关乎宇宙的终极奥秘。有意思的是，古埃及人自己也曾对尼罗河持有相同的看法。某本以尼罗河为题的古埃及地理文献认为，埃及南面存在很多巨大的洞穴，这些洞穴平时发挥着"蓄水池"的作用，水量达到一定程度便由阿斯旺[1]沿着河道倾泻而下，淹没尼罗河三角洲，最终汇入地中海。古埃及文化中"南方"被视为很多东西的发源地，特别是尼罗河。每年7月当古埃及人心中与洪水紧密相关的天狼星

---

[1] 古埃及人认为阿斯旺就是尼罗河的源头。

（Sirius，古希腊人称之为"Sothis"）重新出现在黎明时分的地平线上，尼罗河洪水便悄然退去，为两岸的埃及农民留下大片肥沃的田地。年复一年，埃及农民的收成与尼罗河的定期洪水紧密相关，洪水的量级既不能太大，也不能太小，必须要达到适度的水平。对古埃及人而言，尼罗河河水就是生命的象征，河水的定期泛滥涨落也形象地暗示了生命的生死轮回。天狼星从天际消失到它重新升起在地平线上的周期和古埃及人制作木乃伊的周期完全相同，都是 70 天[1]。

　　本章讨论的话题主要是尼罗河，介绍这条大河在古埃及人心中的地位，以及由此对文化领域产生的影响，此外还将着重讨论尼罗河的定期泛滥对古埃及人精神世界的塑造。本章可能会稍稍涉及北非国家就尼罗河水源分配问题发生的争端，但不会关注 20 世纪 60年代以后阿斯旺大坝的修建对埃及农业产生的影响[2]。希罗多德有句名言——埃及是尼罗河的礼物。自从 19 世纪旅游业在埃及风生水起，这条大河的旖旎风光，以及围绕它形成的无尽浪漫传说，也给造访那里的游客带来了无尽遐想。几千年以来，尼罗河沿岸风光地貌的巨大变化其实远远超过那些游客的想象。河畔静静吃草的水

---

[1]　神话中奥西里斯在死后 70 天被制成木乃伊获得永生，所以古埃及人制作木乃伊的周期也都是 70 天。

[2]　阿斯旺大坝是当年苏联援助埃及修建的，它终结了尼罗河延续几千年的定期泛滥，不过这座大坝建成后也引发了很多问题，比如泥沙淤积、文物受损、农田退化等，所以至今争议不断。

牛，河面上古老的三桅小帆船，还有岸上连绵不断的古代建筑遗迹，似乎总能给人带来一种亘古不变的时光凝滞之感，然而直到 20 世纪人们用那道大坝终结了尼罗河的神话时代以前，人们对尼罗河的想象总是处于不断变化当中。每个时代的人都会根据自身的知识文化背景，讲述一个与尼罗河有关的故事。

水世界

河流和洪水对身处干旱环境的古代中东文明具有特别重要的意义，当地早期农业文明因此大多采取沿河而居的形式，比如尼罗河沿岸、底格里斯河（the Tigris）沿岸、幼发拉底河（the Euphrates）沿岸等。巴比伦的古代文献，以及后来的《圣经》故事中，都曾描述过毁灭世界的大洪水。根据《圣经·出埃及记》（*The Book of Exodus*）的记载，摩西还曾施展法力控制红海，淹没了追击他们的埃及法老的军队。对这个地区的古老文明而言，泛滥的洪水既是危机，同时也是机遇。由于婴儿时代被希伯来族的母亲放在涂了沥青的篮子里顺着尼罗河漂流而下，摩西迎来的人生的重大转机，被法老的女儿捡到并抚养成人。"摩西"这个名字本身就极具埃及特色，它的意思可以理解为"由神所生，受神庇护的孩子"。从某种意义上来说，躺在篮子里的摩西也可以被视为尼罗河的孩子。

图 19　青铜牌匾，完成于公元前 600 年前后，原本可能属于某座神庙，反映了尼罗河水神哈碧（Hapi）的形象

尼罗河定期泛滥的洪水在古埃及人生活和文化领域具有至关重要的意义，这条大河本身虽然没有以神的形象进入他们的崇拜体系，可是泛滥时的尼罗河却被塑造成为了专门的哈碧神[1]，这位神灵的职责是给予生命。1 古埃及人从未给尼罗河修建过神庙，哈碧也从未以拟人化的方式出现在古埃及神话当中。按照古埃及传说，伊西斯为自己的哥哥兼丈夫流下的眼泪形成了尼罗河泛滥的源头。古埃及人在象形文字中提及哈碧时，通常会在名字的结尾画上象征水的3 条横向波纹符号，而不是像对待其他神灵那样加上某些表示尊敬的固定符号。上述种种做法说明，尼罗河的定期泛滥在古埃及人心中具有至高无上的意义，他们因此不能仅仅用一位神的形象去象征它，也不能按普通神灵的标准去对待它。哈碧神偶尔也会以具体的形象出现。这种情况下，他通常会被塑造为长着一对丰满、下垂乳房的男性形象，皮肤呈蓝绿色，这种颜色象征经过尼罗河洪水滋养后的肥沃田地。埃及学家把这种造型称为"繁殖力身材"（fecundity figure），它们经常拿着寓意多子、多产的象征物，比如装有尼罗河河水的罐子，一卷莎草纸或者一朵莲花等。法老宝座的椅子腿经常会被塑造成繁殖力身材的样子，神庙或陵墓的墙壁也会用这种形象充当装饰。通过这些形象，古埃及人诗意地强调了尼罗河对他们的重要意义。

---

[1] 荷鲁斯的儿子。

尼罗河几乎笔直地由南向北汇入地中海，湍急的水流使得沿着这个方向航行的船只行动异常迅捷。如果打算逆着水流沿尼罗河上溯，常年的北风又可以为船只提供动力。很久很久以前，尼罗河就是古代埃及沟通、连接外部世界的主要通道。河水以及河岸为各种动物提供了栖息场所，比如鸟和鱼等，而鱼则是那个年代古埃及人最主要的蛋白质来源。尼罗河三角洲地区，纵横的沟渠营造出了近似沼泽的环境，这个地区因此成为了整个埃及最丰产的"粮仓"。尼罗河下游沿岸的平原地区凭借定期泛滥带来的大量肥沃土壤，每年可以种两季庄稼，作物种类包括亚麻、小麦和各类蔬菜。大大小小的天然湖泊，以及人工开凿的水渠、水池既可以把洪水储存起来，用于旱季灌溉，也可以为人们乘船前往神庙等重要场所提供便利。那个时代的埃及人已经开始使用被后来的阿拉伯人称为"shaduf"的原始水车，不过它的工作效率不高，水轮和阿基米德（Archimedes）发明的高效螺旋式水车是很久以后，在托勒密或罗马统治时期才传入埃及的。

尼罗河泛滥对埃及人生活的影响经年累月，进而在潜移默化中塑造了他们的社会结构。居住在更靠近上游的人可以比下游居民早几个星期掌握尼罗河洪水的具体情况，知道水量究竟比正常情况多还是少，这些人凭借地利或多或少拥有某种优越感。前面已经说过，尼罗河的定期泛滥必须适中，水少则无法满足灌溉需要，会引发饥荒，水势过大则将冲毁地面上的一切，导致相同的结果。至于怎样

图 20 身处尼罗河沿岸沼泽地带的名叫"荻"(Ti)的古埃及贵族,身体被刻画得异常巨大,与周围背景不成比例。这幅石刻画来自他位于萨卡拉的坟墓,完成于公元前 2400 年前后

才能让尼罗河的泛滥达到适中的程度，那只有仰仗神的意志，或者通过采取预防措施，尽可能地趋利避害。要想采取预防措施就必须提前知道洪水的水量，通过名为"尼罗河仪"[1]的设备获得数据，并逐渐将它们记录下来。

　　控制自然是古埃及文学艺术中的永恒主题，很多凭借外观、内涵让今人叹为观止的古埃及艺术品，根底上其实都表达了一种对自然力量的恐惧和焦虑。第五王朝时期名叫"荻"的官员将自己的形象刻画在他坟墓中的石灰岩墙壁上，画面中的荻庄严地站在用纸莎草杆捆扎而成的小船上，沿着蜿蜒曲折的河面航行。这条河应该不是尼罗河，却明显表现出了尼罗河三角洲河流多沼泽的特征。河岸上生长的纸莎草高得超过了画面的幅度，因此给画面背景造成了"格子"般的视觉效果。这幅看似祥和美丽的画面背后却暗藏危机——搭建在纸莎草杆子上的鸟巢正处在向上攀爬的獴的威胁当中。与此同时，潜伏在水里的河马也在试图掀翻荻的小船。为了解除危机，荻率领水手用长矛刺向河马，还试图用绳套捕获它们。通过展现危机场面以及对危机的应变处置，已经离开人世的荻希望能够获得某种神力保护他的墓地。"平安"这两个字对古埃及人而言其实弥足珍贵，即便荻这种"人上人"也无法回避每天必须面对的

―――――――――

[1]　Nilometer，古埃及人为测量尼罗河水位专门发明的一种水位计。

生存危机。

　　尼罗河沿岸当然不仅是危机四伏的陷阱，它所催生的沼泽地带同时也是生命的乐园，清新的水汽和满目的苍翠总能带给人愉悦的享受。尼罗河三角洲的河流沿岸和成片沼泽无疑给古埃及的诗人和艺术家提供了丰富灵感，也为其他社会上流人士提供了放松身心的场所，这片区域因此始终处在轻松幽默、尽情狂欢的假日氛围中。对古埃及人而言，去沼泽地带游玩就是畅饮美酒外加谈情说爱的代名词，他们在潜意识中将这条大河视为万物之源。过犹不及，古埃及人渴望控制自然，却从未痴心妄想地去尝试控制根本无法控制的尼罗河，而是试图在危机中保持平衡。他们修建了很多以尼罗河洪水为主题的神庙和纪念碑，这些建筑物在洪水泛滥期间就会变成孤岛，甚至被彻底淹没，其中最为今天的人们所熟知的当属孟农神像[1]，它们是两尊相对而立的阿蒙霍特普三世[2]法老雕像，时刻沐浴在赐予埃及生命的尼罗河水当中，雕像守护的位置原先是一座神庙，现在已经片瓦无存。[2] 临近 20 世纪，有人给夕阳余晖掩映中的这两尊雕像拍了一幅照片，画面让人对尼罗河历史上的定期泛滥产生了无尽的浪漫遐想。将纪念死去法老，作为死去法老灵魂安息之地的神庙修建在洪水能够波及的地方是一个非常

[1]　Colossi of Memnon，又称"门农神像"，位于尼罗河西岸和帝王谷间的原野上。
[2]　Amenhotep III，古埃及第十八王朝法老。

图 21　大卫 · 罗伯茨（David Roberts）在 1846—1849 年间拍摄的孟农神像，日暮中的石英岩雕像完成于公元前 1375 前后，位于今埃及卢克索

恰当的决定，因为尼罗河本身就象征着生死的轮回。在古埃及人心中，尼罗河拥有的种种神秘力量，就像后来那些有幸来到埃及游历，或者只是凭想象神游此地的古希腊和罗马人心中，这条大河源头的具体位置一样神秘。

尼罗河与死亡

矗立在底比斯，也就是今天卢克索的阿蒙霍特普三世雕像，后来有了一个新名字——孟农神像。这个名字是古希腊的旅行者起的，目的是为了纪念特洛伊（Trojan）战争中的英雄孟农，他是埃塞俄比亚的国王，也是黎明女神厄俄斯（Eos）的儿子。公元前 1 世纪晚期，历史学家斯特拉波[1]在自己的作品中曾描述过他与朋友埃流斯·加鲁斯（Aelius Gallus）——当时罗马帝国委任的埃及总督，共同在黎明时分欣赏雕像的经历。³ 据说，站在右侧，也就是北边的那尊雕像每逢日出就会唱歌，那是孟农在迎接自己的母亲。对于这种现象的科学解释是，公元前 27 年或前 26 年，一场猛烈的地震在石英岩雕像上造成了很多裂缝，潮气在夜间凝结在裂缝里，日出时的阳光会让水汽迅速蒸发，从而发出声响，听起来就像吹口哨或小声哭泣。斯特拉波在《地理学》[2]一书中声称，他当时只听到了轻微的吹气声，而且这种声音肯定不是来自孟农。无论如何，这两尊令人印象深刻的雕像仍然对古罗马时代的游历者具有很大吸引力，仅仅雕像膝盖以下的部分，用希腊语和拉丁语刻上去的文字就足有上百处。类似这种涂鸦当然属于不得体的行为，不过雕像上的文字并非简单的"到此一游"，而是精心撰写的旅行见闻或诗句，比如出自茱莉亚·巴尔比拉[3]的两首诗歌。茱莉亚·巴尔比拉是罗

---

[1]　Strabo，古罗马历史学家和地理学家。

[2]　*Geography*，总计 17 册，汇编性质，被认为是西方地理学的基础。

[3]　Julia Balbilla，她被认为是罗马皇帝哈德良的情妇。

马帝国的贵妇，公元 130 年，她陪同当时的罗马皇帝哈德良[1]和皇后萨宾娜[2]来这里观赏雕像，顺便当然也要听听雕像发出的声音。

　　茱莉亚·巴尔比拉似乎与她的皇帝陛下哈德良一样，对历史充满兴趣，特别是古埃及和近东地区[3]的历史，而且茱莉亚·巴尔比拉本身就是古代叙利亚希腊血统，国王家族的后代。哈德良对古埃及历史的热情由于他的男情人[4]，英俊美少年安提诺乌斯[5]旅途中的意外身亡，[4]被进一步激发了出来。这次不幸事件的具体过程已无从查考，其最终结果就是深受皇帝宠爱的安提诺乌斯溺亡在了尼罗河里。古埃及人，起码是托勒密和罗马统治时期的古埃及人认为淹死的人会变成神（这种习俗更早的存在证据已无从查考）。例如，位于图那·艾尔–格贝尔（Tuna el-Gebel）的古代墓地就有一座希腊风格的小庙，小庙连同它所附属的坟墓主人是位名叫"伊西多拉"（Isidora）的年轻姑娘，她不幸淹死在河里。为了缓解痛失爱女的悲伤，姑娘的父亲用希腊语在小庙的墙壁上刻了一首诗，大意为女儿虽然死了，可她却通过这种方式获得了永生。可能是因为受到这种习俗的启发，哈德良宣布安提诺乌斯死后已经成神，罗马帝国各地

---

［1］　Hadrian，公元 117—138 年在位，被认为是罗马帝国历史上的 5 位贤君之一。

［2］　Sabina，她是罗马皇帝马可·奥勒留的女儿。

［3］　The Near East，通常指地中海东部沿岸，包括非洲东北部和亚洲西南部。

［4］　Boyfriend，哈德良是一位双性恋者。

［5］　Antinous，希腊人，生于公元 110 年，公元 130 年溺水死亡。

纷纷为他立起雕像。为了纪念自己的埃及之行，哈德良还在位于罗马城外的别墅旁开凿了一个名为"老人星"（Canopus）的椭圆形池塘，意在模仿亚历山大附近的海港。

罗马统治时期游历埃及的人主要来自地中海东部地区。对他们而言，泛舟尼罗河可能存在的风险往往会被底比斯庞大的法老家族陵墓群、阿拜多斯的众多神庙遗迹，以及古埃及有史以来公认圣地菲莱岛的奇异景观给抵消掉。[5]尼罗河在阿斯旺突然变得河面宽阔、水流湍急，那些为大河雄壮气势震惊不已的游客顺便还可以游览河中的岛屿，比如菲莱岛和象岛（Elephantine）。古埃及人认为尼罗河发源于遥远埃塞俄比亚的天然或人工洞穴，不过同时期的某些祭司却声称尼罗河的源头另有其地，只不过自己必须保守秘密，不能泄露天机。罗马东部有座群山环抱的古城普雷尼斯特（Praeneste），又名"帕莱斯特里那"（Palestrina），那里有个人工开凿的洞穴，洞穴里有幅马赛克镶嵌画，它表现了尼罗河从神秘的源头奔流而下，直到三角洲入海口的全景。[6]这幅镶嵌画17世纪早期被人发现并移出了原先的洞穴，所以今天的学者很难说清它的来龙去脉。比较可靠的说法是，这幅镶嵌画可能是它所在的古城附属祭坛的一部分，完成时间在公元前2世纪或公元前1世纪早期，也就是罗马帝国征服埃及几十年以前。古罗马人有可能通过管道故意让水流到镶嵌画上，从而强调它与水有关的神圣主题。画面包含的异国风情，比如石碑

图 22　保存于意大利普雷尼斯特的尼罗河全景马赛克镶嵌画，完成于公元前 100 年前后

雕塑、古埃及人、奇花异草以及样子古怪的动物，很可能会带给当年的观赏者不一样的感觉。画面呈现一种由近及远的透视效果，远处的大山和洞穴象征着尼罗河位于埃塞俄比亚的神秘源头。河面上游弋着帆船，古希腊和埃及风格的神庙排列在大河两岸，河马和鳄鱼在河中嬉戏。河水在画面中呈现一种流动的感觉，从遥远的埃塞俄比亚群山一直"流"到镶嵌画的底部，也就是尼罗河出海口所在的位置。士兵们带着古希腊或罗马式样的头盔，集合在垂挂着帘帐，

立柱高耸的大厅当中，剃了光头，身穿白袍的古埃及祭司正举着神圣的纹章祈祷。

类似这种以尼罗河为中心的神圣图景构建了当时以及后来古罗马人围绕古代埃及的各种艺术想象，就连法国人编纂的《埃及百科》其实也没有跳出这个圈子。对欧洲人而言，尼罗河以及沿河两岸的纪念碑和雕像是有关埃及的不变主题。尼罗河历史上的确经常泛滥，这却并没能阻止那些沿河而居的农民一次次在河岸上耕耘、播种，也没能阻止那些大小船只在河面上中流击水。那些世世代代与尼罗河毗邻而居的埃及人头脑里想的始终是如何用好尼罗河赐予的河水和土地，即便河流改道、支流淤积，也从未试图去人为改变环境。直到 1809 年《埃及百科》第 1 卷出版发行，这个国家向西方敞开大门，迈进现代的门槛，进入工业化时代，引入欧洲灌溉技术，尼罗河的面貌才真正开始发生翻天覆地的变化。

尼罗河蓝调

拿破仑被英国打败后，祖籍阿尔巴尼亚（Albanian）的奥斯曼土耳其将军穆罕默德·阿里趁机填补了埃及的权力真空，埃及由此成为了奥斯曼帝国的一部分。穆罕默德·阿里统治埃及的时间非常漫长，他在这个过程中对埃及的社会结构完成了根本性的变革，引入了欧洲的资金和管理模式。这位统治者攫取了埃及几乎所有耕地的地权，同时想尽办法增加产量。在法国人的建议下，他将长绒棉引种到尼罗河三角洲，从而为埃及的现代棉纺织业奠定了基础。同样是在穆罕默德·阿里统治时期，开罗和亚历山大城两地间开凿了运河，方便了货物运输，将埃及与欧洲乃至地中海其他地区更紧密地联系了起来。

1848 年，穆罕默德·阿里去世，他的侄子、儿子和孙子相继接过权柄，进一步推进埃及的国家现代化，同时允许英国、法国等欧洲列强国家在埃及获得小块殖民地，建立西方模式的经济体系。此时的英国开始插手埃及的铁路系统建设，法国设计师斐迪南·德·雷赛布[1]则利用他的父亲曾在法国政府内部替穆罕默德·阿里效力的人情，获得准许开挖沟通地中海和红海的苏伊士运河。19 世纪 60 年代，埃及国力呈现明显上升趋势。由于美国爆发南北战争，欧洲失去了美国南方的棉花来源，埃及出口的棉花价格水涨船高。与此同时，苏伊士运河工程及配套新港口伊斯梅利亚（Ismailia）的建设也在顺利进行当中，最终于 1869 年 11 月按时通航。

凡事不能只看表面，19 世纪末期埃及的欣欣向荣背后掩盖的是政府对某些行业的垄断、百姓身上沉重的赋税压力，还有非人道

---

[1]　Ferdinand de Lesseps，法国实业家和外交官。

的强迫劳动等。为了解决劳动力短缺问题，此时的埃及政府经常使用非法手段迫使埃及人为新出现的欧式灌溉工程、苏伊士运河工程，以及遍地开花的铁路工程提供服务。当时，埃及南方修建了大量欧式灌溉设施，它们的主要功能是为那里成片的甘蔗田提供水源，甘蔗田出产的甘蔗则不断为埃及总督名下的制糖厂提供原料。除了南方的甘蔗种植和制糖业，埃及北方的棉花种植和纺织业也属于受埃及最高统治者控制的垄断行业，工业的发展因此并没能真正让全体埃及人受益。19 世纪 70 年代，结束南北战争的美国重新向欧洲输出棉花，质量比原先更好，埃及的棉花产业因此受到严重冲击。再加上 1863 年爆发的那场世纪性大洪水，埃及社会底层农业人口的生活处境雪上加霜，民众的日子愈发捉襟见肘。

当那些 19 世纪的欧洲游客泛舟尼罗河，为沿河两岸景观犹如时间停滞般的古朴和原始惊叹不已时，他们看到的其实是普通埃及人生活境遇的止步不前，这实在是一个极具讽刺的悖论。旅游业的兴盛是埃及现代化和殖民化过程中的必然现象，就像历史上那些希腊和黎凡特银行家，以及犹太工厂主所做的那样，大批欧美顾问、企业家和投资者蜂拥进入现代埃及，或长或短地在这个国家驻留。蒸汽轮船的出现缩短了横渡地中海的时间，发达的铁路网可以让人们在亚历山大城或伊斯梅利亚下船后直接坐上火车前往开罗。那些有兴趣领略尼罗河风光的旅行者可以乘坐名为"Dahabiya"的小帆

图 23　尼罗河上的观光小火轮，安东尼奥·贝托（Antonio Beato）拍摄于 1898 年前后

船。这种小帆船上通常只有几间船舱，为了行动方便，欧美旅行者往往会大方地包下整条船。19 世纪 70 年代以后，小火轮出现在尼罗河上，旅行因此变得更加方便。英国的托迈酷克公司[1]率先做起了以埃及为目的地的旅游产业，用小火轮拉着数量更多的游客沿着尼罗河上上下下地游玩。

托迈酷克公司的运作模式非常成功，以至于 1884 年英国政府

[1]　Thomas Cook，创始人为托马斯·库克，英国旅行家，最早发明了旅行团这种组织模式。

干脆委托他们协助戈登将军[1]发动对苏丹的远征。托迈酷克公司总共从纽卡斯尔（Newcastle）向埃及运送了 18000 名士兵、40000吨补给物资，还有 40000 吨煤炭，这些煤炭的用处是为 27 艘用于从埃及向喀土穆（Khartoum）进发的大小轮船提供动力。为了配合这次远征，埃及政府贡献了 5000 人和 650 艘帆船。由于戈登将军在喀土穆城外战死，英军的行动只得草草收场，不过这次远征却让西方人意识到埃及和苏丹在发展旅游业的同时还具有潜在的军事、商业和工业价值。

维多利亚时代以及后来前往埃及观光的西方游客们的路线大同小异，尤其是在上埃及[2]的范围内，首选的目标肯定是阿斯旺，当地的瀑布旅馆（the Cataract Hotel）深受阿加莎·克里斯蒂[3]好评。如果时间允许，游客通常还会去阿斯旺瀑布上游的阿布辛波、瓦迪哈勒法（Wadi Halfa）等地转一转。这之后，就要游览埃德夫（Edfu）和埃斯那（Esna）神庙遗址，以及卢克索北部的丹达拉（Dendera）。卢克索尼罗河沿岸地区的冬宫酒店（the Winter Palace Hotel）久负盛名，当然也不能错过。至于尼罗河游船在中埃及（the Middle

---

[1] General Gordon，即曾来华组织"洋枪队"协助清廷镇压太平天国的乔治·戈登，他后来在苏丹喀土穆城外阵亡。

[2] Upper Egypt，指埃及南部地区。

[3] Agatha Christie，英国女侦探小说家，电影《尼罗河上的惨案》是以她的小说为底本改编的。

Egypt）地区的传统停靠点迈莱维（Mallawi）、阿玛那（Amarna）和艾斯尤特（Asyut），虽然也值得花时间参观，不过这些地区的伊斯兰教居民和基督教居民自 20 世纪 80 年代开始便关系紧张，社会动荡不安，可能存在安全问题。相比今天的旅游者，从 19 世纪到 20 世纪初的旅游者往往更热衷前往亚历山大城和开罗游览，传统的景点包括清真寺、中世纪老城门以及开罗老城区的几座教堂等。除了沿尼罗河泛舟，那个时代的旅游者还可以时不时地上岸乘火车短期旅行，换换胃口。空中交通出现后，旅行者不需要再沿着尼罗河慢吞吞地乘船上溯，甚至不需要再去开罗中转，便可直达卢克索或阿布辛波等著名景点。与此同时，泛舟尼罗河则逐渐演化为具有复古浪漫色彩的时尚选择，不过航线通常会被限制在阿斯旺到卢克索之间。今天乘船游览尼罗河的旅游项目大多会以"夜间泛舟"作为吸引人的卖点，那些思想前卫的游客对此依旧乐此不疲。

如果说尼罗河旅行已经由曾经浪漫而惬意的船上"慢生活"变成了今天"岸上看看、河里转转"的快餐式消费，那么随着 20 世纪 70 年代阿斯旺大坝的竣工运行，现在的尼罗河其实也已经被现代工业文明侵蚀得面目全非。1882 年，英国人侵占了埃及的国土，同时开始尝试控制这个国家的经济命脉。他们在这方面首先采取的行动就是人为控制尼罗河，降低洪水或干旱造成的损失，尽可能增加农业产量。20 世纪前 10 年，英国人在埃斯那和艾斯尤特修建了若干围堰，用于上埃及和中埃及地区的农田灌溉。1902 年，阿斯旺出现了第一座大坝，不过这座大坝高度不够，遇到尼罗河泛滥，大水就会直接漫过去。由于这个原因，1902—1912 年，英国人不断地加高大坝。这项工程之所以能顺利实施，主要是因为当时的英国不但殖民埃及，同时还将旁边的苏丹收入囊中，几乎控制了整条尼罗河。话虽如此，同时代的西方埃及学家、艺术家和作家还是不断批评加高阿斯旺大坝的做法，因为加高大坝会抬高当地尼罗河河段的水位，特别是泛滥期的水位，从而给沿岸古迹造成灾难性破坏，例如菲莱岛岛上的古代神庙就可能被洪水彻底淹没。[7] 作为补救措施，英国工程师加固了那些可能遭到水淹的古迹，可是长期泡在水里仍然会让它们的石质地基受损，壁画、雕像上的颜色也会消退。

20 世纪 50 年代，通过革命掌权的纳赛尔政府雄心勃勃，励精图治。为了给获得新生的国家提供足够电力，他们决定在阿斯旺新建规模更大的大坝和水电站。正如大家已经看到的那样，这座新大坝造成的灾难性后果远远超过了老大坝，菲莱岛和阿布辛波等地的上百处古迹都被彻底淹没在了大坝完工后形成的纳赛尔湖里。不仅如此，这片人工湖还让许多历史悠久的村庄、城镇彻底成为历史。阿斯旺当地成千上万的努比亚人[1]（他们向来生活在埃及和苏丹交

---

[1] Nubia，非洲东部民族。

界地区）被迫搬迁，在水淹不到的地方重建家园，同时却永远告别了依河而居的传统生活。这些被迫远走他乡的人不但因此远离了他们的亲朋好友，还失去了自己的生活来源，因为他们曾经赖以为生的果园如今也变成了河底。时至今日，阿斯旺移民问题的"后遗症"仍然没有彻底得到解决。

为了保护可能被水淹没的古迹，最直截了当的解决方案只能是将它们整体搬迁，虽然这注定会付出巨大的金钱和人力成本。出于缓解自身压力的考虑，埃及和苏丹政府联手求助联合国教科文组织（the United Nations Educational，Scientific and Cultural Organization），寻求国际合作。合作的具体内容包括阿斯旺地区的古迹情况考察、针对即将淹没地区的抢救性发掘，以及 18 座从古埃及第十八王朝直到罗马统治时期文物古迹的整体搬迁行动等，其中最为世人所熟知的当属拉美西斯二世和他的王后奈菲尔塔利（Nefertari）神庙的整体搬迁。这座神庙开凿于阿布辛波的悬崖峭壁当中，弗洛伊德的维也纳寓所墙上有张照片就是这座神庙的全景。

搬迁过程中，神庙被切割成了若干 30 吨左右的巨型石块，然后从原位置向上垂直移动 65 米，向后平行移动 200 米，依靠着人工堆砌的假山重新拼装起来。神庙的方位和朝向都尽可能保持原状，因此搬迁后的拉美西斯神庙内部仍可像以前那样，每年 2 月和 10 月各有 1 天时间彻底沐浴在朝阳的光芒当中，让互相挽着手臂的法老和众神雕像熠熠生辉。1968 年，拉美西斯神庙搬迁工作完成，花费达到了令人咂舌的 4 千万美元。[8] 除了拉美西斯神庙，同时整体搬迁的还有其他 5 座神庙，某些占地比较少的小庙则被转移到了喀土穆苏丹国家博物馆（the Khartoum Museum）。为了对其他出钱、出力的国家表示感谢，同类性质的 4 座小庙被埃及政府送给了美国、荷兰、意大利和西班牙，它们现在分别保存在博物馆或者马德里（Madrid）西班牙广场（the Plaza de España）附近公园等地方。联合国教科文组织后来将这些得到保护的神庙收入了世界遗产名录，不过争议也由此而起。很多人质疑那些被大水淹没的村镇的历史人文价值是否真的不如神庙？国际社会作出如此取舍是否是因为西方文化对纪念碑、神庙这类东西有特别的兴趣？

今天，来到阿布辛波的人如果愿意去神庙背后的假山转转，立刻就会感受到强烈的新旧对比。单从正面来看，神庙似乎从落成的那天开始就一直矗立在这个年代并不久远的人工湖岸边，似乎今天的神庙与 1817 年由工程师转行的意大利考古学家贝尔佐尼·贝索尼（Giovanni Belzoni）通过当地官员，督促着那些坚守斋月传统[1]的埃及工人把它刚从沙子里挖出来时的样子没有太大区

---

[1] 斋月的具体时间根据伊斯兰历确定，以新月出现为准，所以每年都不固定，大致在 5 月到 7 月的范围内，斋月期间的穆斯林白天要停止进食，工作时间也要相应缩短。

别。为了清除掩埋神庙的那些沙子，贝尔佐尼·贝索尼至少雇用了
80 名当地工人。神庙挖掘恰好赶上了穆斯林的神圣斋月，白天的
工作时间极大缩短，工作进度变得拖拖拉拉，直到贝尔佐尼·贝索
尼同年 7 月赶回现场亲自督促，才稍有起色。进入神庙正殿的贝尔佐
尼·贝索尼立刻被宏伟的大厅以及那些被雕刻成神像模样的巨型石柱
震惊得瞠目结舌，同时认定自己的这次付出必然物超所值。由于天气
炎热，汗水随时会从身上滴下来打湿画纸和墨迹，贝尔佐尼·贝索尼
无法用素描的方式在第一时间定格神庙重见天日时的情景，不过他还
是用文字描述了神庙墙壁上保存的那些战争题材壁画和象形文字：

> 墙壁上的图画和文字明显要比埃及其他地方的同类出类拔
> 萃，最起码要清楚醒目得多。[1]9

这项工作完成后，贝尔佐尼·贝索尼带着他的团队乘船沿尼
罗河顺流而下，耗时 2 年，相继发掘了若干处古代遗迹，还把金
斯顿莱西方尖碑[2]运回了欧洲，自己也取道地中海返回伦敦。回

---

[1] 贝尔佐尼·贝索尼《埃及和努比亚近期考古发现综述》(*Narrative of the Operations and Recent Discoveries in Egypt and Nubia*)，伦敦，1820 年，pp.212–214。原书注。

[2] The Kingston Lacy Obelish，这座方尖碑高度仅 6.7 米，原本竖立在埃及南部阿斯旺的菲莱岛，1812 年，英国贵族威廉·约翰·班克斯将它转移到自己位于多西特的金斯顿莱西庄园。

到伦敦的贝尔佐尼·贝索尼整理出版了他那些汗迹斑斑的笔记和素描，阿布辛波由此从众多埃及古迹中脱颖而出，获得了西方世界的特别重视。

对于从古代希腊到贝尔佐尼·贝索尼所处的 19 世纪欧洲，以及随后一定时期内的西方文明形式而言，尼罗河标志性的特征就是定期泛滥的洪水，然而 20 世纪 60 年代修建起来的阿斯旺大坝却让这条河流发生了根本性的改变。一年一度的洪水就此成为了历史，为了给田地施肥，农民只得花高价购买化肥。化肥的使用带来了严重的土地盐碱化问题，农民却再也无法指望定期的泛滥把这些盐碱冲走，为了保持产量，他们只能使用更多的化肥。除了阿斯旺大坝，人类在更早历史时期针对尼罗河的某些"手术"也对埃及这个国家的命运产生了根本性的影响，例如当年英国人在阿斯旺修建的小水坝以及配套的灌溉设施带来的巨大财富，让穆罕默德·阿里家族迅速崛起，等等。泛舟尼罗河的旅行者总是想当然地抱有浪漫幻想，认为这条大河的美景是一笔超越时空的永恒"遗产"，然而历史却在提醒我们，尼罗河其实每时每刻都在变化。与其自以为是地把这条大河想象成亘古不变的风景，不如认真考量一下，古代埃及人究竟怎样以尼罗河为背景，描绘了他们身处其中的那个世界。

第 5 章

像古埃及人那样行走

杰 出的艺术史家贡布里希[1]在他出版于 1960 年，随后又不断再版的经典专著《艺术与错觉》[2]中，以 1955 年《纽约客》[3]杂志使用的一幅漫画为开篇，讨论了不同历史时期的人类如何以不同的艺术手段描绘自己眼中的世界。¹《纽约客》使用的那幅漫画表现了一群年轻男士，他们都剃了光头[4]，身上穿着埃及风格的百褶裙[5]。这群男士正在画人体写生，身材修长的模特站在他们面前的台子上。出自漫画家阿兰[6]笔下的模特形象具有明显的埃及特征，她在台上摆出的姿势完美体现了正面律的绘画原则。贝尔佐尼·贝索尼认为，这幅漫画充分说明了以古埃及艺术家和艺术品为代表的那种文化传统，与古希腊乃至文艺复兴为代表的西方文化传统间的本质区别。西方艺术家的理念是尽量不走样地通过艺术手段再现眼睛看见的世界，古埃及艺术家则是凭借他们的一套规则去表现眼睛看见的世界，因此他们创造的那个艺术世界与现实世界并不一定存在严格对应关系。[7]《纽约客》的漫画之所以可笑，是因为现实生

---

[1] Ernst Gombrich，英国艺术史家，出生在维也纳，后加入英国国籍。

[2] *Art and Illusion*，这本书有多个中文版，又译为《艺术与幻觉》。

[3] The new Yoker，创刊于 1925 年，美国综合性杂志。

[4] 如前所述，古埃及人无论男女都习惯剃光头，佩戴假发。

[5] Pleated skirt，百褶裙由古埃及人发明，最初是男性服装。

[6] Alain，应指阿兰·摩尔，英国漫画家和小说家，代表作《守望者》。

[7] 这里说的是再现和表现绘画方式的区别，通俗地说，再现就是客观反映现实，表现则是主观反映现实，绘画领域表现主义的代表包括梵高、毕加索等。

活中的古埃及女性绝不会真的遵照正面律生硬地扭腰跨步，古埃及的艺术家也绝不会找模特摆姿势来这样人体写生，更不会像现在的画家那样举着铅笔、眯着眼睛确定角度和焦点。这张漫画的意图其实是自嘲，因为我们站在自己的角度上自以为是地认为古埃及画家也会按照我们的规则，也就是"唯一正确"的西方规则去作画，套用手镯乐队[1]流行歌曲里的歌词来说，"以己度人"的我们其实是在想当然地模仿古埃及人"真实"的样子行走。[2]

包括贡布里希在内的这代艺术史家明显偏爱被古希腊、古罗马、文艺复兴艺术家以及后来多数西方艺术家坚守的那套创作原则。它的核心理念认为创作出来的艺术形象越接近它现实中的原型就越好，相应地，创作这个艺术形象的人水平也就越高。这样的原则已经获得普遍接受，甚至制约了我们想象世界的方式。现实生活中总能遇到讨厌立体派[3]、抽象派[4]或者类似艺术风格的人，讨厌的理由则大多都是"画得不像"。也就是说，遵循这种艺术风格的人并不是按照"现实"的方式反映生活中的人物、动物、风景等形

---

[1]　The Bangles，1981 年成立于美国洛杉矶，成员是 4 位女性。

[2]　To walk like an Egyptian，这首歌以女性题材的埃及古代壁画为切入点，主唱边唱边模仿壁画中美女的正面律姿势行走，同时认为这就是真实的古埃及人走路姿势，却不知道这种姿势在古埃及只是一种艺术手法，不会出现在真实的生活中。

[3]　Cubism，1908 年出现在法国的画派。

[4]　Abstract Expressionism，20 世纪多种绘画风格的总称，特点是脱离模仿自然的绘画风格。

象。问题在于，艺术对于"现实"的定义本身要随时代背景和文化语境的变化而变化。19 世纪的法国，大家对印象派画家[1]的批评主要集中在他们不能客观反映现实。印象派画家笔下那些模模糊糊的轮廓、杂乱无章的色彩今天看起来可能平淡无奇，当年却无异于离经叛道。对待西方文化内部的"异类"尚且如此，类似古埃及艺术形式、古巴比伦艺术形式、古亚述艺术形式，和古典时代[2]以前的古希腊艺术形式，乃至哥伦布发现美洲前的印第安艺术形式，在当年的西方人眼里是什么样子便可想而知了。

综观人类艺术史，客观再现现实的窠臼让古典希腊时代的艺术家以及他们后世的模仿者走进了死胡同。为了彻底还原眼睛看到的场景，画家和马赛克壁画雕塑家在创作过程中要注意焦点、角度的调整，阴影的使用，远景、近景的搭配等问题。前面提到的赫库兰尼姆城壁画，还有普雷尼斯特洞穴里的马赛克尼罗河全景拼接画都遵循了这样的原则。至于传统雕塑领域，则要讲究对立式平衡[3]原则。依据这种原则塑造的雕塑人物形象要把重量集中到一条腿上，让身体呈现引而不发的动感，带给人一种"它马上就要活过来"的

---

[1] The Impressionist painter，出现在 19 世纪后期，繁盛于法国，代表人物是法国画家莫奈。

[2] 大致时间跨度为公元前 5—前 4 世纪中叶，古希腊文化的繁荣期。

[3] Contrapposto，即雕塑采取站姿，肩膀和胳膊扭转，偏离躯干中轴，与臀部和腿不处在同一平面上，用一条腿支撑身体重量。

错觉。类似这样的艺术创作原则产生于特定的历史背景，体现了特定的审美认知，也即公元前 5 世纪的雅典以及罗马帝国时代早期的艺术风尚。

古埃及人的艺术品位也有与它相匹配的历史文化背景，早在古埃及历史的初始阶段就已经形成，然后传承、演化了上千年时间。就像欣赏这些艺术品的古代观众一样，今天的我们通过依据这些原则生产出的艺术形象，构建了自己头脑中的"古埃及人"。古代埃及是一个颇具影响力的"超级大国"，她既向外输出货物，同时也输出文化，那个时代的各国艺术家纷纷以模仿古埃及为时尚。埃及后来成为了受希腊贵族统治的国家[1]，再后来又成为罗马帝国的一部分，艺术家们在这个过程中不断尝试将古代埃及的表现主义艺术风格同西方的再现主义艺术风格结合起来，最终形成的是一个充满张力、摇摆不定的混合体。能够体会到这个混合体中两种艺术风格的矛盾共生关系，并将这种关系用图画的方式表现出来的人其实不只贡布里希和漫画家阿兰。话说回来，埃及艳后克娄巴特拉统治时代的古埃及艺术家肯定也接受不了《纽约客》那种风格的漫画，因为阿兰笔下的形象，比如男性画家和女模特，学院派的人体写生课，乃至漫画家客观描绘棕榈树还有古埃及风

---

[1]　指托勒密王朝时期。

格的椅子和百褶长袍等形象，意在强化作品埃及风范的手法，都完全属于现代社会。

本章开篇主要讨论古代埃及艺术具有哪些标志性的埃及特征，以及古埃及人在建筑艺术、二维的绘画和浮雕艺术、三维的雕塑艺术方面遵循的基本规则。对于欧洲人如何逐渐形成与古埃及艺术有关的知识体系这个问题，本章将主要以拿破仑远征和19世纪埃及向西方游客敞开国门这两次重大历史事件为切入点。作者将通过揭示西方艺术家和设计师如何热衷借鉴、使用埃及风格的装饰品、建筑元素和创作题材，让读者认识到，古代埃及作为一个神秘的象征符号，作为一个强大的，同时也是典雅而优美的、饱含异国情调的他者形象，在西方人的想象空间中占据着多么牢固的地位。人们对克娄巴特拉，这位同时拥有埃及人和希腊人双重身份的埃及艳后喋喋不休的"故事新编"，再恰当不过地诠释了东方与西方、丑陋与美丽、抽象与生动等问题间存在的矛盾张力关系，历史的真实则恰恰迷失在这周而复始的"故事新编"当中。

看起来像个埃及人

《纽约客》漫画里的那位女模特外形酷似本书前面介绍过的尼

罗河神哈碧的青铜雕像，还有点像特巴肯洪苏夫人刻在她本人墓碑上的形象（见图 1）。这几个艺术形象的脸都朝左扭，展示的是侧面形象，肩膀以下的躯干看起来几乎是四方形的，四肢却又统一扭向左侧。如果再仔细看的话，还可以看到她们完整的腹部，看到她们后背和半个臀部的曲线，同时还能看到完整的肩膀和一个完整的乳房轮廓。现实生活中，任何人都不可能摆出这样的姿势，这样的形象其实只是古埃及人想象中的身体象征。直线和曲线被用来拼接成头部的样子，躯干和肢体则通过某些细节来区别男性和女性、凡人和神灵。就像象形文字一样，这些形象的头部也可以被刻画为朝向右侧。事实上，古埃及艺术形象最普遍采用的姿势还是脸朝右，暗合古埃及象形文字从右到左的书写规范，特巴肯洪苏夫人墓碑的人物形象下面的 3 行祭文就遵循了这样的书写规范。正如前面所说，为了在同一空间内营造对称的审美效果，古埃及象形文字可以改为从左向右写，雕像的脸当然也可以扭向左边。

如果哈碧青铜像、特巴肯洪苏夫人墓碑浮雕形象以及与她拉着手的托特神形象被塑造为脸朝右的样子，那么他们的下身也要相应地朝右扭同时迈出左腿，也就是距离观看者较远的那条腿，某块彩色墓碑上半部描绘的女神努特[1]形象就摆出了这样的姿势。就拿特

---

[1]　Nut，古埃及神话中的天空女神。

巴肯洪苏夫人与托特神携手，或者奥西里斯与伊西斯联袂的艺术形象来说，他们在画面中脸和腿的朝向也必须保持一致，画面中的文字也要采取相同的书写方向。几乎在金字塔问世的同一时期，以法老和其他贵族阶层为题的古埃及雕像便约定俗成地统一朝前迈出左腿，这种做法可能就是由象形文字的书写规则和二维图画的构图规则衍生而来。埃及学家通常把这种姿态称为"跨步站立"（striding stance），因为跨步的姿态暗示雕像所表现的人物正处于行走过程中或正打算行走。与男性不同，直到新王朝时期，某些上流女性题材的雕像才开始学着男人的样子朝前迈出左腿。托勒密王朝时期，制作埃及风格雕像的原料往往是本地产的黑色岩石，某些女王题材雕像为了表现王者风范，也开始朝前迈出左腿，比如阿尔西诺伊二世[1]、克娄巴特拉三世[2]以及最著名的克娄巴特拉七世[3]。

加利福尼亚圣何塞（San Jose）的玫瑰十字会埃及博物馆目前就保存有这样一尊雕像，它的历史可以追溯到公元前1世纪，表现的人物形象应该是克娄巴特拉三世或克娄巴特拉七世。[2] 至于雕像表现的人物到底是谁，由于缺乏相关的文献材料，恐怕永远都只能

---

[1] Arsinoë II，托勒密一世的女儿，后来嫁给了她的弟弟托勒密二世。

[2] Cleopatra III，托勒密二世的女儿，后与母亲一起嫁给继父托勒密八世。

[3] Cleopatra VII，即埃及艳后。

图 24　公元前 40 年前后的黑色女王石雕，表现的可能是克娄巴特拉七世

是一个谜了。这尊雕像最初可能被安放在古埃及的某座神庙里，充分体现了古埃及艺术家积累传承上千年的高超工艺。雕像的形制有意识地采用了某些复古手法，这么做的目的主要是为了把雕像表现的人物与古埃及延续千年的法老血脉联系起来。按照通常的规矩，王后雕像应该被塑造为左臂举起横在胸前抱肩的样子，可是为了更多表现王者风范，实际身份为王后的这位女王[1]不但左腿朝前迈出一步，双臂还呈下垂姿势贴在身体两侧。她的卷发分成3绺，分别垂在脑后和两侧，这种发型源自古埃及男女神灵常见的"三绺发"形象，女王额头上的3条眼镜蛇装饰物则是法老王权的传统象征。类似这样的造型在托勒密王朝时期又被重新发掘出来，成为了"新时尚"。雕像丰满的腹部，高耸的乳房，还有突出的乳头猛地看上去会给人造成"裸体"的错觉，可雕像下半身却明白无误地雕刻了裙摆。古埃及女性以年轻、丰满为美，虽然以今天的眼光来看，如此完美的身材和雕像阴郁的面部表情并不相称，不过类似这样的造型反复出现在托勒密王朝时期的钱币和希腊风格大理石雕像上面。

---

[1] 托勒密王朝继承了古埃及法老家族的传统，经常出现亲姐弟或兄妹结婚，以法老和王后的身份共同执政的情况，王后在丈夫去世或弱势的情况下就可能成为事实上的女法老，例如埃及艳后克娄巴特拉七世的原配丈夫托勒密十三世就是她的亲弟弟。

古埃及建筑同样具有鲜明的个性。不同于中世纪欧洲建筑习惯使用的抹灰篱笆墙（the wattle and daub），古埃及人盖房的原材料大多是土坯或涂了泥浆的芦苇，话虽如此，他们为了修建陵墓或神庙却往往不惜花大力气从远处运来巨大的石块。恰恰是因为古埃及人在这方面不遗余力，那些建筑物才能以相当完好的程度保存至今。从新王朝时期开始，古埃及神庙习惯采用纪念牌坊（monumental gateway）的建筑结构，希腊语称之为"pylon"。纪念牌坊既是现实的通往神庙前厅和内室的入口，也象征着世俗世界通往神灵世界的入口，除了祭司和虔诚的信徒，任何人都不准轻易跨越这道神圣的界线。

维多利亚时代的设计师欧文·琼斯[1]为世人描绘了这种神庙牌坊的正面图景，虽然他的描绘只是概略性的草图，并非精确的图上复制。草图中比较准确的部分当属牌坊斜坡状的墙壁，还有闪闪发光的顶部。这种顶部结构被称为"凹弧形飞檐（cavetto cornice）"，飞檐边缘呈现明显的外飘和下垂姿态，建筑原材料完全使用芦苇和泥浆。芦苇和泥浆是象征生命的尼罗河的神圣赐予，古埃及人在作为神灵居所的神庙中适当保留这种原始质朴的建筑形式，本身就具有强烈的宗教象征意义。除了这种常见形式，神庙也可以采用纸莎

---

[1]　Owen Jones，英国 19 世纪建筑师，著有《装饰的语言》一书。

图 25　欧文·琼斯绘制的古埃及神庙入口牌坊水彩画，完成于 1833—1834 年

草杆捆扎为立柱搭建房屋，同时搭配庭院的设计，纸莎草本身也可以与尼罗河联系起来，同样体现了宗教象征意味。欧文·琼斯绘制的牌坊草图对古埃及艺术偏好绚丽色彩的特点也有准确把握。草图中的神庙可谓浓妆艳抹，很多部件还鎏了金。不仅如此，就连他们的坟墓和雕像也会被装饰得色彩缤纷。对 19 世纪的鉴赏者而言，古埃及人对绚丽色彩的固执偏好与以白色大理石为原料的古希腊和罗马建筑、雕塑的素雅风格形成了鲜明对比，虽然这些建筑和雕塑

也曾被涂抹过颜色。

　　1851 年，欧文·琼斯受命主持设计伦敦海德公园（Hyde Park）的水晶宫[1]，这位设计师联手约瑟夫·博诺米[2]设计使用红、蓝、绿 3 色修建了色彩明艳的埃及厅，这个展厅与紧挨着它，同使用白石膏冷色调的希腊厅相比，就像两个完全不同的世界。3 欧文·琼斯和约瑟夫·博诺米是建筑设计师兼艺术家，都拥有游历埃及的人

图 26　19 世纪 50—60 年代，菲利普·亨利·德拉莫特（Philip Henry Delamotte）拍摄的位于伦敦锡德纳姆（Sydenham）水晶宫内的埃及厅

[1]　The Crystal Palace Exhibition，英国为举办第一届世博会专门修建。
[2]　Joseph Bonomi，19 世纪英国埃及学家。

生经历，他们在游历期间绘制的大量埃及古迹素描和水彩画为伦敦水晶宫的设计提供了丰富借鉴。水晶宫最初修建在伦敦海德公园，1854 年又整体迁移到了伦敦南部的苏德纳姆（Sudenham），包括维多利亚女王（Queen Victoria）在内，数以百万计的游客都曾参观过这座宫殿。为了迎合维多利亚时代的欣赏口味，水晶宫里的所谓"埃及风情"其实也经过了适当调整，某些埃及学家可能会对细节准确性的问题吹毛求疵，然而欧文·琼斯和约瑟夫·博诺米追求的是艺术效果，不是准确复原一座古埃及建筑，他们设计出来的那座模拟古埃及神庙的对称结构大厅更多追求的是神似而非形似。身为大厅主人的男女神灵面朝入口正襟危坐，大量人物、神灵形象被绘制在大厅墙壁的下半部，这种设计属于地道的埃及风格。

古埃及人绘制在陵墓、神庙墙壁或莎草纸上的图画通常依照位置高矮做出水平分层，从墙壁的顶部到墙根（本书收录的照片无法完整体现），不同分层代表了等级方面微妙的差别。如果是在货真价实的古埃及陵墓或神庙里，门廊和墙壁上的壁画内容必须相互关联，讲述一个完整的故事。[1] 不同于漫画家笔下开玩笑似的人体写生场景，真正的古埃及艺术家接受的专业训练本身就要求他们注意不同创作单元的关联性，不仅要将不同的图画元素联系起来，还要

---

[1] 类似中国古代建筑的彩绘，往往通过连续的图画讲述一个完整的故事，比如二十四孝、西游记、目莲救母等。

将图画和配套的文字联系起来，而且要深谙画面比例的搭配，懂得各种图案、纹章的象征意味。对古埃及艺术家而言，创作并非只用"灵感"两个字就能完全概括，而是一门专业技术。19 世纪的某些鉴赏者可能会觉得古埃及的艺术过于俗艳，可是也有人就愿意享受由此带来的感官愉悦，虽然这种风格品位已经不那么适应新的时代。

打扮得像个埃及人

拿破仑远征埃及后的几年时间里，特别是维凡·多米尼克·德农将他自己此行的收获借机出版获得普遍关注以后，欧洲大陆和英伦三岛掀起了一股小规模的"埃及热"，法国当仁不让成为了这股风潮的引领者。[4] 西方人的这股"埃及热"主要体现在埃及风格的小壁龛装饰物方面，因为埃及式样的家具或餐具之类的东西很难融入普通欧洲家庭的日常生活中，所谓的"埃及热"也只是经过西方文化过滤后的产物而已。例如，那个时代的英国设计师托马斯·霍普（Thomas Hope）就曾设计过扶手为狮身人面像样子的起居室沙发椅，约书亚·威治伍德[1] 则热衷制造带圣甲虫[2] 装饰的茶具，茶壶盖还要做成鳄鱼形状。埃及风格的扶手椅和茶壶属

---

[1]　Josiah Wedgwood，达尔文的外祖父，陶艺家，英国威治伍德陶瓷的首创者。
[2]　Scarab，即蜣螂，也就是俗称的屎壳郎，这种昆虫在古埃及被当作神灵崇拜。

于当时的新生事物，西式碗柜和钟表则更容易同新兴的"埃及味道"珠联璧合。柜门关闭，外表带有大量埃及风格装饰的碗柜可以带给人一种神秘感和安全感，钟表与时间的对应关系不动声色地呼应着埃及的古老和沧桑。那个时期由伦敦的武利亚米父子公司（Vulliamy&Son）生产的大理石、鎏金青铜座钟便直接从维凡·多米尼克·德农的书里寻找灵感，托举座钟的底座被设计为4个小狮身人面像，安放表盘的表箱是一个缩小了的纪念牌坊，表箱边缘装饰了不完整的神隼图案，顶部有一个带着翅膀的太阳

图 27　武利亚米父子公司埃及风格座钟，1807—1808 年生产于伦敦

纹饰。

19 世纪晚期，鉴于埃及的旅游和考古事业兴旺发达，西方国家出于殖民利益和自身需要，依靠刚刚出现的摄影技术，进一步在世界范围内扩散和构建与古埃及有关的知识。通过考古探险活动，西方博物馆里各种古埃及展品急剧增加，那个时代的埃及政府却对西方寻宝者携带文物出境的行为没有任何限制。同时期某些见多识广的西方人可以借助相关书籍、博物馆展览，以及自己的亲身游历体验逐渐形成对古埃及的印象，然而他们真正的信息来源其实却往往是那些打着埃及旗号的西式篮子、花瓶、餐具和珠宝等，而不是行家收藏者感兴趣的出土残片、雕像和棺材等地道埃及古物。话说回来，那个时代西方生产的各种所谓埃及风格物品，如今也已经成为了货真价实的古董。

古埃及手工家具的典雅似乎尤其能刺激西方设计师的灵感。例如，前拉斐尔派[1]画家威廉·霍尔曼·亨特（William Holman Hunt）受大英博物馆展品的启发，设计了一种具有藤椅曲线的乌木嵌象牙椅子。[5] 为了给自己的基督教主题绘画搜集素材，威廉·霍尔曼·亨特曾游历巴勒斯坦（Palestine）。这位画家和工艺美术运动[2]的多位

---

[1]　The Pre-Raphaelite，1848 年兴起于英国，强调写实风格，突破陈腐僵硬的绘画传统。

[2]　The Arts and Crafts movement，19 世纪后期出现在英国，对现代工业文明持批判态度，主张回归自然。

成员关系良好，后者推崇手工制造，拒绝工业化产品。正是在这股潮流引领下，"埃及热"的关注点由修建埃及风格的墓地、共济会礼堂、伦敦水晶宫的屋顶雕塑，甚至 19 世纪 40 年代完工的美国费城某座埃及风格的监狱等大手笔，转向了小巧精致的器物。

19 世纪晚期，西方的"埃及热"已经达到了狂热水平，欧洲人的室内陈设、服装款式和建筑风格稀里糊涂地被这股风潮裹挟而去。与这种情况正好相反，那些来自古典世界[1]的文化元素，比如威治伍德骨瓷[2]、希腊柱、阿波罗和维纳斯雕像之类的物品却从未引发过任何狂潮，它们只是自然而然地融入了西方人的室内陈设、乡村古堡，以及城市景观。尽管如此，针对古希腊和罗马文化的再发现、再解读[3]对西方而言同样具有特别重要的历史文化意义，只不过来自古代埃及的文化元素在西方语境中扮演了和它们不同的角色。

埃及风格的装饰布置能够引领一个时代的潮流，也属时势造英雄。拿破仑的远征埃及，维凡·多米尼克·德农作品的出版，伦敦水晶宫的落成，19 世纪 50 年代大英博物馆古埃及展区的全新亮相，还有 1869 年苏伊士运河的开通，如此种种不断激发着西方人对埃及的热情。受到苏伊士运河工程顺利竣工的鼓舞，再加上由此而来

---

[1] The classical world，以古希腊和罗马为代表。
[2] Wedgwood' cameo-effect china，始创于 1759 年，英国顶级骨瓷品牌。
[3] 指文艺复兴运动。

图 28　大门上的埃及风格金属钥匙孔，大门属于意大利博洛尼亚的一座建筑，该建筑完工于 19 世纪晚期

的巨大经济效益，实力大幅提升的时任埃及总督伊斯梅尔[1]委托威尔第（Giuseppe Verdi）创作了歌剧《阿依达》（*Aida*）。1871年，《阿依达》在开罗歌剧院[2]上演，威尔第的祖国意大利对埃及的热情由此达到了一个新高度。当时某些西方人针对埃及的狂热往往要和《圣经》历史或共济会理念联系起来，然而多数人提起古代埃及却永远离不开"传奇""神秘"这些字眼。无论来自埃及的文化符号在西方以多么入乡随俗的方式呈现自己，人们仍然要将其视为来自异域的稀罕物。如此这般的痴迷程度恐怕只能用"狂热"来形容。

20世纪20年代，图坦卡蒙的陵墓重见天日，西方的"埃及热"再次进入高潮期。这次的"埃及热"主要体现在服装款式和文化娱乐方面，可以被称为"图氏狂潮"（Tut-mania），英国媒体对本国引领的这场时尚潮流做了充分报道。当时，亨特利和帕尔默公司[3]专门推出了一种埃及风格的饼干罐，兰开夏（Lancashire）的纺织厂生产了各种埃及风格的布匹。伦敦《泰晤士报》[4]等报刊详细报道

---

[1] Khedive Ismail，Khedive 这个词源自波斯语，原意为"勋爵"，后来泛指总督，Ismail 是第5任埃及总督，任内实现了埃及的现代化，1879年被英国废黜。

[2] The Cairo opera house，1869年由时任埃及总督伊斯梅尔聘请意大利设计师建成。

[3] Huntley & Palmer，英国糕点企业。

[4] The Times of London，直译为"伦敦时报"，"泰晤士报"这个说法源自中国晚清译者对"times"的音译，与泰晤士河没有任何关系。很多西方国家和地区都有名为"时报"（times）的报纸，但是因为前辈译者的译法已经先入为主，只有伦敦时报被称为《泰晤士报》。

了图坦卡蒙陵墓出土的椅子、烛台、篮子、权杖、衣服和香水瓶等生活用品，为读者描绘了这位少年法老的日常生活，现代中产阶层人士由此找到了模仿对象。

西方人陶醉于自己想象中的"古埃及"，同一时期的中东地区却经历着第一次世界大战过后的空前乱局。当时的埃及人正在想方设法摆脱英国的政治和军事控制，谋求国家独立的他们在 1919 年与驻埃及英军发生了规模有限的军事冲突。1922 年，就在图坦卡蒙陵墓被发现的前几个月，埃及人终于获得了举行民主选举的权利。萨阿德·扎格卢勒[1] 当选为第一任埃及首相，这位首相曾被英国殖民当局两次驱逐出境。几乎将一生留在埃及的考古挖掘者霍华德·卡特[2] 没能及时认清新的形势，刚刚发现图坦卡蒙陵墓便迫不及待地通过《泰晤士报》发布了消息，同时声称自己将同身在英国和美国纽约的资助人分享此次发掘的收获。拥有众多英法雇员的埃及政府闻讯及时吊销了他的发掘许可，利用随后的 1 年时间证明自己对图坦卡蒙陵墓中的一切拥有合法权利。[6]

像精美印刷品、仿制的圣甲虫、艳俗的饼干桶或烟盒这些普通人能够轻易接触的东西，让各种关于古埃及的知识在从巴黎到皮奥

---

[1]　Sa'ad Zaghloul，埃及政治家，华夫脱党的创始人之一。
[2]　Howard Carter，英国考古学家。

里亚[1]的广阔范围内得以普遍传播，然而正如本书后面将要谈到的那样，同时期的现代埃及还有其他非洲国家却为变革社会，争取西方世界的认知和尊重走上了漫长的征程。来自埃及的文化元素可以被派上不同用途，某些用途是轻浮的，某些则可能是严肃的。就同一历史时期的情况而言，没有任何人类文化遗产能够像来自古代埃及的建筑、装饰艺术元素那样，得到西方世界的普遍关注，同时又被重构得面目全非。起码从 19 世纪早期开始，顶级的艺术家（后来又加上了摄影家）便开始将古代埃及描述为一个充满浪漫气息，饱含异国情调，甚至还有几分暧昧的情色诱惑，适合叙古怀旧的遥远国度。今天生活在这块土地上的埃及人则被有意识地视而不见，古代埃及留下的"无主白地"因此合理合法地可以被用来充当西方殖民地。那个时代某些最有声望的画家描绘古埃及人形象时往往有意无意让他们带上西方特征，却又经常做得不露声色。总而言之，想象中的古代东方与实际中的当代东方似乎完全是两个世界，那个想象出来的东方让人感觉既熟悉又陌生。许多艺术家构建那个想象的东方时往往拥有牢靠的现实依据，比如威廉·霍尔曼·亨特设计的那把椅子，构建出来的东方总会让人觉得比现实的东方还要"东方"，然而如果我们真的因此混淆了想象与现实的差异，那就太不

---

[1]　Peoria，位于美国伊利诺伊州。

明智了。

画布上的古埃及

　　出生在荷兰的画家劳伦斯·阿尔玛·塔德玛[1]在位于伦敦的画室里收藏了一张木质长沙发椅，用来安放完成的画作。这张沙发椅目前保存在伦敦的维多利亚和阿尔伯特博物馆[2]，它一侧的扶手连同两条椅子腿为伊特拉斯坎[3]风格，另一侧则为埃及风格。[7]劳伦斯·阿尔玛·塔德玛创作出来的众多杰出而传神的古代生活题材油画都曾暂时安放在这张沙发上，它们为作者在维多利亚时代的英国赢得了巨大的声望和利益。劳伦斯·阿尔玛·塔德玛画作的主要题材是古希腊和罗马社会，却也经常从古埃及历史和《圣经》中寻找灵感，在画布上描绘一些诸如"在尼罗河上发现婴儿摩西"这样著名的历史场景。除了画室里这张充当支架的沙发椅，劳伦斯·阿尔玛·塔德玛还通过阅读书籍和参观博物馆研究过不少古董和古代建筑。借助手中的画笔，劳伦斯·阿尔玛·塔德玛在画布上复原了一

[1]　Lawrence Alma-Tadema，维多利亚时代著名画家。
[2]　The Victoria and Albert Museum，英国仅次于大英博物馆的第二大国立博物馆，也是世界上最大的装饰艺术博物馆。
[3]　Etruscan，意大利古代民族，他们的建筑和绘画对后来的古罗马产生了深远影响。

个饱含他本人艺术个性、活灵活现的古代世界。他真的做到这点了吗？虽然画面里出现的矮脚凳、鸵鸟毛饰品看起来的确古韵十足，然而皮肤白皙、面带娇羞的美女，偶尔出现的与这些美女形成鲜明对比的黝黑男性，以及他们身处的清新明亮、满是鲜花的房间却纯属对古代生活的主观想象。劳伦斯·阿尔玛·塔德玛的画室就好像是一具"透镜"，真实的古代历史经过它的"折射"，便拥有了维多利亚时代的文化气息。

依照欧洲艺术品味重塑的古埃及传说或历史人物，要比货真价实的同类古埃及艺术品更容易获得现代西方欣赏者的接受，因为后者的人物风格往往会让他们觉得过于刻板、生硬。真实的历史遥远而陌生，具有历史意识的画家则需要通过自己的重构将欣赏者带回"过去"。1872 年，劳伦斯·阿尔玛·塔德玛创作了名为《埃及寡妇》（*The Egypian Widow*）的油画。这幅作品的创作基础是作者对相关古代艺术品和建筑遗迹的仔细观察，同时也加上了他本人对古埃及葬礼的想象。基于这种想象，他让身为主角的寡妇单膝跪在已经被制成木乃伊的丈夫身边低声抽泣，背景中的五名男性乐师盘腿坐在地板上，摇动着类似手鼓的西斯铃，拨动竖琴，低唱挽歌。画家为这个故事设定的环境是古代埃及的某座神庙，神庙里有纸莎草杆形状的精美立柱，低矮的墙壁显露出庙堂外面长满棕榈树的庭院。

劳伦斯·阿尔玛·塔德玛最擅长的就是细节刻画，画面中呈现

图 29　油画《埃及寡妇》，劳伦斯·阿尔玛·塔德玛（Lawrence Alma-Tadema）创作于 1872 年

的飞檐结构、眼镜蛇雕像，以及色彩艳丽的立柱都参考了真实的古物。就连地板上放着的篮子，画面右侧神庙的木头门板，乐师手里的乐器，还有那些仿照圣餐台格局布置的陶罐（canopic jar，即所谓的"卡诺匹斯罐"，用于盛放制作木乃伊时掏出的内脏）也都有博物馆藏品作为原形。这方面为劳伦斯·阿尔玛·塔德玛提供最多帮助的当属大英博物馆，他从 1870 年开始便定居伦敦。大英博物馆楼上有几间展厅被称为"木乃伊房间"（the mummy rooms），劳伦斯·阿尔玛·塔德玛应该就是在那里看到了摆在画面中寡妇左侧的

棺材原型，还有用来停放木乃伊的桌子原型，四条桌腿被设计成狮子四肢的样子，桌尾还安装了狮尾状的装饰物。

大英博物馆保存的那具木乃伊连同他的棺材年代可以追溯到罗马统治埃及时期，不过棺材为了追求仿古效果，特意选择了很多古朴的神像造型作为装饰。然而劳伦斯·阿尔玛·塔德玛终究不是专业的考古学者，在画作中将具有 2 世纪风格的棺材和木乃伊，与比它们存在年代早 1000 年的卡诺匹斯罐放在了一起。画面中神庙墙壁的装饰风格至少也要比棺材和木乃伊早几百年，而且类似这样的装饰通常只出现在坟墓里。话虽如此，对劳伦斯·阿尔玛·塔德玛和他的欣赏者而言，艺术的感受恐怕要比细节的真实重要得多。这幅油画希望表现的是这位双手捂脸、悲痛欲绝的寡妇，她的头发像很多同类题材古埃及作品表现的那样向前低垂，就像很多同题材艺术品经常表现的悲伤形象那样，同样经常出现在此类艺术场景中，剃了光头的祭司兼乐师吟唱着悲伤的挽歌。此情此景，任何人的内心都难免应和着竖琴的琴弦跌宕起伏。

一方面，人为抹去古埃及神庙与维多利亚时代画廊间的时空鸿沟有助于引发今人与古人间的心灵共鸣，这肯定有益无害；然而从另一方面来说，艺术家在这个过程中抹去的不仅是时空鸿沟，同时也部分掩盖了埃及的真实历史，特别是 7 世纪至今伊斯兰埃及的历史。类似这种埃及题材绘画通过文化暗示，进一步加大了东方和西方间的隔阂，古代埃及被人为构建成了专属欧洲基督教白人的文化遗产。除此之外，这幅油画还体现了种族间的偏见。画面中的寡妇以及 4 位祭司白色或黄褐色的皮肤，与那位竖琴演奏者的黑皮肤形成了有意的对比反差。在 19 世纪的欧洲，肤色间微妙的差异可以传递出丰富的文化信息，那个时代的西方主流社会自有一套关于种族、肤色和文明程度的"科学"。[8] 当时的非洲是从属于西方的殖民对象，所以西方人想象的古埃及场景中，象征非洲的黑人也只能躲在阴暗角落里，默不作声。借助这样的文化逻辑，古埃及文化被纳入到了西方文化的源流当中，真正孕育它的非洲反倒像那个黑皮肤的竖琴演奏者一样，被排斥到了边缘位置。

西方人对于不同种族的偏见，以及他们急于将古埃及文化装进自己口袋的焦虑心态并非直截了当的表达，而是通过学者们称为"话语"的方式间接表达的。"话语"的基础是一套社会普遍认可的知识或观念，它们通过视觉图像、文字书写、文艺表演、商业行为、科学实践、政治辩论等多种途径不断被制造出来并加以传播。这些途径往往会几种联系起来共同发生作用，很少出现某一途径单独运作的情况。例如，要想以图画方式描绘所谓"古埃及"场景，就必须以对埃及古物的考古复原为前提；反过来，图画的传播又会引发社会对考古学的关注，而且是比对艺术更强烈的关注，提高这门科学在人们心中的地位。

　　1882 年，英国武装侵入埃及，建立了听命于自己的傀儡政权，针对这个国家的考古活动由此进入快速发展阶段。19 世纪 90 年代，包括劳伦斯·阿尔玛·塔德玛、埃德温·郎[1]、爱德华·波因特[2]等多位历史题材画家，加入了由英国考古学家、军官和政治家组成的埃及文物古迹保护团体。[9] 他们当时的工作主要有两项：首先，是确定那些在埃及从属于奥斯曼帝国时期被该国政府忽视掉的文物古迹；其次，是调整、提升由法国人主导建立的埃及文物古迹保护体制。除此之外，这个团体还对英国阿斯旺修建水坝的计划特别关注，因为修建水坝就意味着大量文物古迹将永远沉入水下，比如菲莱岛的伊西斯神庙。从这些英国冒险家的角度来看，无论埃及人还是法国人，似乎都没有资格去看护、照料这个国家的文物古迹，拥有这个资格的当然只能是英国人，埃及人和法国人则针锋相对地指责英国人对巨石阵（Stonehenge）的所谓保护纯属侮辱古代人类文明。双方就这么你来我往，纯考古学的命题最终演化成为了外交领域的唇枪舌剑。时至今日，傲慢和偏见仍然左右着世人对埃及和中东文化遗产的态度。究竟谁对文化遗产的定位尺度最恰当呢？又是谁提出的保护措施最切实可行呢？这恐怕是一个永远也找不到答案的问题。

---

[1] Edwin Long，英国历史学家、神学家和画家。
[2] Edward Poynter，1836 年生于巴黎，后在伦敦定居。

埃及艳后的所有权问题

"遗产"（heritage）这个词读起来有种沉甸甸的感觉，而它本身也是拉丁语留给我们的"遗产"。直到 20 世纪，大家对遗产的定义主要指依照家族血脉流传下来的财产或权利，尤其是受到法律保护的财产或权利。20 世纪晚期，国际社会提出了"人类共同文化遗产"的概念，用以保护某些文物古迹、自然景观或艺术品免遭社会发展、战争冲击以及自然灾害的破坏。1945 年，鉴于第二次世界大战中大量文化遗产遭到人为破坏的教训，联合国教科文组织（UNESCO）宣告成立，这个组织是今天最为世人所熟知的文化遗产评定和保护机构。1978 年，联合国教科文组织公布了首份人类文化遗产名录，其中列出了上千处古代建筑、历史遗迹和文化保护区。不仅如此，这份目录还收录了很多非物质文化遗产，比如舞蹈或手艺。10

"世界文化遗产"这个词的意思可以理解为人类共同的财富，也就是说，保护它们对每个人都有好处，关乎人类的共同利益。问题在于，联合国教科文组织的成员是各个独立国家，这就意味着"文化遗产"这个知识的演化与 19 世纪、20 世纪乃至 21 世纪，"国家"这个知识[1]的演化紧密相关。换言之，无法用"国家"概念加

---

[1]　如前所述，"现代民族国家"这个概念是在启蒙运动的背景下逐渐形成的。

以界定的地区，比如南苏丹（South Sudan），就无法得到世界文化遗产体制的直接保护。与此同时，联合国教科文组织本身也是多国角力的舞台，哪些东西可以被定义为世界文化遗产，往往取决于强者的意志和兴趣。[11] 很多时候，保护或者破坏某项世界文化遗产甚至可以成为政治博弈的棋子。

如果说"文化遗产"这个词意味着文化可以像皇帝的宝座或者父母的鼻子形状那样，能够被继承、遗传，那么针对文化遗产的继承自然也可以像普通财产继承那样，引发人与人之间的冲突。按照这种近乎理想主义的逻辑模式，谁更有资格继承古代埃及的文化遗产就成为了当今国际社会老生常谈的话题。人类始终处在迁徙当中，几千年间，不同人类文明始终没有停止过物质和文化交流，因此谁真正继承了古埃及人的文化衣钵成为一个问题。如果以"现代民族国家"的概念为参照物，现代埃及当然最有权继承诞生于本国土地上的文化遗产。按照这个逻辑，伦敦和柏林的众多博物馆就应该归还它们收藏的大量埃及文物，比如罗塞达石碑和纳芙蒂蒂半身像[1]，可博物馆方面却声称这些文物是他们的"私有财产"。然而如果埃及政府套用西方博物馆的逻辑，决定把完全属于他们国家"私有财产"的金字塔铲平，那国际社会肯定就得闹翻了天。就古埃及

---

[1]　The bust of Nefertiti，纳芙蒂蒂是古埃及著名法老阿赫那吞的王后，1912 年德国考古学家发现了她的彩色半身塑像。

文化遗产继承这个问题来说，如果我们参照普通遗产继承的家族、血缘依据，而非国家行政区划依据，就可能引发更多争议。今天的埃及人以穆斯林为主体，这是否意味着他们和古代埃及人并没有太大关系？从 18 世纪开始，很多欧洲人便依照这样的逻辑把古埃及文化遗产装进了自己的口袋，由此催生了东方学（Orientalism）领域讨论的一系列话题。按照西方的理论，古代埃及是基督教和犹太教的故乡，更不用说还是希腊文明的主要发源地，所以西方才是古埃及文化遗产"合理合法"的继承人。问题在于，如果按照这个逻辑推演下去，今天的很多非洲国家似乎也可以对古埃及文化遗产的归属权问题提出争议，因为历史上的埃及曾经几乎主导过整个非洲大陆，或者如某些古埃及学者所说，古埃及人的影响力至少扩展到了今天的埃塞俄比亚境内。今天的很多非洲国家都认为自己在文化方面和古代埃及存在传承关系。

　　人们对文化遗产继承权的争夺往往集中在那些价值比较高的目标，比如罗塞达石碑、金字塔或者埃及艳后克娄巴特拉这样的历史名人。这位女王最为世人耳熟能详的两件逸闻首先是她对王位的暧昧继承[1]，其次则是她的鼻子。法国科学家兼哲学家帕斯卡[2]认

---

[1]　埃及艳后的丈夫兼弟弟托勒密十三世在历史上的下落不明不白，很多人相信他可能死于妻子兼姐姐的谋杀。
[2]　Blaise Pascal，法国数学家、物理学家、哲学家和作家。

为，如果克娄巴特拉的鼻子再稍微短一点，按照 17 世纪欧洲的标准，这位埃及艳后就算不上美女，世界历史可能就会发生根本性的改变。历史当然不可能有那么多"如果"，实际的情况是，克娄巴特拉与罗马的联姻影响了历史的走向，使整个北非地区和地中海东部纳入了古罗马帝国的势力范围。对艺术家和作家而言，埃及艳后始终是一个经久不衰的话题，她就像古代埃及一样不断被人们建构和解构，可以同时是一枚硬币的两面。

克娄巴特拉失势后，古罗马的诗人曾将她描述为妓女和魔鬼，声称这位女士通过魅惑的手段引诱安东尼[1]背叛祖国，同时也毁了她自己的国家。就像特洛伊的美女海伦（Helen），埃及艳后始终是一个谜一样的存在。克娄巴特拉凭借自己的美丽威胁到了男权主导的社会秩序，她所引领的希腊化的奢靡享乐之风引起了罗马共和国[2]举国上下的仇恨和嫉妒。今天能够获得的与埃及艳后有关的史料大多出现在她去世后的若干年内，比如古希腊学者普鲁塔克[3]在 100 年前后创作的带有很大道德化色彩的恺撒（Julius Caesar）和安东尼传记。[12] 文艺复兴时期，普鲁塔克等人创作的希腊语文献，以

---

[1] Antony，马克·安东尼，古罗马政治家和军事家。

[2] The Roman republic，公元前 509—前 27 年古罗马处于共和时代，没有皇帝，国家政权采取三权分立体制。

[3] Plutarch，古罗马时代的希腊作家，哲学家，历史学家和宗教祭司。

及稍晚些时候出现的拉丁文文献被重新发现并翻译了出来。很长历史时期内，这些文献是欧洲人了解埃及艳后唯一的途径。到了 20世纪，依据古代银币上的图案创作的白色大理石克娄巴特拉雕像已经成为人们印象中埃及艳后的标准形象。20 世纪 90 年代晚期，某些学者声称保存在玫瑰十字会埃及博物馆[1]的黑色大理石人物雕像的原型很可能也是克娄巴特拉，可是由于相关文献资料的缺乏，这个问题至今还没有定论。黑色大理石雕像的存在却让我们意识到，除了大家习以为常的经典白色大理石形象以外，埃及境内应该还保存着很多其他样子的埃及艳后雕像，而且这些雕像展现出来的形象不一定和克娄巴特拉本人完全相同。今天很多古代埃及神庙遗迹中仍然可以看到它们曾经的资助者克娄巴特拉的埃及风格倩影，这些遗迹中的埃及艳后形象要么形影相吊，要么与她和恺撒的儿子，也就是与母亲共治埃及的托勒密十五世（Ptolemy xv Caesarion）出双入对。埃及文化语境中讲述的埃及艳后与后来古罗马和西方语境构建出来的富有心机的性感尤物形象似乎根本不相符，就连古代阿拉伯的历史学者也曾为这位女法老的智慧、博学和丰功伟绩赞叹不已。[13]

---

[1]　The Rosicrucian Museum，始建于 1927 年，位于圣何塞，美国西海岸规模最大的埃及主题博物馆。

19 世纪 50 年代，美国雕塑家威廉·斯托里[1]决定以克娄巴特拉为创作题材，除了前面提到的那些希腊文和拉丁文文献，[14] 他没有更多的参考资料。威廉·斯托里在罗马设有工作室，专门创作新古典主义[2]风格的雕像，他当时的设想是为若干历史上的知名女性塑造沉思冥想姿态的等身雕像。就像那个时代的其他雕塑家一样，威廉·斯托里首先要用石膏或黏土做个模型，然后才会在上好的意大利产白色大理石上动手。几年时间中，他制作了很多个不同模样的模型。正式作品展出时，观众纷纷对这尊雕像明显的埃及特征表示赞赏，例如雕像头上的彩条布法老冠冕，以及冠冕上象征王权的眼镜蛇，还有雕像手腕上装饰有圣甲虫和蛇形纹饰的手镯等。雕像身上的长袍带有很多皱褶装饰，半遮半掩地露出了埃及艳后的半边肩膀和一侧乳房。这样的造型可以用东方学理论加以解释[3]，却也暗合古埃及神话传说。按照古埃及传说，克娄巴特拉最后是让毒蛇咬在一侧乳房上自杀的。

19 世纪 50—60 年代，威廉·斯托里创作的埃及艳后形象在美

---

[1] William Wetmore Story，美国雕塑家、艺术评论家和作家。

[2] Neoclassical，18 世纪兴起于法国，反对崇尚浮华的巴洛克和洛可可艺术风格，倡导以古希腊和罗马为榜样的复古主义。

[3] 按照东方学理论，东方始终是被西方构建和讲述的一种"知识"，处于强势地位的西方往往被塑造为男性形象，东方相应地则被塑造为柔美的女性形象，接受男性的审视和把玩。

图 30　威廉·斯托里创作的克娄巴特拉七世白色大理石雕像，构思于 1858 年，完成于 1860 年

国观众群体中持续引发热议，争论的焦点主要集中在雕像反传统的面部特征方面，比如又大又直的鼻子，双下巴，紧实、丰满的嘴唇等。大家认为这些面部特征明显具有非洲黑人的神韵，暗示了克娄巴特拉可能同埃塞俄比亚存在某种联系。威廉·斯托里出身波士顿（Boston）的显赫家族，这个家族向来主张废除奴隶制度。威廉·斯托里本人以及他的美国北方欣赏者秉持的废奴主张，以及历史上埃及艳后在国家危难时刻作出的生死抉择[1]，这两方面因素结合起来，恰好让人联想到了南北战争前的几年时光里，美国人对战或和艰难抉择的过程。身为非洲女王的克娄巴特拉面对生死抉择，暗示了山雨欲来之际，成千上万内心已然觉醒的美国黑奴悬而未决的命运，以及美国自身的未卜前途，这是当时多数白人欣赏者对雕像内涵最初的主流解释。

今天的观众恐怕很难再从这尊雕像白色大理石的面部特征和白色大理石质地发现所谓的非洲特征，将它的原型解释为非洲的黑人女性，或者更准确地说，埃塞俄比亚的黑人女性。威廉·斯托里的雕像虽然还是原来那尊，可解读它的社会文化语境却已发生改变。即便目前有许多人把埃及艳后的非州裔身份看得与她的历史地位一

---

[1] 按照西方史学界的说法，克娄巴特拉当则本可以选择向屋大维投降，但经过心理斗争的她却毅然决定仿效自己的叔父，以自杀方式有尊严地死去，相关内容可参考埃米尔·路德维希的《埃及迷药》。

样重要，可是今天的参观者仍然愿意把威廉·斯托里雕像的原型想象为穿了一身古埃及服饰的白人美女。相比这尊雕像，玫瑰十字会博物馆保存的那尊以黑色大理石为原料，神态庄重，坚毅地迈着大步的雕像或许更加具有非洲黑人特征，更接近古埃及历史上真实的克娄巴特拉形象，而非希腊人或美国人想象出来的埃及艳后形象。

　　话说回来，即便玫瑰十字会博物馆的黑色大理石雕像真的就是埃及艳后本人，抑或是她的某位女性亲属，相隔着 2000 年的历史时空，今天的我们即使拥有相关文献资料，其实也无法完全读懂当年的作者创作它时所要传达的信息。就像历史中其他传奇人物和事件一样，以埃及艳后为主题的故事永远处在"新编"当中，过去如此，现在如此，将来也会如此。谁也无法肯定地说，自己故事里的埃及艳后就是货真价实的克娄巴特拉，因为我们对她的审视永远只能是站在自己的立场上雾里看花，管中窥豹。不朽的，同时也是不那么真实的埃及艳后形象其实只是同时代的人们构建出来，用于满足自己对古埃及的种种想象的幻象而已。

第6章

蛇蝎女，狐狸精，睚眦必报者

本书上一章结尾提到的两尊埃及艳后雕像，表现了过去和现在人们对克娄巴特拉这位古埃及历史中最富于诱惑力的女性形象的不同想象。埃及艳后在罗马大军破城之日以自杀的方式结束了自己的生命，通常意义上的古埃及历史至此也画上了句号。区别于曼内托[1]的划分方法，现代学者将古埃及历史的下限划在了埃及艳后自杀那年。如此划分的依据是埃及艳后自杀前的古埃及始终是一个独立的主权国家，埃及艳后自杀后的埃及却变成了从属于其他国家的行省或附庸。现代学者的划分标准成形于18世纪，与普及于19世纪的"现代民族国家"观念存在紧密联系。

从托勒密王朝时期过渡到罗马统治时期，埃及大地上发生过数不清的暴力事件，今天的人们念念不忘的却只有埃及艳后和安东尼的自杀，其他人的悲惨遭遇则遭到有意无意地遗忘，似乎历史真的如当年的罗马征服者们声称的那样——他们来到埃及是为了这个国家的和平。死亡和性是埃及艳后故事的永恒主题，这种故事的不断"新编"本身便反映了西方对埃及，同时也是对女性态度[2]的演

---

[1] Manetho，生活于公元前3世纪的古埃及祭司，他在自己的历史著作中将古埃及历史的下限定在波斯人入侵，后王朝时期结束，这样古埃及历史就如本书最前面的年表显示的那样，总共分为30个王朝，现代学者通行的做法是把随后的托勒密王朝时期也算进去，古埃及历史因此总共就有31个王朝。

[2] 如前所述，按照东方学理论，在西方占据强势的全球化语境中，东方始终处于弱势的女性地位。

化历程。众所周知，人们对历史人物的看法总随时代变化而变化，然而埃及艳后的淫荡放纵，以及她对"正派"罗马男士的无耻勾引却贯穿不同时代、不同文化语境，成为了老生常谈的话题。作为凭借自身智慧在男权社会获得一席之地的杰出女性，埃及艳后的自杀似乎本身就是某种"报应"，是她凭借巨大魅力勾引男人的"报应"。对于这种历史文化现象，最恰当的评价恐怕只能是"厌女症"（misogyny）。

埃及艳后的女性身份在她还活着时就已经为渴望诋毁她的罗马宣传机器提供了数不清的把柄，这位女法老去世后，针对她的诋毁更是甚嚣尘上。诗人们抓住这个主题笔耕不辍，政客们也趋之若鹜地用这种方式向当时的政坛新星、后来的罗马帝国皇帝屋大维献殷勤、表忠心。到了文艺复兴时期，古罗马人饱含淫秽、诋毁意味的信口开河已经被欧洲人当作真事津津乐道。相比野史逸闻，古希腊学者普卢塔克创作于公元 100 年前后的恺撒和安东尼传记中对埃及艳后的描写要客观得多，不过同样具有很强个人色彩。历史总要由胜利者书写，克娄巴特拉是罗马帝国的敌人，还是一个容易欺负的女性，自然没有资格对他们的胡编乱造提出抗议。

本章以埃及艳后为切入点，意在揭示类似"荡妇"、男巫、木乃伊这些文化元素如何影响了我们对古埃及历史的想象，特别是过去 150 年间我们对古埃及历史的想象。类似图坦卡蒙王陵墓，木乃伊基因分析等的客观证据固然可以作为了解古埃及的途径，然而每个时代的人们似乎又都会站在自己的立场上去想象一个"古埃及"。正如学者爱德华·萨义德注意到的那样，殖民时代的欧洲人曾将包括北非、中东、南亚在内的广大地区统称为"东方"，同时站在自己的立场上，将这个所谓的"东方"描述为同西方截然对立的他者。按照那个时代欧洲人的说法，"东方"是懒惰的，西方是勤勉的；"东方"是肮脏的，西方是整洁的；"东方"涣散而无序，西方则珍惜时间，有序而高效；"东方"道德败坏，特别是在性和金钱方面，西方则纯洁无瑕。[1]

尽管若干年来人们对萨义德理论的态度始终褒贬不一，可是他的理论仍然提醒我们，各个时代人们围绕古代埃及或现代埃及（或者其他任何国家）形成的那套说法，总要受制于相应时代的社会文化语境。面对那些被历史构建出来的贪婪女王形象、色情女神形象、极端自私的法老形象，乃至全身缠着亚麻布条、到处乱跑的木乃伊僵尸形象，与其过分深究这些形象的真实性问题，不如换个思路想想这些故事到底是谁编造出来的？编造它们的依据是什么？为什么某个特定文化语境中的人要编造出这些故事？或许，对于古埃及形象构建过程的反思可以让我们更清楚地看清自己。

美女和死亡

　　针对劳伦斯·阿尔玛·塔德玛、埃德温·郎和爱德华·波因特等人古埃及题材绘画作品的追捧热潮并没有局限在英国的范围内，而是迅速扩展到了整个欧洲，乃至任何已经接受欧洲绘画文化传统的地方。那个时代热衷古代题材的画家往往同时也是"东方学"[1]的专家，他们擅长在自己的作品中表现来自北非或中东的文化符号，比如拥挤杂乱的街景，集市、清真寺和沙漠里的帐篷，还有总能戳中西方人兴奋点的东方妻妾、妓女等。对那个时代的画家而言，描绘东方妻妾、妓女形象是他们在自己的画作中展示裸体女人的合法借口。

　　无论画作的主题是古代埃及还是基督教圣地巴勒斯坦，画家总要在作品中加入这些文化符号。至于当时刚刚落成，作为现代象征的开罗和大马士革（Damascus）火车站，以及那些身穿巴黎最新款时装的埃及上流社会妇女，则绝对不会出现在画布上。不仅如此，就像劳伦斯·阿尔玛·塔德玛画室里的沙发椅，或者他为了作画而研究的那些博物馆展品一样，来自不同时代的文化符号还可以在这

---

[1]　Orientalist，这个词出现在 19 世纪，萨义德对它的内涵重新给出了定义。

些画作中和谐共处。总的来说，画家们的画笔其实具有选择性，他们不会让自己作品中的埃及体现出现代或进步的特征。即便是对克娄巴特拉这样高贵的埃及女性，他们审视的眼睛同样戴着"有色眼镜"。

正如前面所说，埃及艳后几千年以来始终是被欧洲艺术家趋之若鹜的创作题材，然而不同文化语境中的埃及艳后形象又会带上各自时代或地域的印记。如果把早期西方艺术作品中的埃及艳后形象和现代以来依据东方学内在逻辑塑造出的同类形象放在一起，你可能会觉得它们表现的根本就是两个人。由于普遍缺乏对古代埃及的了解，画家们总会以自己熟悉的古代历史知识为出发点塑造埃及艳后的形象。普卢塔克为世人详细描述了克娄巴特拉的自杀，以及她奢侈的生活方式。这些信息经过老普林尼[1]的确认，同时经过漫长历史的沉淀，成为了确凿无疑的事实。

17世纪波伦亚画派[2]画家圭多·雷尼[3]创作过众多埃及艳后形象。克娄巴特拉仰天长叹，凝视苍穹，手里攥着一条蝰蛇靠近自己胸膛的临终场景反复在他笔下出现。除此之外，他还经常参

---

[1] Pliny the Elder，盖乌斯·普林尼·塞孔都斯，古罗马时代百科全书式的学者。

[2] Bolognese，也可译为"博洛尼亚派"，核心人物为鲁多维柯·卡拉齐，学院画派，主张模仿、借鉴前辈大家。

[3] Guido Reni，17世纪意大利画家。

照埃及艳后的形象为资助人的妻子们画像，因为女士们通常都希望画面中的自己尽量显得富有高贵。1744 年前后，画家提埃坡罗[1]参照普卢塔克和老普林尼的描述，创作了一组反映埃及艳后生平的壁画，用于装饰威尼斯（Venice）拉比亚宫[2]的前厅。提埃坡罗的壁画着重强调了埃及艳后的富有、慷慨和奢华的生活，对那个时代渴望前往东方港口做生意发财致富的西方商人而言，壁画彰显的这些人物特质其实也是他们心目中成功者不可或缺的身份标志。这组壁画中的埃及艳后形象其实和真正的古埃及人没有太大关系，完全以画家同时代的欧洲贵族妇女为原型，衣着、发型，乃至佩戴的珠宝都体现了那个时代的典型风格。唯一能和古埃及沾上边的只有作为画面背景的那些建筑，借助它们，观看者才能意识到画家表现的其实是另一个遥远时代的人物和故事。

　　拿破仑远征埃及，现代埃及随后向西方世界敞开大门以前，除了方尖碑和少量王室贵族收藏的雕塑等古董文物，欧洲艺术家对这个国家的建筑和艺术品并没有太多了解。本书上章提到的维凡·多米尼克·德农那本图文并茂的专著以及《埃及百科》等同类作品相继问世后，西方艺术家这才找到了创作的依据和原型。正是在这个

[1]　Giambattista Tiepolo，威尼斯画派的最后代表人物。
[2]　The Palazzo Labia，修建于 17—18 世纪，巴洛克风格建筑。

背景下，大卫·罗伯茨[1]等画家的古埃及题材画作洛阳纸贵，这些画作反过来又让想象中的古埃及得到了具体化。欧文·琼斯和约瑟夫·博诺米设计的伦敦水晶宫也是如此，这些打着埃及名号的仿古建筑给人们造成了一种印象，似乎真实的古埃及就是这个样子，或者更准确地说，古埃及残存的遗迹就应该是这个样子。通过这些仿古建筑，黄沙掩埋的神庙以及神庙墙壁上密密麻麻的象形文字深入人心，成为了古埃及标志性的文化符号。为了显示自己作品的"专业""地道"，艺术家很快就把这种文化符号引入到包括埃及艳后题材在内的各类古埃及题材作品当中。19世纪30年代前后，受到被今天的人们概括为"东方学"的某些文化因素影响，异国风情，或者应该说色情，成为了古埃及等古代题材绘画作品的"标配"。无论何时何地，与性有关的话题似乎总能找到市场。

以东方学为基础构建的现代和古代中东形象几乎满足了西方人，特别是西方男性的所有心理幻想，比如富足的中产生活、放纵的男欢女爱等。受到这种文化背景影响的画家往往热衷创作具有挑逗性的作品，甚至因此成名，比如让·莱昂·热罗姆[2]。除了各种所谓的"东方"题材作品，让·莱昂·热罗姆还擅长从法国经典

---

[1] David Roberts，苏格兰画家，特别擅长东方题材绘画。
[2] Jean-Léon Gérôme，19世纪法国学院派画家和雕塑家。

历史、传说中寻找素材。拿破仑三世[1]掌权后，为曾经遭到贬低的拿破仑皇帝恢复了名誉，让·莱昂·热罗姆顺应潮流，创作过几幅纪念拿破仑远征埃及的作品。为了赋予作品毋庸置疑的"东方"韵味，让·莱昂·热罗姆创作的油画通常总会使用卧室场景、沙漠风光、奴隶市场、土耳其浴室之类的文化符号，而且画面中的女性奴隶或浴者照例要被画成非常漂亮的裸体白人美女。1866 年，让·莱昂·热罗姆的油画《艳后初会恺撒》(Cleopatra before Caesar) 在

图 31　以让·莱昂·热罗姆 1866 年的同名油画作品为底版制作的版画《艳后初会恺撒》

[1]　Napoleon III，拿破仑的侄子，1852 年 12 月 2 日加冕为法国皇帝。

巴黎的艺术沙龙中公开展出，这幅油画取材于古希腊学者普卢塔克对恺撒生平的相关记载[1]。按照普卢塔克的说法，那次相会以后，托勒密王朝的女法老克娄巴特拉七世在罗马将军和政治家恺撒的支持下，为争夺埃及的统治权，与她的丈夫兼弟弟托勒密十三世展开了长期内斗。事实上，早在埃及艳后登上历史舞台前，古代罗马就已经开始介入前几代托勒密王朝男女法老间的权力内斗。普卢塔克认为，恺撒之所以要在公元前47年率领大军来到埃及，也是要通过调停埃及内斗的方式为罗马谋取利益。时年只有十几岁的克娄巴特拉躲在装衣服的大口袋里，绕开卫兵直接进入恺撒的帐篷，向后者面陈心意，获得了罗马人的支持。这个故事经过无数代人讲述，不知道为什么，"口袋"就变成了毯子。于是，让·莱昂·热罗姆的油画中就出现了一条明显具有东方风格的地毯，青春年少的埃及艳后还完全赤裸着上身。此情此景，恺撒这位罗马将军又怎么可能说"不"呢？

埃及艳后的自杀场景也可以成为画家们传达肉欲挑逗信息的幌子。这种油画作品中的克娄巴特拉通常会被画得肤如凝脂，黑色的头发和双眸则被用来进一步衬托她皮肤的白皙，类似这样的造型就

---

[1] 这个故事的大意是克娄巴特拉把自己裹在毯子里，由奴隶抬着进了恺撒的帐篷，然后全身赤裸地突然亮相，与年过半百的恺撒一见钟情，她也由此获得罗马帝国支持，成为埃及的最高统治者。

是 19 世纪西方艺术家眼里公认的"东方"美女。让·莱昂·热罗姆的《艳后初会恺撒》也遵循了同样的原则。为了突出埃及艳后的冰雪肌肤和娇小身材，画面中将她把抬进恺撒帐篷的奴隶刻画得肤色黝黑、眉毛浓重，下颌骨向前凸出，类似这样的非洲黑人特征也是 19 世纪西方人眼中仆人"应该"有的样子。以埃及艳后自杀为主题的绘画作品为了起到相同的颜色对比效果，通常也会把看着她告别人世的两个见证者放在画面里。依照同样的原则，这两个人也会被画得肤色黝黑，接近历史上真实的古埃及人，浑身雪白的埃及艳后则更像是一个标准的希腊美女。

　　1874 年，让·安德烈[1]的油画《艳后之死》（*The Death of Cleopatra*）首次公开展出。画家在大众审美与历史真实间做了折中处理，把克娄巴特拉画得比她身边黄褐色皮肤的女仆稍微白了些。这种处理方式可以理解为对古希腊审美原则的部分遵守，同时也可以理解为对艺术真实的追求，因为死人的肤色肯定要比活人白。让·安德烈画作中的埃及艳后躺在装饰着埃及风格帷帐和纹饰的床榻上，白得晃眼的身体完全赤裸，只保留了珠宝和头饰。这就是历史上出类拔萃的女性君主克娄巴特拉七世。危急关头，她通过自杀的方式避免受辱于罗马人之手，死后却仍旧无法避免被玩弄的

---

[1]　Jean-André Rixens，法国画家，擅长东方题材。

图 32　油画《艳后之死》，让·安德烈创作于 1874 年

命运，像个虏获来的战利品那样将精致的皮囊艳俗地呈现在世人面前。

　　依照被后人概括为"东方学"的文化逻辑，让·安德烈加入到了不断对埃及艳后形象"故事新编"的历史讲述者行列当中。除了自杀身亡的克娄巴特拉，还有一种以尸体形式存在的古埃及人形象经常浮现于西方人的文化想象，那就是木乃伊。不同于埃及艳后代表的性趣味，木乃伊这一文化符号体现了一种由西方强加在现代埃及身上更阴暗、更邪恶的身体政治（body politic）。

拆解木乃伊

克娄巴特拉的遗体下落成谜，不过种种迹象显示，托勒密王朝的统治者虽然属于"外国法老"，却接受了埃及人死后将自己制成木乃伊的传统，那个时代埃及希腊籍的上流社会人士甚至将这种习俗演化成为了一种流行时尚。托勒密王朝公认的马其顿祖先亚历山大大帝死在远征波斯的路上，他的遗体就被制成了木乃伊[1]。亚历山大大帝的朋友兼下属托勒密在埃及建立属于自己的王朝后，把他的遗体转移安葬到刚落成的亚历山大城东郊，²随后又有多位托勒密王朝的王室成员被安葬在亚历山大大帝身边。埃及艳后自杀后，屋大维率军进入亚历山大城。据说，他曾亲自拜谒过亚历山大大帝的陵墓，同时却拒绝向托勒密家族的陵墓表示敬意，因为战败者没有资格得到胜利者的尊重。无论成了亚历山大城新主人的屋大维采用了什么方式安葬克娄巴特拉，她的遗体都没能保存下来，世人因此只能通过若干世纪以来艺术家的创造揣摩埃及艳后的真容。

---

[1]　亚历山大大帝死于公元前 323 年 6 月 10 日，尸体被制成木乃伊，托勒密统治埃及后将他移葬到海港城市亚历山大的陵墓中，这座城市因此得名。目前明文记载最后见过亚历山大木乃伊的人是屋大维，从那以后，他的遗体和陵墓便不知所踪，至今没有定论。

有赖于制作木乃伊的独特习俗，很多古代埃及人的遗体得以保存至今。可靠证据表明，古埃及人很早以前就发明了用涂抹油脂以及亚麻布条缠裹的方法防止尸体腐烂的技术，而且由此衍生出了一套属于古代埃及的独特文化。今天的人提到埃及，首先想到的大多都是木乃伊。

公元前 5 世纪，希罗多德[1]似乎有幸见过刚刚制作完成，还没有缠上布条的木乃伊；也有可能，他见到的是重新被解开布条的木乃伊。面对木乃伊保存完好，甚至连睫毛都没有掉落的面容，这位古希腊学者惊叹不已。经过百般盘问，周围的埃及人终于告诉希罗多德（当然是用希腊语），根据收费标准不同，木乃伊的制作方法大致有 3 种。³收费最高的方法首先要由负责制作木乃伊的祭司在尸体腹部左侧开个小口子，把内脏掏空，脑子则要借助特制的钩子从鼻孔掏出来。掏干净内脏的尸体要被埋在名为"泡碱"[2]的盐类化合物里脱水，这种盐只出产在埃及沙漠的盐湖当中。脱水后的尸体里里外外都要刷上加了香料的防腐油脂，然后用亚麻布缠裹。亚麻布要缠很多层，四肢，甚至每根手指都要单独缠好。今天我们已经知道，这些裹尸布中的一部分来自死者生前的衣物，还有一部分

---

[1] Herodotus，古希腊历史学家和作家，代表作《历史》(Histories)，被称为"历史之父"。

[2] Natron，主要成分是碳酸钠。

来自神庙里神像穿的衣服。古埃及人的标准服装包括裹身裙[1]、上衣（dress）和披风（mantle），给神庙里的神像穿衣服则属于祭祀仪式的重要环节。祭司们每天都要按时给神像换下旧衣服，穿上新衣服，换言之，古埃及神像身上穿的衣服每天都是新的。⁴一分价钱一分货，价格低廉的木乃伊制作工艺自然也就用不着如此细致烦琐。据希罗多德记载，有一种方法是通过肛门向尸体内部注射松节油。松节油可以将部分内脏溶解排出，同时延缓尸体的腐烂过程。

希罗多德的《历史》在西方世界流传广泛，16 世纪早期，文艺复兴运动让这本书重新受到人们的重视，影响力甚至由此超出了西方的范围。《历史》关于木乃伊制作工艺的记载深入人心，为后世杜撰其他神话传说提供了素材，比如与《圣经》中的约瑟有关的神话，这个神话的主要内容是流落埃及的约瑟死后被制成了木乃伊，然后按照古代埃及的传统习俗安葬。古埃及人处理尸体的工艺异常精细反复，整个过程需要持续 70 天时间，主要目的不但是要长期保存尸体，同时还要让它栩栩如生，这种习俗中蕴含的文化理念与伊斯兰教、犹太教和基督教截然相反。[2]

中世纪和现代早期，全身笼罩着神秘色彩的木乃伊被赋予了新

---

[1] Wrapped skirt，裹在下身的一块布。
[2] 这三种宗教都要求将死者尽快入土为安。

内涵，成为珍贵的药材。中世纪阿拉伯神医阿维森纳[1]就曾声称木乃伊能包治百病，虽然他自己在临床治疗中并没有使用过这种"药材"。5 木乃伊入药的具体方法是磨碎后加入液体搅拌，做成类似沥青的东西，然后直接饮用，这种东西被认为可以治疗胃病和肝病。英语中"mummy"（木乃伊）这个词来自古波斯语"mummia"，本身就有"沥青"的意思。包治百病的木乃伊很快就在欧洲和中东地区间催生出一条稳定的供应链，大家纷纷前往开罗附近的古代墓地挖掘木乃伊，然后把它们切成块，磨成粉，卖到西方。在暴利的刺激下，造假行为无可避免，这个行业顺应潮流发明了用新鲜尸体快速制作木乃伊的方法。为了达到逼真的效果，造假者还要用沥青或焦油给假木乃伊上色。那个时代的街头巷尾充斥着关于假木乃伊的谣言，最耸人听闻的说法是，由于现成的尸体不够用，某些不法之徒干脆直接杀人，然后按最标准的工艺制作木乃伊。为了达到"高仿"效果，假木乃伊上市前还要在地里埋段时间"做旧"。木乃伊造假谣言的此起彼伏终于引起了部分欧洲医生、学者的重视，他们大声疾呼，质疑用木乃伊入药的做法。17 世纪以后，将木乃伊当"药材"吃的热潮终于冷却

---

[1] Avicenna，本名 Ibn Sina，卒于公元 1037 年，伊斯兰先知穆罕默德的御医，他在阿拉伯世界的地位类似于中国古代的神医扁鹊。阿维森纳的《医典》（Canon of Medicine），总结了人类文明出现，特别是西方文明出现以来几千年间逐渐积累的医学知识。有观点认为如果这本书后来没有被翻译回流到西方世界，欧洲现代医学可能就会丧失得以立足的基础。

了下来。按照西方文化传统，木乃伊入药的做法基本等同于不可接受的食人行为，而且将人的身体当作商品的行为本身也是对人类尊严的践踏。正如英国杰出的医生托马斯·布朗爵士[1]所说[6]：

> 木乃伊成了商品，埃及人的祖先被用来治病，高贵的法老成了药材。[2]

托马斯·布朗爵士最主要的担心是这种以践踏人类尊严为代价的买卖如果始终不受约束，最后可能引发无法预料的恶果。受惠于这样的理念，不但死去的木乃伊得到了解脱，活着的黑人也开始得到更多同情，盛极一时的奴隶贸易就此走入低谷。

木乃伊买卖愈发受到关注的背景下，1718 年，生活在哥达[3]的德国药剂师克里斯蒂安·赫兹（Chrstian Hertzog）最早以文字形式记录了一具木乃伊被人拆开布条，肢解后带到欧洲的经历[1]。16 世纪以来，木乃伊成为欧洲收藏领域的一个门类。意大利冒险家彼得罗·德拉·维尔[4]就曾讲述过他在开罗附近的萨卡拉（Saqqara）古

---

[1] Sir Thomas Browne，1605 年 10 月 19 日生于伦敦，1682 年去世。

[2] 托马斯·布朗《医药学和水螨病》（*Religio Medici and Hydriotaphia*）。原书注。

[3] Gotha，德国中部城市。

[4] Pietro Della Valle，生于 1596 年至 1652 年，曾前往东方多地游历，波斯猫是彼得罗最早由今天的伊朗带到西方的。

代墓地用树脂为一具木乃伊的头部做了模型复制品，同时还把 2 具装饰精美，保存状态良好的木乃伊带回欧洲的经历。对当时欧洲皇室贵族和上流社会人士而言，收藏展柜里如果能摆上一具木乃伊，是非常值得炫耀的事情。著名画家鲁本斯[1]就收藏了一具木乃伊，前面提到的基歇尔神甫自己虽然没有木乃伊，却仔细研究过托斯卡纳大公[2]拥有的一具藏品。[8]1705 年，英国外科医生[3]托马斯·格林希尔（Thomas Greenhill）研究了当时可以找到的几乎所有关于木乃伊制作的文献，希望向世人证明古埃及人的尸体防腐技术与西方医学具有同等地位，他的原话是[9]：

> 像医学一样古老而伟大。[4]

托马斯·格林希尔认为，如果英国贵族阶层愿意自己死后也被制成木乃伊的话，出于卫生考虑，承担这项工作的应该是专业医生，而非殡葬工人。

---

[1] Peter Paul Rubens，比利时画家，巴洛克画派代表人物。

[2] The Grand Duke of Tuscany，长期统治意大利佛罗伦萨的美第奇家族封号。

[3] 原文为 surgeon，这个在英语中专指外科大夫而且曾经带有贬义，physican 则专指具有很高社会地位的内科医生，相似的情况在中国历史上也出现过，靠望闻问切治病的中医通常被尊称为"先生"，专治红伤的外科大夫则被称为"郎中"，受到歧视。

[4] 托马斯·格林希尔《防腐的艺术》（*The Art of Embalming*），伦敦，1705 年。原书注。

　　18 世纪以后，医生作为一种职业愈发专业化，针对医生的专业训练也更加系统化，尸体解剖成了他们的必修课。与此同时，科学家也开始注意到欧洲广阔殖民地范围内存在的宗教多样性问题。埃及恰好位于非洲、中东和地中海这三大文化圈的交叉点，古埃及人的文化又以古代希腊和罗马为"跳板"，影响了今天的欧洲人。18 世纪末、19 世纪初，解剖学家非常希望通过科学的手段厘清古埃及人作为一个被"科学"[1]定义的民族，究竟起源于何时何地。拿破仑远征后，欧洲学者比以前更容易从埃及获得包括木乃伊在内的各种文物，这些"战利品"的质量也越来越高。当时这个领域顶级的科学家主要是德国的布卢门巴赫[2]和法国的居维叶[3]，二人根据古埃及人的民族特征对他们的起源作出了不同的猜测——居维叶认为古埃及人起源于高加索人种（caucasian race），布卢门巴赫则认为古埃及人的祖先可能是来自古代埃塞俄比亚，因为古埃及人和这个区域内曾经生活过的其他非洲古代民族具有某些相似性。

　　看似"科学"的民族起源追溯本身也被居心叵测地掺杂了种族

---

[1]　作者这里使用了知识考古学和系谱学的理论，即"科学"作为一种知识同样是被构建出来的，从某种意义上来说，"科学"和被视为它对立物的"宗教"只是一枚硬币的两面。

[2]　Johann Friedrich Blumenbach，德国生理学家和比较解剖学家，1775 年提出了人种的五类划分法。

[3]　Georeges Cuvier，著名古生物学家，提出灾变说，坚决反对进化论。

主义因素，某些民族被理所当然地认为高于其他民族[1]，科学成为了人与人之间互相歧视的工具。18 世纪早期，国际社会成功遏制住了奴隶贸易，科学则成为了逆时代潮流而动的种族主义者们新的突破口。例如，在黑奴制度盛行的美国南方，奴隶主就与某些科学家联手，通过科学的方式，抓住某些民族特征，用来证明非洲黑人充当奴隶的"必然性"和"合理性"。他们得出这种结论的主要依据是非洲黑人在智力方面欠发达，仍然处在人类进化的"童年期"，或者更直白地说，非洲黑人仍然属于原始人类。按照这个逻辑推演出来的最极端理论名为"多源发生说"（polygenesis），它否认人类作为物种的单一性，而是将人类划分为地位高低各异的多个种群。19 世纪 50 年代，几乎把自己的一生都留在埃及的学者乔治·罗宾斯·格列登（George Robbins Gliddon）联手美国亚拉巴马州（Alabama）奴隶主兼医生约西亚·诺特[2]，出版了一套名为《人种》（*Types of Mankind*）的丛书。美国南北战争爆发前的大约 10 年中，这套书反复再版。[10] 丛书的主要内容是以木乃伊骨骼标本和各种古埃及艺术品为依据，证明属于高加索人种的古代埃及人早在很久以前就已经使用非洲黑人[3]充当劳动力，比如料理家务的仆人或耕种田地的奴

---

[1] 高加索人属于白种人，古代埃塞俄比亚人则属于黑人。

[2] Josiah Nott，生于 1804 年，卒于 1873 年。

[3] 原文为"negro"，这个词在英语中具有侮辱性，不能随便使用。

隶等。美国南方更多继承了以古希腊和罗马为代表的西方文化，以及作为它们更早源头的古埃及文化[1]，蓄养黑奴也就"理所当然"。

以今天的眼光来看，这些充斥着种族主义意味的古埃及研究纯属无稽之谈，然而种族主义在 19 世纪的确拥有非常多的拥趸，影响着人们生活的方方面面，当然也包括历史和考古研究。比较解剖学成为了针对人类这个物种的生物学、人类学、历史学和考古学研究的基础，不同民族生理结构方面的微妙差别得到有意识的强化，用以抹杀人类文化的多元性，人为地将其分成三六九等，不管如何排序，采取何种依据排序，欧洲人或高加索人种总要被安放在人类文明的最顶端。

比较解剖学在古埃及木乃伊和人种考古研究方面获得了普遍接受，在 19 世纪晚期甚至演化成了相对独立的学科。类似弗林德斯·皮特里这样的学者通过田野调查搜集到大量骨骼标本，将它们送回英国，以便包括优生学家弗朗西斯·高尔顿[2]在内的同行们深入研究[11]，那些看起来不具备研究价值的骨头则会被集中埋回地下，这种做法成为了其他同类学者田野调查的标准模式。借助比较解剖学获得的数据，以及掺杂了种族主义的科学理论，弗林德斯·皮特

---

[1]　相比北方，美国南方更多保留了以英国为代表的欧洲传统文化，风气方面相对也更加保守。

[2]　Francis Galton，英国科学家和探险家，开创了优生学。

里得出结论，认为史前时代的古埃及文明属于非常低等的类型，直到奈加代时代[1]晚期，某个王室族群从黎凡特地区[2]迁徙到尼罗河沿岸生活，带来各种发明和技术，古埃及社会这才发生了翻天覆地的变化。换言之，依照弗林德斯·皮特里的理论，恰恰是北方白种族群的到来将古埃及人从人类文明的低端状态"拯救"了出来，形成了今天人们耳熟能详的那个古埃及。不仅如此，弗林德斯·皮特里还编纂过一本古埃及艺术品摄影资料汇编，用以展示古埃及人眼中同时代存在于利比亚（Libyan）沙漠、努比亚、尼罗河支流上游、黎凡特沿海，以及土耳其安纳托利亚等地不同人类文明的形象。这些民族曾经长期与法老为仇作对，所以古埃及艺术家往往将他们塑造为被踩在脚下或受到攻击的形象。来而不往非礼也，这些古代民族眼中的古埃及人形象，特别是新王朝时期极力向外进行军事和贸易扩张的古埃及人形象，也和同时代古埃及人的自我定位存在天壤之别。事实证明，古埃及人同样拥有他们自己构建出来的"他者"，具体的构建方法同今天的我们并没有太大差别。对漫长的人类历史而言，分清"我们"和"他们"始终是一个百谈不厌的重要命题。

19世纪末、20世纪初，针对木乃伊的比较解剖学研究达到高

---

[1] The Naqada period，奈加代是尼罗河西岸地名，这里保留了古埃及新石器时代及前王朝时期的墓葬和遗迹，它们代表的历史阶段被命名为"奈加代时代"，范围大致涵盖公元前3500—前3100年。

[2] 暗示他们是白种人。

潮。相应地，针对古埃及的考古研究也达到了前所未有的深度和
广度，人们对古代埃及人的研究兴趣甚至扩展到了人种学分类、
男女性别特征，以及常见疾病。1910 年前后，生于奥地利的解剖
学教授格拉夫顿·史密斯[1]集中研究了多位被埋葬在帝王谷的著
名古埃及法老、王后和祭司的木乃伊。为了回击来自伦理道德方
面的某些质疑，格拉夫顿·史密斯在随后出版的相关专著中这样
写道[12]：

> 现代考古学家的所作所为其实是在将那些木乃伊从古代盗
> 墓贼的现代传人的威胁中解救出来……我们既然已经获得了这些
> 珍贵的历史"文献"，就有责任尽可能充分、细致地研究他们。[2]

格拉夫顿·史密斯专著的核心理念，用他自己的话说，就是
"让赤裸的身体把自己的故事讲出来"。作者符合科学规范的行文方
式让这本书充满了权威性和客观性，就是在这样的氛围当中，格拉
夫顿·史密斯详细介绍了多具木乃伊的肤色，拉美西斯王朝法老们
的高鼻梁（高加索人种的特征），诸位王后们的乳房大小和形状，
甚至她们阴部的生理特征。站在今天更加专业、严肃的研究者

---

[1]　Grafton Elliot Smith，生于英国，后定居澳大利亚，解剖学家和埃及学家。
[2]　格拉夫顿·史密斯《法老木乃伊》(*The Royal Mummies*)，开罗，1912 年。原书注。

立场上，书中那些关于女性生殖器官的详细描写实在让人无法接受。[13] 就像那个时代很多借助解剖学研究木乃伊的学者一样，格拉夫顿·史密斯的成功属于时势造英雄的成功。问题在于，为什么那个时代可以容忍这样的研究存在，这样的做法又会对今天的我们产生怎样的影响？即便这种拆开缠裹木乃伊的布条，仔细把玩他们身体的做法曾经受到过伦理道德方面的质疑，质疑的程度其实也非常有限，而且人们关注的往往也只是那些隶属于法老王室的木乃伊。这些木乃伊之所以得到特别照顾，恰恰是因为他们生前的显赫身份。

很少会有埃及学家关注过那些从木乃伊身上解下来的布条，它们经常会在研究结束后被当成垃圾丢弃，然而购买这些布条却是古埃及人葬礼中花费最高的项目之一，也是最受重视的环节之一。失去布条遮掩的木乃伊随后会接受各种检查，学者们会在他们身上寻找泡碱、油脂等防腐药剂留下的痕迹，还要考察摘除内脏的具体方法和途径。总而言之，这些解剖学家的研究思路本就是参照希罗多德的记述按图索骥。有意无意间，格拉夫顿·史密斯等学者还会将某些木乃伊保存状况一般或糟糕归咎于当年制作者的懒惰或不称职。按照东方学的文化逻辑，古代埃及的匠人们也就被以偏概全地贴上了"不负责任""赚昧心钱"之类的标签。

如果我们能够站在那些古埃及木乃伊制作者的立场上看问题，

就会发现个有意思的现象——对于木乃伊制作，我们自始至终都在自行其是、自说自话，真正的制作者却没有留下任何口头或文献资料。毋庸置疑，古埃及人自己并没有透露过任何木乃伊制作的秘密，因为这是他们的文化所不允许的，然而今天坊间的相关信息却多如牛毛，甚至详细到了如何给尸体缠裹布条，以及什么样的布条才能用于制作木乃伊。不仅如此，我们还知道木乃伊制作过程中用盐类物质进行了消毒和防腐，涂抹了散发香气的油脂，缠裹尸体的亚麻布条来自神像和死者本人的衣服。当年的制作者如此不怕麻烦，就是为了让死者复活并获得永生。为了达到这样的目的，有资格掌握木乃伊制作的秘密，并看到死者最后一眼的人只能是专业祭司。能否严格遵守这个规矩直接关乎死者的利益，我们却不管不顾地把他们身上的布条解开。古埃及人认为，为了获得永生，木乃伊应该被永远藏匿、保护起来，脱离生者的视线，不受世俗的干扰，随便解开木乃伊身上的布条完全与古埃及人的文化习俗背道而驰。当我们把那些木乃伊从沉睡千年的墓穴里挖出来，摆上外科手术台时，就应该作好遭到"报应"的心理准备。

混沌的过去

从较高品位的对异国情调的强烈好奇，到低级下流的色情趣味，各种因素互相纠结，制约了我们对古埃及的想象，被概括为"东方学"的文化逻辑也随之发扬光大。时至今日，东方学的影响力并不仅仅局限于本书前面提到的那些艺术品，大家同样可以在剧院、电影院、展览馆、广告，以及文学作品等领域找到它的影子。上至阳春白雪，下至鸡毛蒜皮，当今社会文化的方方面面无不受到东方学影响。学术领域并非完全与外界隔绝的独立世界，各种埃及学研究团体，无论是早年兴起于埃及的前辈，还是新近出现在欧洲和北美各地的研究院所，他们从事的埃及学研究过去是、现在是、将来也仍然是站在各自立场上的一家之言。借助现代媒体，那些辛苦奔波于埃及各地的考古学家让公众了解到他们的最新发现，公众的关注反过来又提升了这些专家、学者的权威性和重要性，让他们成为唯一有权对过去作出解释的人。同样是借助现代媒体，报刊书籍和公共展览等渠道，这些专家、学者凭借自己掌握的数据、文献和最新考古发现等材料，在广阔范围内构建了一个他们自己眼中的"古埃及"形象，进而获得公众的普遍接受。

学术和艺术往往存在相互促进的关系。例如，法国埃及学家奥古斯特·马利耶特[1]凭借自己的掌握的专业知识，协助威尔第创作了1871年在开罗首演的古埃及题材歌剧《阿依达》。德国埃及学

---

[1] Auguste Mariette，19世纪法国学者和考古学家。

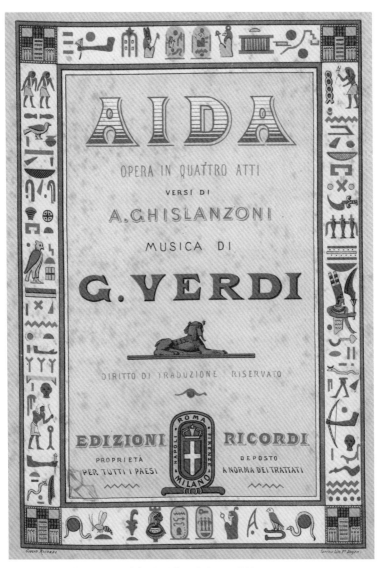

图 33　1872 年出版的歌剧《阿依达》原声音乐乐谱封面

家格奥尔格·埃伯斯[1]则干脆亲自操刀，创作了大量古埃及题材的通俗小说，借此吸引公众持续关注他和他的同仁们在这个领域的最新发现，同时也让枯燥的历史研究变得富有生气。从 19 世纪 60 年代至 90 年代，格奥尔格·埃伯斯以德语创作的《埃及公主》（*An Egyptian Princess*）、《尼罗河的新娘》（*The Bride of the Nile*）和《克娄巴特拉七世》（*Cleopatra*）等作品不断在德国引发热议，还被其他西方国家翻译引进。格奥尔格·埃伯斯富有浪漫色彩的小说内容比较"干净"，适合女性阅读，不过也有很多作品在古埃及的面纱下隐藏了性和死亡的主题，非常具有诱惑性。

　　文学艺术领域的东方学倾向发轫自 19 世纪 30 年代的浪漫主义运动[2]。这场运动的起点是对拿破仑战争带来的沉重灾难的深刻反思，文学艺术领域的个人主义思潮急剧升温，面对现代文明的种种问题，文学艺术作者热衷通过回归自然、远行和流浪等手段激发灵感，或者干脆直接通过对古代艺术和建筑遗迹的参观、借鉴让自己的作品带上复古色彩。置身这样的文化语境，"返归自然"和"回到过去"成为了同义词。1849—1851 年，法国小说家兼剧作家泰

---

[1] Georg Ebers，他发现的埃伯斯纸草书完成于公元前 16 世纪的埃及，是世界上最早的医学专著。

[2] The Romantic Movement，发源于启蒙运动时期，反对墨守成规，注重主观、个性的感受。

奥菲尔·戈蒂耶^[1]携手挚友马克西姆·杜·坎普^[2]参加了法国教育部组织的埃及观光、摄影考察团，他的创作重心由此转向古埃及题材。泰奥菲尔·戈蒂耶著有一本古埃及题材的短篇小说，出版于 19 世纪 30 年代，主要内容是埃及艳后趁着安东尼外出的某个夜晚同埃及仆人偷情。

克娄巴特拉虽已去世多年，却始终没有真正淡出人们的视野。对长期国运衰败的现代埃及而言，她成为了一个颇具东方学色彩的文化符号，同时也成为了众多死亡与性题材故事的主角。泰奥菲尔·戈蒂耶的故事将埃及艳后塑造成一个积极主动、来者不拒的荡妇形象，她的"猎物"则被设计为埃及土著男性。这属于反常规的设计，因为按照东方学的文化逻辑，猎艳故事的主角通常应该是欧洲男性，东方女性只能充当"猎物"，虽然这些欧洲男性有时也可能"遭遇"某些妖艳东方女鬼的主动进攻。

泰奥菲尔·戈蒂耶还写过一篇名为《木乃伊的脚》(*The Mummy Foot*)的短篇小说。故事的场景被设定为巴黎的某个古董铺，一位人缘颇好，有志于写作的时髦男青年来到铺子里，打算买块镇纸。¹⁴外表看上去就像东方人或犹太人的老年店主利用翻找的机会展示了

---

[1]　Theophile Gautier，法国唯美主义诗人、画家和艺术评论家。
[2]　Maxime du Camp，法国著名摄影家。

自己铺子里出售的众多小摆设，比如来自印度[1]的神像，来自墨西哥的小雕像，还有马来人（Malayan）的兵器等。这番铺垫过后，男青年终于看中了一个漂亮的脚丫形小摆件。他起初以为这是某件大的青铜神像留下的残片，神像的脚经过无数崇拜者亲吻、抚摸，才成为闪闪发光的样子。经过仔细观察，男青年终于发现所谓的"残片"其实是来自木乃伊身上的一只真人的脚，原先缠裹它的布条已被解开，不过人脚上还保留着淡淡的勒痕。据老年店主介绍，脚的主人是一位来自荷蒙蒂斯[2]的古埃及公主，他还警告男青年说，公主的父亲，也就是古埃及的法老肯定不希望女儿的脚被人当镇纸用。男青年径自将人脚买回家，洋洋自得地把它安放在一大摞未完成的稿件上，认定自己选的这个镇纸非常漂亮浪漫，别具一格。当天夜里，男青年和朋友在外面大吃大喝后醉醺醺地回到公寓，遇到了奇异的一幕：

> 空气中隐隐约约弥漫着东方香料的味道，挑逗着我的嗅觉神经。房间里的热度让当年那些祭司们制作木乃伊时涂抹在死去公主身上的盐类、沥青和没药[3]逐渐挥发了出来，那味道闻起来甜丝丝的，沁人心脾。这是飘荡了4000年都没能彻底消

---

[1] Hindu，印度古称"横都斯坦"。
[2] Hermonthis，埃及古代地名，位于卢克索以南。
[3] Myrrh，有香味的树脂类药材。

散的香气，就像人们憧憬和向往的那个神话埃及般永恒存在。公主身上的芳香就像花岗岩一样千年不朽。

肚子里灌满了香槟酒的男青年呼吸着淡淡的香气沉沉睡去，梦见那只脚在书桌上活了过来，又走又蹦。突然，他床周挂的纱幔露出一道缝隙，男青年透过缝隙，看到一位咖啡色皮肤，杏仁形眼睛，鼻子却几乎像希腊人一样精致的年轻女士，她就是荷蒙蒂斯的公主。这位公主同她那只遗失了的脚聊起天来，脚向公主报告说几个阿拉伯盗墓贼洗劫了她的坟墓，还把这只脚拿出来当古董出售。此情此景，男青年只得顺水推舟地放弃了他对这只脚的所有权，公主则愉快地把脚装回身上。这之后，公主施展法力，带着男青年游历了古埃及神话中的冥界，面见公主的父亲。男青年趁机请求法老将公主下嫁于他，法老则表示拒绝，理由是这位法国人没有什么本事，只是一个凡夫俗子。梦做到这里，男青年猛地惊醒，发现书桌上的那只脚不翼而飞，取而代之的是一件古埃及护身符，上面用象形文字刻着他在梦中的经历。对男青年来说，拿它当镇纸可能没有那么刺激，却相对安全。

类似这种哥特式[1]的历险无疑非常有意思，泰奥菲尔·戈蒂耶

---

[1] Gothic，这个词有"野蛮"的意思，是文艺复兴时期对中世纪艺术风格的概括和评价，以恐怖、超自然、死亡、颓废、巫术、古堡、深渊、黑夜、诅咒、吸血鬼等为标志性元素。

当年编造这个以拥有精致玉足的古埃及公主为主角的故事时，也难免有虚情假意、胡编乱造的成分。话虽如此，《木乃伊的脚》这种使用来自古代和现代中东地区文化符号的方式仍旧显得过火。[15] 今天的读者可能不会觉得把古玩铺描绘成具有明显的东方或犹太民族特征涉嫌种族歧视，可是给盗墓贼安上阿拉伯人的身份却肯定难免这方面的嫌疑，这种做法时至今日仍然屡见不鲜。无论是类似《木乃伊之夜》这样的好莱坞电影大行其道，还是具有右翼政治倾向的新闻连篇累牍，或者某些阿拉伯地区的连年战乱（战乱的起因既有阿拉伯世界自身的历史问题，也有西方插手的问题），背后其实都有民族歧视的因素作祟。

泰奥菲尔·戈蒂耶故事里的那位男青年对来自埃及的诱惑毫无抵抗力，诱惑的具体形式表现为那股隐约的香气，香气弥散 4000 年的持久力，当然还有来自异国的美女。这位异国美女肤色黝黑，却有一只近似希腊人的鼻子，让西方人感觉既熟悉又陌生，恰如那个同样是被西方人自己构建出来的"古埃及"一样，虽然名义上挂着异国的招牌，其实还是立足自身的想象。类似这样的文化逻辑只要定型，似乎就很难再被改变。时至今日，我们仍旧热衷使用各种所谓的地道"埃及"香料给自己的居所增添温馨气息，种类繁多的香水也总要装在所谓"东方式样"的玻璃瓶子里。

有些东西可以始终不变，有些东西却始终都在变化，随着欧洲强国在埃及的经济和军事利益不断增加，水涨船高的焦虑感让西方文学艺术作品中的木乃伊形象变得更加具有攻击性，不再像丢了一只脚的荷蒙蒂斯公主那么友善。[16]19 世纪晚期，英国侵入并占领了埃及。当时的很多英国（这时的英国还包括整个爱尔兰）作家，比如布兰·斯托克（Bram Stock）、阿瑟·柯南·道尔[1]和拉迪亚德·吉卜林[2]等人开始将与某个埃及古迹的邂逅描述为危机重重的历险，而不再是奇异的感官享受。他们笔下的木乃伊掀开了面纱，解开了身上缠绕的布条，主动攻击那些打扰自己长眠的西方闯入者。相应地，现实生活中的埃及人则在以几乎相同的暴力手段反抗那些闯入自己国家的西方人。现实生活中的"日不落帝国"可能对自己的实力满怀信心，然而这个国家文学艺术作品中那些以埃及为对象、险象环生的考古发掘，危机重重的探险旅行，以及关于法老恶毒诅咒的种种流言却暴露了英国人潜意识中的焦虑和不自信。

亨利·哈葛德[3]可能是所有英国作家中最擅长表现此类主题的。他早年在随后成为英国殖民地的南非工作谋生，以这块殖民大陆为背景写过很多比较成功的长短篇小说，比如《所罗门王的宝藏》

---

[1]　Arthur Conan Doyle，福尔摩斯系列小说的作者。

[2]　Rudyard Kipling，英国作家、诗人，出生在印度孟买。

[3]　Henry Rider Haggard，这个人在中国最具知名度的作品就是由林纾翻译的《迦茵小传》。

（*King Solomon's Mines*）、《她》（*She*）及其姐妹篇《阿耶莎》（*Ayesha*）
等。亨利·哈葛德作品的流行让"失落的世界"（lost world）成为
了当时文学艺术创作的热门题材，催生出了科幻小说创作的一个
特殊门类。这类小说的主要情节往往都是某位探险家偶然发现了

图 34　亨利·哈葛德的女性亲属根据他在 1887 年出版的畅销小说《她》的情节制
作的一块刻有文字的陶器残片

一处与世隔绝的小天地，恰恰是因为与世隔绝，这个小天地避免受到现代文明的打扰，仍然保持着某种古老文明的原初状态，成为了所谓"失落的世界"。能够侥幸发现某个"失落的世界"可能是许多考古学家梦寐以求的事，然而文学艺术作品却总是倾向把这种白日梦变成彻头彻尾的噩梦。通常的套路是闯入打破了这个独立小天地本来的平衡，幸运而勇敢的英国探险家还有他们忠诚的土著仆人们因此成为了"过街老鼠"，被"失落的世界"群起而攻之。

小说《她》的主人公是位剑桥大学的教授，他带着英俊的白人保镖雷欧（Leo）穿越了非洲大陆上某个被人遗忘的偏僻角落。白皮肤的女王阿耶莎统治着这个"失落的世界"，她治下的臣民则全部皮肤黝黑，这些人出于避讳的原因不敢直呼女王名姓，只敢用"she"来代称她，"she"可以理解为"必须服从的那个人"（she who must be obeyed）这个短语的简称。由于拥有法术，阿耶莎女王已经在这个"失落的世界"生活了 200 万年，她将教授的保镖雷欧视为自己希腊—埃及混血情人卡里克雷特（Kallikrates）的转世。很久以前，女王因为某件小事发了脾气，于是把这位情人杀死了。阿耶莎女王貌美无双，却因淫乱放荡和睚眦必报而心如蛇蝎。《她》的结尾，这位反面人物理所当然地遭了报应，只不过亨利·哈葛德后来又在小说结尾让她复活了过来。为了让作品的情节更加起伏跌宕，雷欧的身份被设计为卡里克雷特与埃及女祭司阿蒙阿特斯（Amenartes）的儿子，他们把自己的悲惨经历刻写在一块陶器残片上。有意思的是，亨利·哈葛德还真的根据自己小说的情节制作了这样一块陶器残片，他的家人后来把这块残片捐赠给了当地位于诺威奇城堡（Norwich Castle）的博物馆。雷欧虽然拥有部分埃及血统，但是经过希腊血统调和后，却是一个地道的英国人。白皮肤的阿耶莎女王则被塑造成骑在非洲黑人头上作威作福的统治者，这种情节构思其实也呼应了维多利亚时代愈演愈烈的种族矛盾。

亨利·哈葛德还写过一篇名为《史密斯和法老》（*Smith and the Pharaoh*）的小说，这篇小说集爱情、考古和神话于一身，内容涉及伦敦的大英博物馆和开罗的埃及博物馆两座著名博物馆中的众多埃及文物。作者提到的开罗博物馆最近已经搬迁到位于解放广场（Tahrir Square）的新址当中，这个广场原先被称为"伊斯梅利亚"[17]广场（Ismailia Square）。《史密斯和法老》1913年在《史传德》[1]杂志上首次发表，这篇小说沿用了亨利·哈葛德热衷描写的发掘、解剖、展示木乃伊，特别是法老家族木乃伊的老套路。故事的主人公史密斯是一位成功的商人，为了避雨躲进大英博物馆。闲极无聊的他把靠墙放在画廊里的某尊古代埃及女性雕像从头到脚研

---

[1] *The Strand Magazine*，英国历史悠久的文学期刊。

究了一遍，很快发现这尊雕像其实只是一个石膏复制品，原品应该留在开罗，它的发现者就是当时执掌埃及文物部门的那位法国考古学家：

> 我认为，雕像应该是奥古斯特·马利耶特在卡纳克[1]发现的。

意外的发现让史密斯对埃及考古热情高涨，随即便带着几位考古学家前往埃及实地考察。来到埃及的他按常规手续取得了发掘文物的许可，作为交换条件，埃及文物部门可以从史密斯的收获中截留某些他们认为有价值的文物。获得许可的史密斯迫不及待地来到底比斯开始工作，当地皎洁的月色令他陷入了沉思：

> 埃及悠久的历史传说让他陶醉，甚至感到了某种压力。脚下的这片群山当中也不知埋葬着多少逝去的王侯将相、先贤大哲？他们真的已经死去？或者，他们真的如我身边这些埃及农民所说的那样，获得了永生？他们的灵魂此时是否正趁着夜色四处漫游，巡视着自己曾经主宰过的这片土地？

---

[1] Karnac，位于开罗以南 700 公里，拥有埃及最大的神庙遗址。

史密斯的付出获得了丰厚回报，他发现了古埃及第十八王朝最漂亮、最具传奇色彩的女法老玛米（Ma-mee）的木乃伊。发现木乃伊的史密斯取下了女法老一只纤细精致、挂满珠宝的手，解开上面缠裹的布条，把它藏在雪茄烟盒里。回到开罗后，史密斯向埃及文物部门的法国籍主管汇报了此行的成果，还把这个好消息告诉了开罗博物馆的负责人，这位负责人当然也是法国人。通过自己的研究、旅行，以及收集来自英国埃及学家们的道听途说，亨利·哈葛德无疑已经对埃及考古学领域和文物部门的详细情况有了大概了解。

那次会面过后，史密斯顺便参观了开罗博物馆的法老家族木乃伊展区，看着看着便陷入了沉思。等他回过神来的时候，发现博物馆已经关门，只好留在原地和木乃伊们一起过夜。就像泰奥菲尔·戈蒂耶笔下那位主人公一样，史密斯在睡梦中与古代埃及频频邂逅。从玛米到埃及艳后等多位法老纷至沓来，请求这位英国人为他们报仇，洗雪坟墓被人劫掠的屈辱。关键时刻，那只手从史密斯的兜里"啪嗒"一声掉在地上，让他意识到自己其实比盗墓贼也好不到哪去。后来，还是手的主人玛米亲自站出来说好话，史密斯这才洗脱了"盗墓贼"的罪名。女法老声称，史密斯无论参观博物馆、发掘古迹、将工作成果交给博物馆，还是私藏那只手，都是出于对古代埃及最纯粹的热爱。听了她的话，法老们将史密斯的所作所为归结为"无知"，进而原谅了他，同时将盗墓贼的罪名放在了当初负责埋葬玛米的祭司头上。这位祭司在主持葬礼的过程中见识了女法老丰厚的陪葬，因此动了贪念。睡醒后的史密斯发现自己手指上套了一个刻着玛米名字的金戒指，还知道了他们很久以前其实是对真心相爱的恋人，这次重逢后就再也不会分离。不虚此行的史密斯后来对埃及学的热情也就逐渐淡薄了下来。

亨利·哈葛德通过自己的小说，在基本肯定考古学的前提下，对这个领域采用的某些手段、追求的某些目的提出了质疑。故事中的史密斯与女法老玛米很久以前就是恋人，两人矢志不渝的爱情以象征的手法暗示了西方，或者更准确地说，英国占有埃及的"合理性"。从某种意义上来说，考古学研究也是西方占有埃及的一种途径。史密斯在睡梦中与美艳无双、浑身散发馨香的女法老重逢，然而要是没有伦敦和开罗博物馆的展品，这样的重逢就不可能发生。为了给故事主人公的所作所为赋予合理性，作者让法老们以"无心"的理由开脱了他的盗墓罪名，同时找了古埃及祭司充当替罪羊。故事的结尾，故事的主人公对那个奇妙的博物馆之夜仍旧处在懵懂、迷茫当中，这也暗示了西方世界对古代和现代埃及的矛盾态度。一方面，欧洲人理直气壮地侵占着这片土地；另一方面，他们又对自己所作所为的合理性感到焦虑。

图坦卡蒙的诅咒

第一次世界大战过后，战争胜利者们把古老的土耳其奥斯曼帝国敲打得四分五裂，地中海东部及中东地区的战略地缘发生了永久性改变。1919 年，为了追求国家独立，埃及人使用了各种和平或暴力的手段，却没能取得成功。1922 年，对谈判失去耐心的英国政府采取单边行动，向埃及政府有限放权。埃及顺势举行了首次全国

图 35　1922 年 12 月，图坦卡蒙陵墓发现不久后，哈里·伯顿（Harry Burton）为墓室前厅拍摄的照片

自由选举，名为"华夫脱"（the Wafd）的政党脱颖而出。这之后又过了几个月，霍华德·卡特发现了图坦卡蒙陵墓。这座陵墓从未遭到盗掘，几乎保存完好，它被发现的消息很快盖过了政治运动的风头，受到西方和埃及国内媒体的争相关注。对埃及这个刚刚获得名义上独立的国家而言，图坦卡蒙陵墓的重见天日具有特别的象征意义，恰好与这个国家的觉醒和复兴相呼应。当时的埃及诗人们不约而同地动笔为这位早夭的少年法老大唱赞歌，本书第 8 章还要谈到这方面内容。

　　获得重大发现短暂的兴奋过后，紧张空气日渐弥漫，图坦卡蒙陵墓的发现者霍华德·卡特以及他的资助人卡纳冯勋爵[1]就古墓财产所有权问题与埃及文物部门的官员展开连续论战。双方争论的焦点在于，这笔巨大的财富是应该完全上交给开罗博物馆，还是由博物馆和卡纳冯勋爵均分。争论双方其实都已经意识到时代发生了改变，法国人主导埃及政府文物部门和博物馆的情况已经一去不复返。换言之，站起来的埃及人不可能再随随便便把自己国家的财富送给外国收藏者。此次考古行动公布的第一张墓穴的内景照片就显示了图坦卡蒙拥有多么巨大的财富——仅仅墓室前厅便堆积了如此多物品，还有多少放在封闭的墓道大门后面可想而知。[18] 发现图坦

---

[1]　Lord Carnarvon，指第 5 世卡那冯男爵乔治·爱德华·斯坦霍普·莫利纽克斯·赫伯特。

卡蒙陵墓的消息公布后，游客们趋之若鹜，其中也不乏亨利·哈葛德这样拥有特权，可以任意参观陵墓的贵客。他们的造访无疑对这处历史遗迹造成了不同程度的破坏。

卡纳冯勋爵常年患病，1923 年 4 月因突发脓毒症去世。当时，图坦卡蒙陵墓发掘工作的第一阶段恰好临近尾声，向来热衷炒作各种政治丑闻和灵异事件的西方媒体很快就把他的死与图坦卡蒙的报复联系起来，"法老的诅咒"由此成为了热门话题。卡纳冯勋爵的个人悲剧并没能缓解霍华德·卡特与埃及政府文物部门间的矛盾，这方面的消息与卡纳冯勋爵和霍华德·卡特的名字紧密相连，成为了《泰晤士报》关注的焦点。第二阶段发掘开始后，图坦卡蒙的棺盖被打开，埃及文物部门闻讯采取强制性措施，霍华德·卡特的工作被迫中止。一年后，埃及政府内部发生调整，英国趁机攫取了更多利益，霍华德·卡特因此得以带着他的团队重返发掘现场。图坦卡蒙木乃伊很快重见天日，解开尸体身上布条的工作随即被提上议程，媒体也作好了报道准备，所有人对死者似乎都没有任何同情怜悯之心。考虑到最新政治局势，以及人们对这具木乃伊异乎寻常的关注度，霍华德·卡特声称将让图坦卡蒙获得"体面"的对待。通常来说，人们对来自法老家族的木乃伊总要高看一眼，认为他们比普通木乃伊更有理由得到特别关照。霍华德·卡特的话说得非常漂亮，然而实际的情况是，图坦卡蒙是被人凿成一块一块从棺材里取出来的，因为木乃伊某些部位当初涂抹的树脂非常厚，布条吸饱树脂后变得坚硬如铁。摘掉木乃伊头上的黄金面罩时，图坦卡蒙的头和面罩被一起摘了下来，霍华德·卡特和他的同仁们只能用烧红的刀子把头从面罩上慢慢撬下来。为了摘掉图坦卡蒙身上佩戴的戒指和镯子，他的手被掰断了，小腿、脚和骨盆也被拆解得支离破碎，因为这些部位要被取下来单独拍照。

1926 年秋天，被人大卸八块的图坦卡蒙木乃伊被安放在砂质托盘上重新缠好布条，然后又放回到原来的棺材里，只不过当初塞满珍宝的墓室已经变得空空如也。少年法老回到了他的安息之地，然而围绕"图坦卡蒙诅咒"的各类谣言却在随后的几十年中传得沸沸扬扬。[19] 每当能与这次发掘工作扯上关系的人突然离世，人们总会说这是法老的诅咒。20 世纪 70 年代和 21 世纪初，博物馆对图坦卡蒙宝藏举行了一系列展出，引发轰动，人们对这位法老的生平和遗产也提出了新的见解。时至今日，图坦卡蒙仍旧沉睡在自己的坟墓里，原先的棺材却被舍弃不用。2007 年，埃及官方为少年法老配备了一种高科技展柜。展柜内部装有空气调节系统，有利于木乃伊保存，参观者则可以透过玻璃，一睹法老真容。为了向世人展示他所代表的"失落的文明"，长眠中的图坦卡蒙再次受到打扰，暴露在众目睽睽之下。至于法老会不会因此诅咒我们，只有他自己知道了。

第7章

出非洲记

近些年总共有两次，当代媒体通过镜头构建出来的古埃及形象引起社会的广泛关注。引发首次关注的"导火索"是右翼精神领袖默多克[1]的推特（Twitter）账户。2014年11月，他看过好莱坞热门电影《出埃及记：法老与众神》（*Exodus: Gods and Kings*）后发表评论。与此同时，一些推特用户和博客作者却频频指责这部电影的全白人演员阵容。针对这样的指责，默多克发推特反驳说："埃及人为什么就不能是白人！？"不仅如此，他还特别强调说自己认识的埃及人都是白人。另一次引发关注的是2012年女明星蕾哈娜[2]发布的一组照片墙[3]。照片中，热衷文身的蕾哈娜展示了她最新的得意之作——文在身体正面、双翅展开的女神伊西斯形象，而且女神双翅上部的轮廓恰好与这位女歌星双乳下部的轮廓完美重合。除了伊西斯女神，蕾哈娜身上还有两处埃及主题的文身图案，一个是文在她左侧肋部的纳芙蒂蒂半身像图案，还有一个是文在左侧膝盖上的埃及风格神隼图案，与这3个"异域风情"文身搭配的还有阿拉伯风格、古印度梵文和中国西藏风格的多种图案。按照蕾哈娜本人的说法，之所以要在身上文上伊西斯，是为了纪念她的"守护天使"，也就是已经去世的祖母。话虽如此，也有很多人愿意

---

[1] Rupert Murdoch，世界传媒巨头。
[2] Rihanna，巴巴多斯籍美国女歌手、演员和模特，荣获过多项格莱美奖。
[3] Instagram，Facebook 的附带功能，类似中国的微信朋友圈晒图片。

将这三位非洲人物的文身同蕾哈娜的黑人族裔背景联系起来。他们认为，这位黑人美女似乎更愿意得到同类的衬托。鉴于很多白人也喜欢在身上装饰古埃及风格的文身，如果硬要把蕾哈娜身上的图案与种族问题联系起来，可能过于牵强，虽然将问题简单化归因的情况经常发生在黑人，特别是女性黑人艺术家身上。如果我们把蕾哈娜的文身和默多克的推特联系起来考量，就会发现这两件事虽然都披着古代埃及的外衣，本质上反映的却是当今社会日益严峻的种族矛盾。

默多克从自己的社交经验出发，认为，或者应该说乐于认为，现代埃及人都是与他一样的白种人。虽然今天北非和中东地区的许多人的确具有白肤、蓝眼这两个白人或高加索人种标志性的生理特征，可是这个地区在种族方面仍旧属于多元化的融合，历史上的埃及同样如此。古代埃及是一个多元民族的国家，具有不同肤色、面部特征和发质的人都可以笼统地被称为"古埃及人"。当时，这个国家南部地区的居民以黑人为主，生活在紧邻古代苏丹边境地区的努比亚人肤色最黑。就像今天的美国一样，这些黑皮肤古埃及人生活的区域也被他们的同胞视为贫穷、落后的"乡巴佬"专属地。肤色的不同只是问题的一个方面，文化的差异还会进一步加剧种族间的隔阂，包括经济发展不平衡在内的诸多因素也会在此过程中潜移默化地发挥作用，最终形成的矛盾往往根深蒂固。今天的美国虽然早已废除黑人奴隶制度，南非的种族隔离制度也成为历史，然而这两个国家根深蒂固的种族问题却不能说已经得到了彻底解决，古代埃及就是它们的前车之鉴。

看到这里，很多读者可能已经猜出了我要说的话——相比个人的身份背景、喜好偏爱，社会的共同文化记忆决定了我们对古埃及人以及其他古代人类的形象构建。按照这个逻辑，任何人总会从自己的角度出发，把古埃及人理解为与自己肤色相同的同类。就像不少已经失落的文明一样，古埃及文明在种族这个问题上持续引发争议，纯粹的历史学研究往往容易受到不同利益的驱使。18世纪晚期，欧洲人最早形成了关于现代种族和民族的概念，此时的西方强国意识到地中海、红海蕴含的巨大战略价值。与此同时，欧洲人开始通过各种话语构建，比如共济会信仰、艺术创作、娱乐传媒等方式，将古埃及文明纳入自己的文化传承源流。包括希罗多德在内的多位古希腊和古罗马学者曾经将古埃及人描述为黑皮肤、卷头发的埃塞俄比亚黑人。18世纪末至19世纪初，受此影响的西方学者开始尝试在古埃及艺术品中寻找相关线索。这个时期大量涌入欧洲的古埃及文物为他们的研究提供了坚实基础，古埃及人高超的木乃伊制作技术则让学者们有机会能够一睹古埃及人的真容。

古埃及文明对西方文化的意义非同一般，长期以来，对于这笔文化遗产归属权的争论呈现两极分化的状态，有人认为它是纯粹的"非洲—黑人"文明，也有人坚信它是如假包换的"高加索—白人"

文明，类似默多克的情况其实并非个例。事实上，多数人对这个问题的思考都忽略了两个重要因素：首先，"种族"（race）的概念作为一种知识是如何在 18 世纪被发明、构建出来的；其次，曾经的奴隶贸易和西方殖民给非洲人留下的精神创伤，如何让古埃及文明成为了包括流散犹太人[1]在内的非洲黑人族裔强化民族自信心和自豪感的"救命稻草"。

　　本章的开头将集中讨论种族或民族意识如何在潜移默化中影响针对木乃伊的研究，乃至整个埃及学的发展，展示作为一个文化符号的"古埃及"如何被不同话语模式，比如美国废奴运动、今天风生水起的泛非洲主义[2]等，利用和解读。作为文化符号的"古埃及"总能为不同的文化思潮提供构建话语的依据，比如黑人文艺复兴运动就通过文学、艺术的方式将古埃及文明塑造为黑色非洲文化圈的重要构成。在获得独立前的塞内加尔（Senegal），古代埃及帝国的辉煌激励着所有人为国家、民族的命运努力奋斗，因为他们相信，古埃及"祖先"可以取得的成就，自己也可以取得。同样是在古埃及辉煌历史的激励下，塞内加尔学者谢克·安塔·迪奥普（Cheikh

---

[1]　African diasporas，古代犹太王国被罗马帝国灭亡后，有一批犹太人流散到了非洲，演化为黑人犹太人，据说犹太教的最高圣物约柜至今仍然藏匿在埃塞俄比亚境内。

[2]　Pan Africanism，通俗地说就是以民族主义为核心建立全世界黑人及非洲国家的统一战线。

Anta Diop）提出了非洲中心主义（Africentrism），他的学说在美国产生了广泛影响。与此同时，许多艺术家也经常以埃及为切入点，用来表达自己对种族歧视、欧洲中心主义（Eurocentrism），以及作为启蒙运动负面遗产的殖民主义和奴隶贸易等问题的不满。如果从这个角度去想，就可以将前面提到的默多克和蕾哈娜这两个人的做法升华出非常深远的意味，只不过他们的本意未必如此。社会因这两个人的言行所引发的巨大波澜，与其说是为某个"失落的世界"正名，不如说是旧瓶装新酒，趁机表达对当代社会问题的关注。

木乃伊的种族问题

古埃及人到底属于什么种族？这个问题的前提是将"种族"这个概念当作一种客观、固定的知识，不会随语境的变化而变化。至于它的答案，则往往取决于发问者的具体身份和目的。为了搞清楚古埃及人在种族属性方面的复杂性，有必要先说说"种族"这个概念在 18 世纪西方的建构成形。[1]

过去 50 年当中，生物学家和社会学家其实已经放弃了"种族"这个传统的人类群体划分标准，因为外在生理特征，比如肤色、发质、面部轮廓等的异同，并不一定能够证明当事人在基因方面的异同，这个问题的确认有赖于现代科技的检验。事实上，相同的内在基因结构也可以演化出多种多样的外在生理特征。大家已经习惯通过外在生理特征，或者站在特定社会政治立场上，判断某个人群的种族或民族归属，现代 DNA 技术则往往被用来充当强化这种判断正确性的依据。话虽如此，DNA 其实是把"双刃剑"，因为它也可以被用来证明，即便在同一种族内部，基因也可以存在多元性，那是几千年来人类不断迁徙演化的结果，包括黑奴贸易这种被迫的人类迁徙行为。

欧洲人的向外扩张意味着不同种族交往频率的增多，正是在这个背景下，包括瑞典的卡尔·林奈[1]、阿姆斯特丹（Amsterdam）的彼得斯·坎普[2]等西方学者在 18 世纪首次提出了根据不同生理特征划分人类种族的构想。彼得斯·坎普热衷搜集各种人类头骨，这些头骨的来源可能间接来自那些旅行者在全世界范围内的斩获，也有可能直接来自解剖台，供源主要是那些被处死的罪犯。基于对这些头骨的研究，彼得斯·坎普提出了测量头部骨骼轮廓，根据额骨与鼻骨及下颌骨间角度的不同，判断骨骼主人到底是欧洲人、埃塞俄比亚人，还是其他种类非洲人的方法。[2]

彼得斯·坎普提出的方法在当时的西方世界得到了普遍接受。

---

[1] Carl Linnaeus，瑞典科学家，现代生物学分类体系的奠基人。
[2] Pertrus Camper，荷兰科学家，生于 1722 年，卒于 1789 年。

通过将手里掌握的人类头骨和类似梵蒂冈（Vatican）收藏的"贝尔维德尔的阿波罗"[1]等古典时代的"标准"欧洲人雕像互相比较，彼得斯·坎普认为古希腊人在现实主义艺术创作方面达到了登峰造极的地步，现代希腊人在种族方面肯定也属于欧洲人的范畴。在这个基础上，彼得斯·坎普等解剖学家进一步提出了依据头骨轮廓排定种族高下的标准。古典时代的雕像凭借立体感强、棱角分明的面孔被认为是最美的，也是最欧洲的；与此同时，下巴内收或者前额突出在面部形成的明显角度则被认为是不美的，非欧洲的。

彼得斯·坎普设计的划分标准没有考虑到古埃及艺术品，正如前面所说，那个时代的欧洲人对古埃及艺术了解有限，古希腊艺术品相对更容易见到。话虽如此，古埃及人自有古埃及人的长处，他们制作木乃伊的习俗为当时的某些解剖学家提供了更直接的研究途径，这是习惯火化的古希腊人无法企及的。18世纪90年代，德国学者布卢门巴赫出于研究目的，拆解了多具木乃伊，其中不乏专门制作出来出售给早期西方游历者的赝品。这里需要特别说明，"高加索人种"这个专有名词本身就是由布卢门巴赫最早提出的。当年，

---

[1] Apollo Belvedere，古希腊艺术家莱奥卡雷斯创作的太阳神雕像，梵蒂冈收藏有它的大理石复制品。

这位学者在高加索山脉[1]搜集到大量人类头骨，还将其中一具头骨称为自己见过的最漂亮的头颅。

19世纪早期，拆解、研究木乃伊在学者和医生群体中蔚然成风，这些人同时也是现代医学领域的奠基者。当时的社会对直接解剖新鲜尸体仍然存在种种限制，木乃伊则不在受限范围以内，拆解、研究它们对西方学术界而言可谓一举多得。在拿破仑远征埃及，以及随后埃及发生的国内战乱过程中，大量木乃伊被运往欧洲。到19世纪20年代，欧洲学者已经形成惯例，要在拆解木乃伊后，依照彼得斯·坎普首创，随后被法国动物学家居维叶进一步完善的方法测量它们的头骨，从而确定木乃伊的种族。正是在这个时期，拥有英国和意大利双重国籍的医生奥古斯都·波西·格兰维尔[2]在伦敦向英国皇家学会报告中说，自己拆解的一具女性木乃伊具有明显的高加索人种特征。不仅如此，奥古斯都·波西·格兰维尔还声称法国动物学家居维叶也认为古埃及人应该属于高加索人种。与他们的看法正好相反，布卢门巴赫坚信古埃及人在种族方面更接近埃塞俄比亚人，也就是后来所说的"黑人"[3]。3

---

[1]　The Caucasus mountains，位于黑海和里海之间，大致范围涵盖格鲁吉亚、阿塞拜疆、亚美尼亚及俄罗斯南部地区。

[2]　Augustus Bozzi Granville，他完成了世界上首次木乃伊尸检。

[3]　Negroid，如前所述，这个词语具有侮辱性。

众多学者、医生的本意可能真的是对人类种族作出客观、严肃的划分，在启蒙精神的指引下为人类科学增添新的知识。然而，这种知识在具体的实践过程中很快就成为种族歧视的工具。19 世纪 30 年代，生活在美国费城（Philadelphia）的生理学家塞缪尔·莫顿[1]基于对上百具人类头骨的研究，提出了自己的人类种族划分标准。塞缪尔·莫顿的研究对象主要包括美洲土著印第安人的头骨，还有部分古埃及木乃伊的头骨，后者大多来自生于英国的时任美国驻埃及领事乔治·罗宾斯·格列登从埃及收罗的收藏品。借助向来自不同种族人类头骨内部填充铅弹的办法，塞缪尔·莫顿测定了不同头骨的脑容量，进而声称不同种族人类的大脑有大有小，脑容量大的种族当然就更聪明。根据他的测量结果，高加索人种最聪明，美洲土著印第安人只比智力最低下的非洲黑人和澳大利亚土著人稍微聪明一点。[4]

就像居维叶一样，塞缪尔·莫顿也认为古埃及人属于高加索人种。于是，古埃及文明便顺理成章地被划入了高等级人类文明，也就是白种人文明的行列。更有甚者，塞缪尔·莫顿还声称由于不同种族间的差异非常大，人类不应该从整体上划分为一个物种，而应该被划分为几个，这种理论称为"polygenesisi"，也就是人类起源

---

[1] Samuel Morton，19 世纪印第安人研究的权威。

的多源说。以今天的眼光来看，类似这样的"学说"纯属无稽之谈，可 19 世纪中期前后相信它的却大有人在。那个时代同时也是奴隶贸易在南大西洋异常繁荣，美国南方的棉花和烟草种植园大量使用黑人奴隶的时代。塞缪尔·莫顿的学说因此在支持黑奴制度的人群中获得了广阔市场。来自南加州的参议员约翰·卡尔霍恩[1]就依据这个理论提出，包括古埃及文明在内的任何伟大人类文明都必然包含一个精英阶层和一个奴隶阶层，奴隶在精英的领导下劳动有益无害。某些更极端的人则干脆声称黑奴根本就不属于人类，而是另一个物种。同样是在这个时期，西方世界对古埃及艺术品的了解逐渐深入，大家开始意识到古代埃及其实也是一个由不同种族构成的多元社会。为了弥补这个可能威胁白种文明优越论的"纰漏"，古代埃及便被解释为由白种精英统治、黑人充当奴隶的社会，就像当时的美国南方那样。

　　塞缪尔·莫顿去世以后，曾经为他提供木乃伊头骨乔治·罗宾斯·格列登联手来自亚拉巴马州的生理学家兼奴隶种植园主约西亚·诺特，编纂了名为《人种》的巨著。5 这本书出版于 1854 年，广受欢迎，于是在随后 6 年中相继再版了 8 次。乔治·罗宾斯·格列登和约西亚·诺特在这本书里专门用一章的篇幅介绍古埃及，他

---

[1]　John Calhoun，曾出任国务卿，蓄奴主义者，美国宪法精神的奠基人。

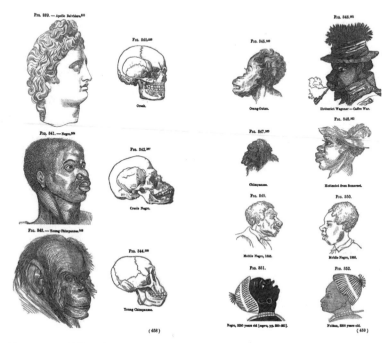

图36　不同种族人类头骨及动物头骨对比图，出自约西亚·诺特和乔治·罗宾斯·格列登撰写的《人种》（1854年）

们沿用彼得斯·坎普的思路，把手里的木乃伊头骨和各种古埃及壁画摹本，以及包括商博良在内的早期埃及学家相关著作中的插图进行了比较。他们认为某些艺术品中描绘的被俘异族士兵成为奴隶，或者非洲黑人被直接贩卖的场景，是古代埃及强大国力无可争议的证明。无论塞缪尔·莫顿、乔治·罗宾斯·格列登、约西亚·诺特等人怎样强调强大的古代埃及帝国是一个白种人文明，他们都无法回避古埃及的白色和黑色人种血统在公元前 2000 年前后发生融合的事实。为了自圆其说，这些人只得强调说发生融合的黑人血统肯定不会来自黑奴，因为古埃及的黑人奴隶严格禁止与拥有更高社会等级的白人通婚。这样的强词夺理反映的其实是 19 世纪中期美国人因为根深蒂固的社会问题所引发的焦虑——那个时代的美国白人最害怕和黑人的血统发生混淆，然而白人奴隶主同黑人女奴间的风流韵事却屡见不鲜。

美国南北战争终结了黑人奴隶制度，乔治·罗宾斯·格列登、约西亚·诺特提出的那种邪恶学说慢慢被扔进了历史的故纸堆，达尔文（Darwin）的进化理论取代多源说获得普遍接受。旧时代的阴霾却没有因此完全消散，很多人仍旧坚信高加索人种是最聪明的种族，黑色非洲从未出现过任何值得称道的人类文明形式。白种人优势的谬论既是一种文化记忆，也是一个现实问题，时不时就会跳出来引发热议。新种族学说的发展有赖于 19 世纪晚期科学的全面进步，不仅是生物学的进步，也包括人类学和考古学的进步。受达尔文启发，学者们开始将由多个种族共同参与构建的人类文明理解为一个始终处于进化当中的过程。问题在于，进化自然就要有先有后、有快有慢，按照这样的逻辑，人们谈到某个异域文明时，往往就会有意无意地加上"原始"或"落后"之类的评价。

弗林德斯·皮特里是当时最具代表性、最有影响力的古埃及考古学家，他提出的某些关于古代人类种族的看法却显得非常离谱。弗林德斯·皮特里研究的史前埃及历史在那个年代属于这个学科的前沿领域，按照他的说法，古埃及人由两个不同族群混合而成，占据社会上层的族群来自北方，被这个族群征服的尼罗河沿岸土著则在更早的时候从南方迁徙而来，北方族群带来了更先进的技术，古埃及文明由此才获得了长足发展。与前面乔治·罗宾斯·格列登和约西亚·诺特的理论不同，弗林德斯·皮特里明确提出了古埃及历史上多元种族相互融合的观点。可是这种看似正确的理论其实也打了"伏笔"，因为它本身包含了种族等级高低的歧视性判断。不仅如此，弗林德斯·皮特里的研究还沿用了乔治·罗宾斯·格列登的方法。他将自己在埃及搜集到的古人类头骨寄给了好友弗朗西斯·高尔顿[1]，后者是达尔文的表弟，在伦敦大学学院[2]6主持优生学研究所的日常工作。同样是借鉴乔治·罗宾斯·格列登的研究方法，弗林德斯·皮特里还给好友寄去了很多能够反映古埃及不同人物形象的古代艺术品照片，用以确定那个时代埃及人的种族构成。

　　针对古埃及的研究在起始阶段便采用了当时最新的种族科学理论，无论研究对象是木乃伊还是古埃及艺术品，这种理论都在潜移

[1] Francis Galton，优生学奠基人，提出了人类进化的群体智慧理论。
[2] University College London，1826 年成立于伦敦的综合性大学。

默化中发挥着作用。弗林德斯·皮特里等研究者坚信，严格依照这样的科学理论，就可以探明事实真相。进入 20 世纪，以这种理论为基础的研究方法日趋完善，进而形成了一套标准流程。每当木乃伊遭到拆解，大家肯定要在他身上卖力寻找那些能够反映种族归属的生理特征。19 世纪晚期，这套流程逐渐得到完善，主要用于人种学研究和犯罪调查的人体测量技术（anthropometric）则被用在了那些古埃及人类头骨或头颅上面。1925 年，图坦卡蒙法老的头颅连同黄金面罩被一起从他的身体上取了下来，研究者趁机把这颗头颅放在木质托盘上，拍摄了许多能够反映头部生理特征的侧面像。今天，借助 CT 扫描和三维造影技术，研究者不再需要亲手拆解木乃伊，就能获得相同的研究效果。2005 年，图坦卡蒙的头部 CT 图片被分别交给了来自美国、法国和埃及的研究团队，由他们各自独立完成对法老相貌的复原。[7] 3 支队伍中只有来自法国的团队知道头颅的主人到底是谁，也只有他们完成的相貌复原图通过媒体获得了广泛传播。法国人复原的图坦卡蒙鼻子挺拔修长，眼窝凹陷，皮肤颜色近似卡布奇诺咖啡。某些研究者声称这样的外貌不具备明显的非洲黑人特征。然而很少有人注意到，来自美国和埃及的团队由于未被告知头颅的主人到底是谁，他们复原出来的法老外貌也就没有法国人的杰作那么惊世骇俗。

　　针对古埃及人的外貌复原很容易在不同种族人群间引发争议，

因为大家都认为自己的复原结果有理有据，不容置疑。事实上，所有此类研究在客观事实的基础上都存在很多猜想的成分，尤其是鼻子的轮廓，嘴唇的大小薄厚，皮肤颜色等通常被认为能够区分种族的信息大多来自主观臆断。有鉴于此，以木乃伊为基础去破解古埃及人种族构成的研究方法其实存在很多问题。这其中最大的问题在于，能够有幸被制成木乃伊保存下来的古埃及人往往来自少数社会精英阶层，针对他们的研究并不能体现古埃及社会的全貌。更何况，仅仅这些少数精英的种族构成就已相当复杂。面对这样的情况，与其费力不讨好地去破解古埃及人的种族构成难题，不如换个思路想想，为什么不同时代、不同族群、不同文化背景的研究者会对这个问题给出如此千奇百怪的答案，究竟又是哪些因素有意无意地制约了他们的研究过程，最终形成了这样的结果？

谜一般的源流

19 世纪，美国人曾先后考量过古希腊、古罗马和古埃及文明，打算把其中之一作为本国立国的文化基础。正是由于这个原因，美国很多城市的名称都套用自相同的古希腊、古罗马和古埃及地名，比如雅典、俄亥俄（Ohio）、孟菲斯（Memphis）和田纳西（Tennessee）等。[8] 对这个新兴国家而言，古埃及的悠久和古老无疑具有很强吸引力，而且这种异域文化也不会带给美国人太多的陌生感，特别是在类似《人种》这样的专著将古代埃及解读为与当时的美国相似的奴隶制国家的前提下。就奴隶制这个问题来说，古埃及其实是把"双刃剑"，一方面象征着奴役，另一方面则象征着解放，因为《圣经》中就有大批希伯来奴隶从埃及出逃，争取自由的记载。[1] 美国黑人奴隶中广为流传的歌曲《去吧，摩西》（ *Go Down, Moses* ）就成功化用了这把"双刃剑"：

> 去吧，摩西
>
> 道路在埃及大地上伸展。
>
> 告诉法老，让我们去吧。
>
> Go down，Moses
>
> Way down in Egypt Land. Tell old Pharaoh，
>
> Let my people go.

如果按照这个逻辑推演下去，古代埃及就成为了那些黑人奴隶和白人废奴主义者共同的精神寄托。古埃及就是这样一个悖论，它的形象始终处在建构和解构当中，既可以将它视为文明的，也

---

[1]　指《圣经·出埃及记》。

可以视为野蛮的；既可以看作自由的象征，也可以看作奴役的深渊；既可以划到非洲的范畴以内，也可以算作地中海沿岸和中东地区的一部分。任何人只要能编出一套言之成理的说辞，就可以把古埃及解释成自己的精神象征；他们的反对者如果也能编出一套言之成理的说辞，则可以"以彼之矛，攻彼之盾"。总而言之，被后人构建出来的古埃及形象始终不那么牢靠。相对而言，世人对古希腊的看法似乎更加趋同，也更加稳定。这并非因为我们对古希腊的认识更加"准确"，而是因为围绕这个文化符号的争议比古埃及要少。

历史上的美国黑人切身感受过奴隶制度带来的苦难，奴役与被奴役的双方基于自身诉求构建出了截然相反的两个古埃及形象——奴役的地狱和自由的天堂。索杰娜·特鲁斯[1]是位通过出逃获得自由的黑奴，她后来经常返回美国南方，说服、率领其他黑奴奔赴北方寻求自由，用她自己的话来说，这样的做法就是在重演"出埃及"的历史。以奴隶的身份出生的美国黑人废奴主义者海兰德·盖瑞特（Highland Garnet）和弗雷德里克·道格拉斯[2]站在自己的立场上将古埃及解读为自由的灯塔，声称这个国家最初的建立者就是《圣经》

---

[1] Sojourner Truth，原名伊莎贝拉·范瓦格纳，美国非洲裔女性福音派传教士和废奴主义者。

[2] Frederick Douglass，19世纪美国废奴运动领袖。

记载的亚伯拉罕（Abraham）的儿子含[1]，大家普遍认为他的身份也是黑人。美国黑人医生兼历史学家马丁·罗宾逊·德莱尼[2]对此也持相似观点，甚至主张他的黑人同胞们（当然仅限男性）应该加入共济会，因为这个组织在 18 世纪和某些美国黑人社团存在渊源。9 南北战争结束后的很长时间里，美国黑人继续忍受着歧视和不公，而且受种族主义影响的范围也不再局限于原来的南方地区。20 世纪 60 年代，美国南方最极端的白人种族主义者开始直接用私刑处死黑人；面临经济困难的北方则采取限制就业，乃至种族隔离等手段让黑人的生活暗无天日。面对这样的窘境，类似共济会或教堂的社团，或者古代强大的埃及和现代独立的埃塞俄比亚等文化符号就成为了美国黑人在白人占据主流的社会中用以增强凝聚力和自豪感的精神象征。

　　选择某个古代或现代非洲文化符号作为自己精神象征的并非只有美国黑人。20 世纪初，非洲黑人已经流散到了世界各地，特别是那些曾经存在黑人奴隶制度的国家和地区，比如西印度群岛（the West Indies）和南美等。1884 年，欧洲列强及少数非洲国家在

---

[1]　Ham，作者此处说法似乎有误，按《圣经·创世纪》记载，含应该是诺亚的儿子，亚伯拉罕没有叫此名字的儿子。

[2]　Martin Robison Delany，1812—1885 年，早年从军，后来成为了医生、作家和记者。

柏林召开会议，意在形成瓜分非洲的统一战线。1900 年，首届泛非大会[1]在伦敦召开，与会代表来自美国、英国、加勒比地区（the Caribbean）和埃塞俄比亚（当时非洲的两个独立国家之一，另一个是利比亚）等地。与会代表主张西方列强采取相应的改革措施，给予非洲殖民地国家必要的尊严，美国黑人知识分子的领军人物杜波依斯[2]的提案受到代表们的广泛关注。直到第一次世界大战结束，泛非洲会议才得到再次召开的机会，此次会议将"泛非洲"的基础定义为非洲共有的文化认同，古代埃及和现代埃塞俄比亚再次成为全非洲的榜样和标志。正如杜波依斯在他出版于 1903 年的经典著作《黑人的灵魂》[3]中所说的那样 10：

> 黑人奴隶制度的历史阴影已经被现代埃塞俄比亚的奇迹和古埃及狮身人面像的光芒驱散了。[4]

按照泛非洲会议提出的构想，如果所有非洲人及非洲裔人士能

---

[1] The First Pan African Conference，截至目前总共开过 7 届，最近一次是在 1974 年。
[2] Web du Bois，威廉·爱德华·伯格哈特·杜波依斯，美国非洲裔历史学家，哈佛大学博士，泛非运动创始人，组织召开了第 1 届泛非大会，1959 年访华，1961年加入美国共产党。
[3] The Souls of Black Folk，这本书人民文学出版社 1959 年已翻译引进。
[4] 杜波依斯《黑人的灵魂》，芝加哥，1903 年。原书注。

够以这种文化认同为基础，更有效地团结起来进行斗争，大家就可以改善各自的生存状况。事实上，包括国家在内的任何组织都需要以共同记忆作为将人们凝聚起来的"黏合剂"。伟大的古埃及文明因此顺理成章地成为泛非洲运动高举的旗帜，被认为是白人文明无法企及的成就。

受泛非洲主义影响的很多美国艺术家、作家和演员开始通过各自的方式就美国黑人问题发声，由此在 20 世纪 20—30 年代形成了名为"黑人文艺复兴"的松散联盟。这场运动的策源地是纽约及周边地区，后来很快扩展到美国全国，很多运动参与者纷纷借助古代埃及的伟大成就激励当代美国黑人自强不息。[11]黑人文艺复兴本质上属于现代主义运动的范畴以内，与欧洲同时期的现代主义艺术家和作家存在紧密联系，后者也经常借助非洲或其他古代人类文明这样的文化符号表达自己的思想主张。

阿陇·道格拉斯[1]、梅特·沃里克·富勒[2]和洛伊丝·梅洛·琼斯[3]三位艺术家非常善于在各自的创作中融入古埃及元素。梅特·沃里克·富勒是前面提到的杜波依斯的朋友，还是罗丹[4]的

---

[1]　Aaron Douglas，美国黑人画家和艺术学教授，黑人文艺复兴运动的核心人物。

[2]　Meta Warrick Fuller，美国黑人雕塑家。

[3]　Lois Mailou Jones，美国黑人女性画家和教育家。

[4]　Auguste Rodin，法国著名艺术家，代表作雕塑《思想者》。

崇拜者。1921 年，他在纽约的军械库艺术展[1]展出了一尊名为《觉醒的埃塞俄比亚》（*Ethiopia Awakening*）的青铜雕像。[12]这次艺术

图 37　青铜雕像《觉醒的埃塞俄比亚》，梅特·沃里克·富勒完成于 1914 年

[1]　The Armory，创始于 1913 年，举办地点是纽约哈德逊河畔的一座废旧军械库，故名。艺术界普遍认为 1913 年的军械库艺术展是美国艺术腾飞的原点，世界艺术的中心自此从巴黎转移到纽约。

展的主题为"美国制造"(*America's Making*），意在集中展示美国这个"种族大熔炉"的多元文化，杜波依斯协助设计了其中能够体现美国黑人文化传承和贡献的展区。梅特·沃里克·富勒创作的雕像被安放在一个装饰有吉萨胡夫金字塔和狮身人面像的小亭子里，意在说明独立的埃塞俄比亚不仅是美国黑人的精神寄托，也是历史上所有被轻蔑地称为"黑鬼"(Negro）的人们的精神寄托。雕像被塑造为一位头戴古埃及法老冠冕的非洲女性，她的下半身则设计为缠裹着布条的木乃伊造型，意在说明新的希望从旧的历史中凤凰涅槃、浴火重生。作者之所以以"埃塞俄比亚"而不是"埃及"为雕像命名，暗示了这两大非洲文化符号的相似性和关联性。埃塞俄比亚（古代希腊和罗马的作者将埃塞俄比亚称为"sub-Saharan Africa"）和埃及都拥有悠久的历史，也都取得过令世人瞩目的成就。埃塞俄比亚后来虽然成为了基督教国家，却大量汲取了来自古埃及的宗教文化。20 世纪 20 年代，这个国家面对西方列强，在拉斯·特法里（Ras Tafari）的领导下坚决维护主权。1930 年，拉斯·特法里加冕称帝，成为海尔·塞拉西（Haile Selassie）皇帝，这个名字的意思是"三位一体"(The Power of the Trinity）。

洛伊丝·梅洛·琼斯同样倾向在自己的创作中使用埃塞俄比亚元素，而不是埃及元素。在她 1932 年名为《埃塞俄比亚的崛起》(*The Ascent of Ethiopia*）的油画中，黑皮肤的古埃及女法老或女神的半

图 38　油画《埃塞俄比亚的崛起》，洛伊丝·梅洛·琼斯创作于 1932 年

身侧面像占据画布的右侧下半部，日月星辰合体构成的艺术形象在
画布左上角熠熠生辉，几个非洲黑人正沿着由女法老或女神以及几
座小金字塔构成的"阶梯"向上攀爬，"阶梯"的顶端矗立着摩天
大楼等现代文明标志，摩天大楼周围还出现了英语的"艺术"（art）、
"音乐"（music）和"戏剧"（drama）三个单词，点出了黑人文艺
复兴波及的几个领域。[13] 油画的作者曾专门向梅特·沃里克·富勒
表示感谢，因为后者的作品为她提供了灵感。更有意思的是，这两
个人的作品虽然都以"埃塞俄比亚"为题，却又不约而同地出现了
象征古埃及文明的元素。

　　非洲黑人奴隶被裹挟到美洲这片新大陆以后，这些人连同他们
的后代始终无法获得主流白人社会的接纳，古埃及因此成为了这些
人精神上的"家园"，让他们在黑暗中看到些许光亮，同时也可以
通过这一精神寄托传达内心的哀愁。1920 年，黑人文艺复兴运动
中最著名的作家和诗人兰斯顿·休斯[1] 创作了名为《黑人谈河流》
（*The Negro Speaks of Rivers*）的诗追忆那些逝去的家园，这首诗以
《圣经》中记载的乐土开篇，自然而然过渡到非洲的悲惨历史，最
后以美国收束全诗。按照这首诗的说法，人类历史中几乎所有著名
河流都能和那些被称为"黑鬼"（Negro）的人联系起来，比如伊拉

---

[1]　Langston Hughes，被称为"黑人民族的桂冠诗人"，马丁·路德·金的著名演
讲《我有一个梦想》就受到过休斯作品的启发。

克的幼发拉底河，西非的刚果河（the Congo），连接南北美洲的密西西比河（the Mississippi），当然还有埃及的尼罗河以及与这条大河紧密关联的金字塔。事实上，诗中故事讲述者的身份就是一位不知名姓的金字塔建筑工人。借助这一系列意象的使用，兰斯顿·休斯成功将黑人文化拉进了西方文明的"核心地带"。不管出于何种目的，过分抬高黑人文化在人类历史中的地位确实有失公允，过分贬低这个群体的作用当然也欠妥当。而作为人类历史的重要构成，无论吹捧也好，贬低也好，众多黑人用生命书写的史诗始终都像大河那样源远流长，宠辱不惊。

黑色国度

废奴运动兴起后的几十年当中，古埃及逐渐被美国黑人塑造成了他们的精神家园。特别是在被称为"爵士乐时代"（jazz age）的20世纪20年代，图坦卡蒙陵墓的重见天日无疑又为这股热潮打了一针"强心剂"。第二次世界大战结束后，非洲殖民地国家相继脱离英、法等西方宗主国获得独立，此时的他们异常需要重写，或者更精确地说，"篡改"这块大陆的历史，以便构建新的文化认同。正是在这样的历史背景下，原先的罗德西亚（Rhodesia）依照国内新发现的古代遗迹名称更名为"津巴布韦"（Zimbabwe）。作为原法国殖民地的塞内加尔，它的立国理念则大多来自起源于 20 世纪 20 年代法语文化圈的"黑人认同运动"（Négritude）。该运动的核心理念在于提高黑人的成就感，反对殖民主义。就像黑人文艺复兴运动一样，黑人认同运动同泛非洲主义渊源颇深，却在理念和运作方面保持着相对独立性。第二次世界大战结束后，全球政治形势发生巨变，这种独立性也就表现得更加明显。

20 世纪 50—60 年代，德高望重的塞内加尔物理学家、历史学家，偶尔也参与政治的谢克·安塔·迪奥普出版了一系列著作，号召非洲构建统一的文化体系。这种思想无疑脱胎自泛非洲主义，它将所有土著非洲人视为上百万年来在社会、政治、语言等方面紧密相连的大民族，这个大民族的历史最早可以追溯到古埃及时期。谢克·安塔·迪奥普本人亲身经历过法国对塞内加尔殖民统治的最后阶段，对法国历史文化有非常深入的研究，这样的经历让他形成了一种以种族主义反种族主义的极端思路，包括塞内加尔在内的很多非洲国家面临的问题因此被简单理解为黑人与白人的二元对立。谢克·安塔·迪奥普提出的理论与黑人认同运动的不同之处在于，前者更强调当代非洲的文化自信，同时主张借助非洲深厚的历史文化传统，以及不同民族间存在千丝万缕的联系等优势因素，让这片土地变得更文明、更发达、更稳固，有别于曾长期压迫、利用非洲的西方文明。塞内加尔首任总统利奥波德·桑戈尔（Leopold Senghor）

也是这种理论的倡导者。

为了给自己的主张提供支持，谢克·安塔·迪奥普经常使用经过选择或过于牵强的论据，例如通过语言发音上某些似是而非的相似性"证明"塞内加尔人是古埃及人迁移到西非地区后留下的子孙。[14] 总的来说，谢克·安塔·迪奥普提出的理论具有非常强烈的主观色彩，这种情况在他涉足政坛后便显得尤其突出，然而这却并不影响他在普通民众中获得大量支持者。时至今日，这样的理论仍然拥有广泛市场，很多西非国家不约而同地声称自己是古埃及移民的孑遗。其实这种做法很大程度上是为了以某种特殊的方式"记忆"，或者干脆说忘掉西非和中非由于历史上的奴隶贸易造成的矛盾和分歧，古埃及人溯塞内加尔河而上，四处迁徙、最终定居的历史则成为了弥合伤痕的良药。

1974 年，谢克·安塔·迪奥普早期撰写的两本专著被合成一本翻译成英文，并以《非洲文明的起源——历史或传说》（*The African Origin of Civilization: Myth or Reality*）的全新书名出版。由于恰逢黑人人权运动的高潮，这本书在白人世界，特别是美国获得了广泛影响。正如本章前面所说，美国黑人很长时间以来始终将古埃及视为自己的精神故乡，虽然他们具体的做法可能显得间接而隐晦。当时，已经有多位非洲裔美国历史学家出版专著，强调古埃及文明对世界历史的贡献，比如古希腊文化与古埃及文化间的传承关系等。还有某些学者明显套用了谢克·安塔·迪奥普的思路，声称古埃及人以及某些古代非洲黑人要比哥伦布（Columbus）更早航海抵达美洲。《非洲文明的起源——历史或传说》基本可以被视为对这些思想的归纳和总结，它们随后被冠以了"非洲中心论"的名号。到了 20 世纪 80 年代，谢克·安塔·迪奥普联手他的同道莫勒菲·凯特·阿桑特[1]进一步将非洲中心论的提出视为对以欧洲中心论为基础构建出来的历史文化体系的矫枉过正，[15] 明确将古埃及文明认定为黑种人建立的文化，主张用"Kemet"这个词重新命名古埃及文明，它的意思是"黑人国度"（the black land）。美国黑人无时无刻不在渴望得到主流社会的尊重和认同，这种跨时空、跨地域对古埃及"认祖归宗"的行为则试图将受主流历史忽视和遗忘的非洲摆在与西方同等重要的位置上。

　　非洲中心论在学术圈不乏支持者，催生出了不少思想和主张。这种理论诞生在学院里，产生和传播过程严格遵循了各种学术规范，然而它并不仅仅是一种局限于"象牙塔"内的空想或学说。事实上，非洲中心论在中小学和博物馆已经获得了普遍认同，很多中小学老师习惯借助这种理论去提升那些非洲裔或其他有色人种学生的自尊心和自信心。就像前面所说的那样，这种理论如果走了极端，

---

[1] Molefi Kete Asante，美国天普大学教授，黑人学者。

就会陷入以一种种族主义反对另一种种族主义的谬误，变成针对白人的以暴制暴。话虽如此，这种理论的提出仍然让我们意识到非洲对人类历史的巨大贡献。理解这种理论的内在逻辑和产生背景，则可以让我们想清楚为什么某些特定时期和地域的非洲历史今天会被翻出来"故事新编"。总的来说，以古埃及为精神家园的非洲中心论对当今社会所起的作用还算正面、积极。

1987 年，白人历史学家马丁·贝尔纳[1]的专著《黑色雅典娜：古典文明的亚非之根》（*Black Athena: The Afroasiatic Roots of Classical Civilization*）出版后，¹⁶ 非洲中心论在美国成为众人热议的话题。马丁·贝尔纳是英国埃及学家阿兰·加德纳（Alan Gardiner）的外孙，这位埃及学家在图坦卡蒙陵墓的挖掘初期阶段承担过某些次要工作。马丁·贝尔纳是位汉学家，《黑色雅典娜》起初只被他当成"副业"，没想到最终却连续撰写了 3 册，成为出类拔萃的学术专著。某种意义上来说，这本书蕴含着一股"别开天地，自成一家"的野心。

马丁·贝尔纳撰写《黑色雅典娜》的前提假设是将西方古埃及文化研究的起点安放在 18 世纪的启蒙时代，认为这种研究诞生伊始便受到了成形于 19 世纪至 20 世纪初的现代种族理论影响，本书

---

[1] Martin Bernal，出生于伦敦，美国康奈尔大学政治学教授，《黑色雅典娜》目前已有中文版。

在撰写过程中其实也作出了相似的前提假设。这样的观点在今天看起来平淡无奇，当年却具有惊世骇俗的意味，因为过去的学者在接受某种知识时很少会去反思这种知识的构建过程。马丁·贝尔纳较早意识到学术圈，特别是德语学术圈存在的这个问题，意识到某些外部因素可能影响到了前辈学者对黎凡特、叙利亚和土耳其东南部等西南亚地区的认识，同时也让他们忽视了古代埃及与古代希腊间的历史渊源。要知道，那个时代的埃及人控制着地中海沿岸东部等广大地区，他们向这些地区输出的不只是货物，同时也有文化。据马丁·贝尔纳自己回忆，《黑色雅典娜》这个书名其实是他的出版商起的，言简意赅地象征了白人欧洲文明的古典希腊和黑色非洲间千丝万缕的联系。

马丁·贝尔纳从不认为自己是一个非洲中心主义者，许多信奉这种理论的学者和社会活动家却把他归为同道。这种现象本身也是种建构的过程——某位白人学者被强行接纳进了似乎与他持有相同观点的团体，后者则可以利用前者的身份增强非洲中心论在西方主流社会的说服力。鉴于"种族"只是某种特定历史文化背景中构建出来的知识，无法反映生物界的真实情况，包括马丁·贝尔纳在内的很多埃及学家已经开始拒绝按照这种分类标准对人群作出划分。正如公众对《黑色的雅典娜》问世的反应所体现的那样，古埃及人的"种族"往往取决于研究者自己的种族，因为种族问题归根结底是现代社会的问题，而非古代社会的问题。

古典学家[1]、考古学家和埃及学家针对马丁·贝尔纳的研究提出了很多质疑，认为他对古代地中海沿岸跨文化交流规模的估计过于保守。欧洲人并非出于恶意要去抹杀非洲和中东地区对希腊本土和沿岸岛屿，以及黑海海域内众多岛屿历史文化形成的重要意义，可是18—19世纪包括希腊、德国等现代欧洲国家的建立，还有相关共同文化想象的形成，需要西方人为地在地中海里划上一条南北分界线。没有任何"知识"可以做到绝对客观真实，它们都是特定文化语境的产物。古典学家和埃及学家因此可以为法西斯德国所用，20世纪90年代洛杉矶持续的种族冲突也曾打过非洲中心论的旗号。即便是最纯粹的学术研究，完全相同的论据和观点在不同的语境中也可能起到相反的作用。今天的我们必须意识到"知识"本身也是一种建构的产物，多种学术以外的因素可能在这个建构过程中发挥作用，"知识"只有在生产它的语境中才是"正确"的，如果换个语境，真理就可能变成谬误。关于共同文化记忆构建的理论反复提醒我们，当我们试图以某些因素为基础构建某种"知识"时，必然也要同时有意无意地舍弃一些因素。无论将古埃及文明解读为黑人的或白人的，非洲的或欧洲的，任何针对这种被"我们"失落

---

[1] Classicist，这个词在西方指专门研究古希腊和罗马历史文化的学者。

了的文明下的结论，其实都是站在"我们"自己的立场上自说自话。

　　20 世纪 80 年代至今，非洲裔美国艺术家弗雷德·威尔逊（Fred Wilson）创作了众多艺术品，在博物馆举办了若干次展览，意在引起大家对某些被社会有意遗忘的文化记忆的重视，比如美国奴隶制的历史。为了响应 1992 年的开罗双年艺术节（Cario biennale），弗雷德·威尔逊创作了名为《拉神：主宰埃及》（Re: Claiming Egypt）的展品。这件作品将很多古埃及元素的石膏构件，和类似旅游纪念品、书本、衣物等日常生活用品有机结合起来，主题则强调了古代埃及的黑非洲属性。弗雷德·威尔逊通常不会直截了当地支持非洲中心论，不过他的作品往往很容易把大家的思路往这个方向引。例如，他创作的名为《灰色地带》（Grey Area）的作品就表现了 19 世纪种族理论成型后造成的黑人与白人两极分化的问题。这件作品将 5 个纳芙蒂蒂石膏半身像（前面提到的蕾哈娜将她作为文身图案）并排摆成一行，头像的颜色按顺序从白色逐渐过渡到黑色。这个形式的作品弗雷德·威尔逊还创作过一个棕色版本，目前保存在纽约布鲁克林美术馆（the Brooklyn Museum of Art）里，头像颜色照旧是按顺序从象牙白过渡到黑色，看起来的就像是块比色板。

　　通过这组群雕，弗雷德·威尔逊意在说明基于各自的文化认知和传统，大家对古埃及人肤色的想象可能千差万别，群雕的名称《灰色地带》则暗示了在我们自认为客观、清晰的历史中其实永远

图 39　弗雷德·威尔逊 1993 年创作的群雕《灰色地带》（黑色版）

存在着说不清、道不明的"灰色地带"。历史当然包含有很大的客观成分，但同时也掺杂了许多想象的成分。至于这些想象成分的具体情况，则取决于想象者的具体身份。面对可能永远讲不清楚的古埃及历史，与其过分纠结到底谁讲的故事是对的或错的，不如换个思路，想想故事的讲述者为什么要这样讲故事，哪些社会文化因素在这个过程中发挥了作用。无论故事的讲述者是坚信古埃及人都是白人的默多兄，还是 2008 年加纳（Ghana）非洲杯夺冠，为了庆祝胜利，模仿自己祖先"真实"的样子，按正面律姿势行走的埃及国家足球队队员，与其过分关注他们讲了什么、做了什么，不如掉过头来反思一下他们为什么要这样讲、这样做。[11]

　　大家对于文化遗产的认识无可避免地总要和公共政治或个人政治，也可以说个人认知的因素相互纠缠。多数人对埃及的了解往往都是片面的，谈不上准确、客观。如果多数人对那个国家的了解仅仅来自自己国家首都矗立着的方尖碑，那也就可以理解为什么西方主流媒体会把非洲黑人问题、流散犹太人问题，与古埃及混为一谈。日复一日，我们热衷争论古埃及人的皮肤到底是黑还是白，这个古代文明到底应该算在西方文化还是非洲文化的范畴，却好像有意无意地忘记了从 19 世纪至今，现代埃及人立足本国文化遗产形成了自己的文化认同，构建出了他们心目中现代埃及人应有的形象。至于这个形象到底是什么样子，我们似乎并不在意。

图 40　弗艾尔·泽特（El Zoft）2012 年在开罗街头的贴纸涂鸦

第8章

与历史相遇

涂了颜色的纳芙蒂蒂石膏半身像成为某种不稳定的文化符号，多数时间可以被视为古埃及的象征，无论被人文在身体上还是陈列在画廊里都是如此，然而近年，这个文化符号却成为示威抗议者的旗帜。2012 年 9 月，埃及街头艺术家艾尔·泽特在埃及城区穆罕默德·马哈麦德街（Mohammed Mahmoud Street）的临街墙壁上贴上贴纸，作为对当年示威游行者创作的涂鸦的补充内容。这条大街通往解放广场，广场在 2011 年 1 月和 2 月见证了盘踞宝座 30 年的穆巴拉克（Hosni Mubarak）总统统治的最后时刻。穆罕默德·马哈麦德街以及开罗的其他地方都保留着示威抗议者创作的涂鸦，主题大多都是嘲笑、讽刺穆巴拉克总统和埃及军方，因为他们联手对当年的示威抗议进行了持续镇压，很多人因此丧命。[1]

那场政局巨变过去将近两年后，艾尔·泽特以当年的涂鸦为背景贴了一张贴纸，贴纸上画的内容就是纳芙蒂蒂。艾尔·泽特笔下的她头戴标志性的平顶冠冕，不过面部表情却被改为皱眉凝视，脸的下半部分还戴了防毒面具。这件作品很快发布在脸书（Facebook）上，按照艾尔·泽特自己的说法，他创作的初衷是为了纪念那些在示威抗议活动中发挥重要作用的埃及女性。就这样，纳芙蒂蒂摇身一变，成了古代和现代埃及女性的象征，她脸上蒙着的防毒面具强调了埃及民众的反抗决心。当然，类似这样的说法只是作者的一家之言，我们也可以把罩在嘴上的防毒面具理解为骡马戴的嚼子，象征对民众言论自由的钳制。纳芙蒂蒂半身像在世界范围内具有很高知名度，艾尔·泽特的小贴纸沾了它的光，得到广泛传播。这个艺术形象最终走出开罗，成为了阿曼（Amman）、柏林、首尔（Seoul）等地民众向政府表达不满情绪的工具。大赦国际[1]多次使用这个艺术形象声援埃及的游行示威者，某些网站通过这个艺术形象抗议身处社会动荡中的女性遭遇的性骚扰和强奸。艾尔·泽特创作的贴纸只有一幅，不同人却可以根据自身需要对纳芙蒂蒂愤怒的表情作出不同解释。

　　类似纳芙蒂蒂、图坦卡蒙、金字塔、狮身人面像这些古埃及文化符号其实早已融入到现代埃及人的生活当中，它们可以被印在国家发行的邮票上，也可以通过艾尔·泽特等艺术家的手笔成为反抗的象征。值得注意的是，中东以内和以外区域人们对这些文化符号的接受和使用并不完全相同。埃及这个国家在文化遗产方面拥有多股源流，古埃及只是其中之一，除此之外，倭马亚王朝[2]留下的伊斯兰文化是一股源流，法蒂玛王朝[3]统治时期又留下了一股源流，

---

[1]　Amnesty International，1961 年 5 月 28 日在伦敦成立的国际民间人权组织。

[2]　The Umayyad Caliphate，由哈里发穆阿维叶一世创建的阿拉伯帝国伊斯兰王朝，从 661 年开始，至 750 年结束，这个时期也是阿拉伯帝国最强盛的阶段，中国古代文献将其称为"白衣大食"。

[3]　The Fatimid，北非伊斯兰王朝，中国古代称其为"绿衣大食"，埃及正好处于这两大王朝的拉锯地带。

穆罕默德·阿里和他的后世子孙代表奥斯曼土耳其帝国统治埃及时也催生了一股源流，20世纪的埃及获得独立，进而成为东非、北非和中东地区的地缘政治中的重要角色后，又形成了一股源流。如果仅仅将今天的埃及视为古代埃及的延续，就像将巨石阵或阿维布里环[1]视为今天全体英国人的象征一样，难免失之片面。今天的很多英国人对巨石阵满怀热情，可能只是因为他们就住在这处古代遗迹附近，或者以研究它为自己的专业，也可能是因为他们具有某种异教情结，相信这些石头围成的圈具有某种"神力"。多数英国人对巨石阵的了解非常有限，然而这却并不妨碍他们将这处古代遗迹作为自己的精神象征。如果谁打算动手拆毁这片石头建筑的话，多数英国人也肯定会站出来高声捍卫。事实上，巨石阵在英国受到如此重视只是18世纪才开始的事情，威廉·斯蒂克利[2]的努力让这处古代遗迹在英国获得了很高知名度，逐渐帮助它走进了英国国家和民族的共同记忆。

由于殖民历史的存在，现代埃及人对过去的认知往往更加复杂。就像其他经历过西方殖民统治，还在西方人的指导下深入发

---

[1] The Avebury Ring，又名"阿维布里纪念碑"，位于英国威尔特郡，整个遗址是由单块巨石紧立起来围成的圆环，通常认为它可能是某个史前村落的环形工事。

[2] William Stukeley，18世纪英国物理学家和考古学家，牛顿的好友，率先对巨石阵和阿维布里环进行了科学的考古研究。

掘过自身历史的国家一样，埃及对过去的理解难免要经过西方视野的"折射"。不仅如此，奥斯曼土耳其帝国统治时期的埃及总督还经常以这个国家的文物为筹码，和西方国家做利益交换。通过这种方式，穆罕默德·阿里和他的后世子孙既维护了自身的利益，同时也为自己治理的国家换来了他们心目中的现代化。正是在这样的背景下，穆罕默德·阿里向英国和法国"赠送"了方尖碑，这两件古物现在分别矗立在泰晤士河岸边和协和广场；1862 年，当时的英国威尔士亲王，也就是后来的爱德华七世国王（King Edward VII）游历埃及时，时任埃及总督萨义德·帕夏（Said Pasha）破例邀他参观了包括法老金棺在内的众多文物；为参加苏伊士运河开通典礼访问埃及的奥匈帝国皇帝弗朗茨·约瑟夫一世[1]获赠了来自古埃及神庙的三根柱子，这三根柱子后来成为了维也纳艺术史博物馆埃及展厅的立柱；来自法国的专家执掌埃及文物部门的时间差不多有 1 个世纪，期间大量文物在埃及政府的准许下流散到西方各地的博物馆，理由是为了折抵西方人指导埃及考古工作产生的开销。今天的埃及人参观那些收藏有大量古埃及文物的西方和北美博物馆时总会感到五味杂陈，从好的方面来说，这些文物的外流其实提高了埃及在全世界的知名度，让更多

---

[1] The Austro-Hungarian Emperor Franz Josef I，奥匈帝国皇帝，1848 年 12 月 2 日至 1916 年 11 月 21 日在位，茜茜公主的丈夫。

人了解到了古埃及文化；从坏的方面来说，它们无时无刻不在伤害着现代埃及人的情感，让他们想起那段被人蹂躏和宰割的悲惨历史。

本章的主要内容是梳理现代埃及人继承、汲取古埃及文化遗产的多种脉络。首先值得耗费笔墨谈一谈的是那些埃及本土学者。19世纪至20世纪初，很多埃及人表现出学习埃及学、自力更生主导本国历史考古工作的强烈愿望，他们在这个领域作出了杰出贡献，同时也遇到了很大阻力。人们往往习惯将埃及考古方面的成就归功于西方人，却有意无意地忽略了那些埃及本土学者付出的努力，这个问题直到今天也没有得到彻底解决。其次有必要谈谈的是所谓的"法老主义"[1]。法老主义盛行于1922年埃及从英国人手中获得有限自主权以后，它的理念和前面提到的黑人文艺复兴运动异曲同工，都是希望借助历史上的辉煌，增强今人的自豪感和自信心。1952年纳赛尔革命后，埃及相继加入了反殖民运动和泛阿拉伯联盟（Pan-Arab），最终又通过签署戴维营协议[2]，全面开

---

[1] Pharaonism，又称"埃及世俗民族主义"，核心理念是强调埃及与地中海文化圈的从属关系，使埃及向西方靠拢，淡化阿拉伯世界的影响。法老主义由埃及民族主义领袖萨阿德·扎格鲁尔在1918年最早提出，前埃及总统萨德特之所以能在20世纪70年代末不顾整个阿拉伯世界的反对，单独与以色列媾和，也是受这种理念的影响。

[2] The Camo David Peace Agreement，1979年3月，时任埃及总统萨达特与时任以色列总理贝京在美国戴维营签署《埃以和约》，结束两国长达30年的战争状态。

放市场，同美国形成了比较牢固的盟友关系。随着中东地区地缘政治的巨变，埃及国内社会环境日趋复杂，国民对历史的记忆难以继续维持"大一统"的局面，转而走向多元化。正是在这样的文化氛围当中，艾尔·泽特等艺术家转而开始对古埃及文化符号作出全新的个性化解读，用以表达当代埃及人的诉求。这些被赋予了全新内涵的文化符号甚至走出国门，获得了全球影响力。

埃及考古发掘

"西方人发现或重新发现了古代埃及"，已经有太多考古和历史学领域的专著、论文和教师授课用这样的老生常谈作为开篇，那种感觉就像本书第 2 章提到的油画《金字塔战役》把拿破仑画得又高又大，同时却把土著埃及人挤在角落里，颇有点喧宾夺主的意思。"发现"（discovery）或"重新发现"（rediscovery）这两个词的含义是西方人首次见到某种东西，或者至少再次见到某种已经失落的东西，然而正如本书前面反复强调的那样，西方人对古埃及历史的记忆本身具有选择性，是站在自己立场上的"故事新编"。对生活在那片土地上的人们来说，自己国家的历史其实从来就没有"失落"过，只不过他们对历史的记忆也是站在自己立场上的"故事新编"。

过去几千年当中，埃及人用自己的方式记忆着他们的历史，保护着他们的古迹，比如把原来的神庙改成教堂或清真寺，循环利用古代建筑留下的构件，或者像中世纪伊斯兰学者巴蒂达迪和伊本·瓦什雅所做的那样，为金字塔和象形文字的神秘内涵绞尽脑汁。19世纪早期，大批西方人来到埃及游历，考察各处古迹。他们按照自己制定的标准将重复利用古代建筑材料，把神庙改建成清真寺或普通民居的做法定义为蓄意破坏行为，进而得出结论认为东方人没有资格继承这些文化遗产，"文明"的西方必须接过这项重任。可是如果换个角度想问题，埃及人自己的做法未必就是不正确的，他们对古迹的保护做到了因地制宜，而且不会轻易改变古迹的性质和用途。例如把神庙改成教堂和清真寺的做法，虽然宗教的门类变了，可还是能留下很多线索让人顺藤摸瓜地了解这座建筑的历史。

考古学本身其实也是一种"知识"，只有在这种知识构建成形的前提下，某些古代建筑才会被确定为考古遗迹。事实上，"考古学"（archaeology）这个词是19世纪40年代才开始在西方使用的，相关领域的专家发明了这个词，用以将他们对历史和文物古迹的研究工作与前辈们的同类工作相互区别。现代考古学制定了一套科学标准，明确规定了什么东西可以被称为"文物古迹"，同时还明确规定了什么人有资格收藏、保护和研究这些文物古迹。当时的西方人意识不到自己这套"知识"的建构性，只是凭借蛮力强行把它们从欧洲输入到埃及，同时自然而然地认为自己构建的这套"知识"肯定要比当地人原先拥有的那套知识更高明。以今天知识考古学和系谱学的眼光来看，这两套"知识"其实都是建构出来的产物，都有各自产生的文化语境，谁也不比谁更正确、更有用。

1835 年，穆罕默德·阿里采纳曾在法国学习、研究的顾问阿尔·他达维[1]2 的建议发表声明，严格禁止任何文物外流，同时着手建立埃及自己的博物馆。阿尔·他达维拥有伊玛目[2]的教职，同时还是学术底蕴浓厚的翻译家和多产作家。这位伊玛目后来主持了埃及中小学课本的编纂工作，课本特别突出了古代埃及的伟大成就。与此同时，前面提到的美国驻埃及领事乔治·罗宾斯·格列登，也就是《人种》的作者之一，依照当时西方人头脑里"东方人懒散，贪婪，不值得信任"3 的偏见理所当然地把穆罕默德·阿里视为东方式的专制君主，认为他应该对埃及文物古迹的严重损坏和流失负责。平心而论，穆罕默德·阿里在文物古迹保护方面的不力主要应该归因于西方列强竞相掠夺埃及文物，同时想方设法攫取商业利益

---

[1]　Al-Tahtawi，具体身份不详。
[2]　Imam，阿拉伯语直译为"领袖"，主要是对学习、理解伊斯兰教义特别有成就人士的尊称，不同地域的伊斯兰文化对这个称呼的解释也有区别。

造成的巨大压力。覆巢之下焉有完卵，面对咄咄逼人的列强，就连穆罕默德·阿里自己心爱的收藏品也无法免遭被掠夺的命运。为了获取外交方面的筹码，他的后世子孙，1848—1854 年在位的阿巴斯一世（Abbas I）被迫将部分藏品进贡给了土耳其苏丹，阿巴斯一世的儿子，1854—1863 年在位的萨义德（Said）则将剩下的一点家底送给了奥地利皇帝。[4]

萨义德总督没能保住祖辈留下的收藏品，作为补偿，他想尽各种办法阻止埃及文物继续外流。1858 年，萨义德设立了隶属政府公共事物部门的文物管理机构，负责管理埃及国内各地的考古活动。不仅如此，他还在开罗的布拉卡（Boulaq）重建了博物馆，用于收藏、展览考古领域的最新发现。[5]曾出任过卢浮宫馆长的埃及学家奥古斯特·马利耶特被萨义德任命为埃及文物机构的负责人，1863—1879 年在位的伊斯梅尔（Ismail）和 1879—1882 年在位的陶菲克（Tawfik）两任总督登上宝座后续签了与奥古斯特·马利耶特的聘任合同，后者得以后半生都留在了埃及。除了从事自己的研究，奥古斯特·马利耶特在埃及的主要工作是管理各种考古工作，维护博物馆的正常运行，正是他首创了颁发考古发掘许可证的制度。在这位法国人的努力下，古埃及文明愈发为世人所熟知。1867 年的巴黎世博会上，奥古斯特·马利耶特主持布置了专门的埃及展厅，展厅被设计为埃及古代神庙的样子，里面摆满了从埃及政府那借来的珍贵文物。

　　奥古斯特·马利耶特主持埃及文物部门的那个时代,不但身强力壮的男人,就连妇女和儿童都被埃及政府动员起来,为包括苏伊士运河在内的国家工程出力,拒绝履行义务的人可能会被罚款或者判处死刑。穆罕默德·阿里统治时期,强迫劳役成为了 19 世纪 50—60 年代埃及的普遍现象,很多考古项目也需要通过这种方式获取劳动力。所以今天的很多埃及人在回忆那个时代辉煌的考古成就同时,总会掺杂着些许不舒服的感觉,就像当年那些埃及普通劳动者创作的民间小调表现的那样。⁶19 世纪 80 年代,强迫劳役在埃及遭到禁止,农场主和工厂主们逐渐意识到以年为单位和劳动者签订合同并支付报酬的做法更有利于促进生产。受他们启发,考古领域也开始采用相似的办法招募劳动力,这个行业需要从业人员具备一定的专业知识,新的雇佣制度更容易留住那些熟练工人,保持队伍的稳定性。后来,随着考古学的日趋成熟完善,这个行业对从业人员的素养要求水涨船高,包括弗林德斯·皮特里(19 世纪 80 年代至 20 世纪 20 年代活跃于埃及)、乔治·芮斯纳[1](20 世纪初至 40 年代活跃于埃及)在内的多位西方埃及学家因此开始给手下的那些埃及工人授课,帮助他们获得某些必须的技能。正如前面所说,

---

[1] George Reisner,1867—1942 年,现代考古学的奠基人。

依照"东方学"的文化逻辑，那个时代的西方人大多认为埃及人智力水平低下，不具从事备科学研究的逻辑思维能力。西方学者们这么做主要还是为了方便工作，并非是想帮助埃及培养自己的专业人员。更何况，培养一个埃及助手无论如何也要比从欧洲招募一个受过相同专业训练的助手花费少得多。

1869 年，时任埃及总督伊斯梅尔手下的为人刻板的教育大臣阿里·穆巴拉克（Ali Mubarak）在开罗开办了埃及学的专门学校，任命德国埃及学家海因里希·布鲁格施[1]担任校长。[7] 开办这所埃及学专门院校只是阿里·穆巴拉克在任期间的众多政绩之一，不过这位教育大臣本人却对它赋予了特别重要的意义，因为他认为身为埃及人就应该了解自己国家的过去，并为之自豪。为了达到这样的目的，暂时求教于西方人也属权宜之计。阿里·穆巴拉克开办埃及学学校最直接的目的是培养本国急需的考古专业人才，这所学校建成后规模不断扩大，在海因里希·布鲁格施的领导下，学校开设的课程主要借鉴了德国和法国的同类教育模式。主要是来自埃及社会中上阶层的学生们对这所学校趋之若鹜，其中就包括后来足可与弗林德斯·皮特里比肩的艾哈迈德·卡马尔[2]。艾哈迈德·卡马尔和他的同学们满怀热情进了学校，毕业时却遭遇了找不到工作的尴

---

[1] Heinrich Brugsch，1827—1894 年，埃及学家，对《圣经》考古也非常有研究。

[2] Ahmed Kamal，埃及第一代本土埃及学家，代表作《古埃及人的宇宙观》。

尬，因为奥古斯特·马利耶特拒绝招募他们进入自己手下的机构工作，就连那所学校也在开办仅仅 5 年后便寿终正寝。艾哈迈德·卡马尔毕业后的很多年里只能靠教授德语，从事相关翻译工作糊口。直到奥古斯特·马利耶特撒手人寰，埃及政府雇用更具包容心态的法国埃及学家加斯顿·马斯佩罗（Gaston Maspero）接替他的职务，艾哈迈德·卡马尔这才在布拉卡博物馆（the Boulaq museum）得到了第一份和埃及学沾边的工作。坊间传闻授予他的职务是馆长，纯属无稽之谈，艾哈迈德·卡马尔当时的工作只是埃及学方面的专业翻译。[8]

艾哈迈德·卡马尔继承了前教育大臣阿里·穆巴拉克还有他的老师海因里希·布鲁格施为埃及培养一支自己的埃及学专业队伍的美好愿望，于是把当年学校里的那些课程原封不动搬到了博物馆。这个博物馆学校的寿命仍然只有 5 年，却为埃及的考古事业培养了许多人才。20 世纪初，艾哈迈德·卡马尔开始在新成立的埃及大学，也就是现在的开罗大学教授埃及学，后来还在埃及高等师范学院（The Higher Teachers College）开设了相同课程。时间虽已进入20 世纪，可埃及学领域能够提供给埃及本土学者的工作岗位仍旧非常有限。尽管用法语和阿拉伯语出版了大量专著，专业素养深厚，同时精通多门语言，艾哈迈德·卡马尔终生也没能被任命为埃及文物部门的最高负责人，反倒是那些西方小字辈学者一次又一次地赶超到了他前面。艾哈迈德·卡马尔虽然生不逢时，可他的经历还是为更年轻一代的埃及人树立了榜样，同时也对埃及的埃及学领域产生了深远影响。加斯顿·马斯佩罗当政时期，这位埃及本土学者取得了一系列成就。现而今，出生在开罗，终生几乎没有离开过课堂却又老于世故的他化身雕像，静静地立在卢克索的悬崖上，面朝南方凝视着他的同胞们，还有那些伟大法老的木乃伊。

伤心的埃及

1881 年春天，加斯顿·马斯佩罗成为了埃及文物部门的一把手，正赶上这个国家的多事之秋。过去若干年当中，英国、法国和意大利等国的银行几乎瓜分了埃及发行的国家公债，这些国家则利用自己的债主身份频频干涉埃及内政。1879 年，英国成功迫使伊斯梅尔将总督宝座提前传给他最喜欢的儿子陶菲克，然后通过这位新总督进一步对埃及民众横征暴敛，让这个国家的局势雪上加霜。为了维护自身利益，艾哈迈德·卡马尔从属的埃及中上层社会开始采取各种行动抵制西方列强干涉，同时要求摆脱奥斯曼土耳其帝国的控制。当时埃及政府和军队中的高官大多具有土耳其—彻尔克斯[1]血统

---

[1] Turco Pircassian，主要分布在约旦、叙利亚和埃及等地，在阿拉伯世界中属于少数民族。

背景，只有同时兼任高级军官和文职大臣的阿里·穆巴拉克是一个土生土长的埃及人。19 世纪 70 年代晚期，埃及本土军官兼政治家艾哈迈德·乌拉比[1]领导民众发动了旨在反抗西方干涉，推翻陶菲克统治的大规模起义。到了 1881 年夏天，起义军明显占了上风。[9]

　　卢克索所在的基纳省（Qena）时任省长达乌德·帕夏（Daoud Pasha）暗地里是艾哈迈德·乌拉比的支持者，不过明面上仍然维持着政府官员的身份，继续履行职责。1881 年春天上任后，加斯顿·马斯佩罗发现有大量珍贵文物通过名叫"艾哈迈德·阿卜德"（Ahmed Abd）的商人之手流散到市面上，这些文物只可能来自某处还未被发现的第二十一王朝法老陵墓。利用自己的政府官员身份，加斯顿·马斯佩罗给达乌德·帕夏发了一份公函，要求这位省长立刻逮捕具有盗墓嫌疑的穆罕默德·阿卜德·艾尔－拉斯南（Mohamed Abd Er-rassul）和他的几个兄弟，这个家族就住在尼罗河西岸名叫"迦尔纳"[2]的村子里，村子则位于成片的古代陵墓中间。公函里提到的几个人很快被捕，并在几位当地考古学者的见证下遭到刑讯，以便逼他们说出那座未知陵墓的具体位置，可负责刑讯的官员什么有价值的情报也没能问出来。话虽如此，这个家族内

---

[1]　Ahmed Urabi，他率领的起义者成功将总督伊斯梅尔赶到亚历山大城，随后成立了民族主义者主导的埃及军政府，但很快因英国干涉失败。

[2]　gurna，音译。

部还是在官方的巨大压力下发生了分裂。

1881 年 7 月，三弟穆罕默德·阿卜德·艾尔 – 拉斯南自愿充当线人。得到消息的加斯顿·马斯佩罗立刻委派艾哈迈德·卡马尔协同另一名博物馆职员，同时也是海因里希·布鲁格施的弟弟伊美尔·布鲁格施（Emil Brugsch）前往卢克索调查此事。穆罕默德·阿卜德·艾尔 – 拉斯南带着他们来到面朝村子，后来被命名为"停灵庙"（Deir el–Bahri）的历史遗迹的悬崖峭壁下面，找到了一处秘密入口。入口后面的洞窟狭窄曲折，深入岩壁超过 60 米，里面摆放了成排的棺材和木乃伊，还有大量装有巫沙布提俑的盒子，以及各种瓶瓶罐罐。长眠在这个洞窟里的不但有古埃及历史第三中间期实际执掌过法老权力的多位大祭司，还有从原先的陵墓被移葬过来的新王朝时期法老，比如拉美西斯二世和他的父亲塞提一世（Seti I）。这些法老去世后大概 500 年左右，鉴于他们位于帝王谷的陵墓长期受到滋扰，阿蒙神[1]的大祭司们决定把这些木乃伊挖出来，秘密转移到现在的长眠之地。通过他们身上重新缠裹的布条，以及原封不动的金棺等细节判断，这些已经去世 500 年的人在当时的埃及仍然拥有非常高的社会地位，被视为某种圣物，大祭司们在迁移和重新安葬的过程中给予了他们相当的礼遇。[10]

---

[1] Amum，古埃及太阳神。

艾哈迈德·卡马尔和伊美尔·布鲁格施简直不敢相信自己能有这么好的运气,加斯顿·马斯佩罗后来回忆伊美尔·布鲁格施当时说自己感觉就像做梦一样。这一切当然不可能是梦,在这座巨大的集体陵墓摆脱穆罕默德·阿卜德·艾尔-拉斯南家族控制后,艾哈迈德·卡马尔、伊美尔·布鲁格施和他们的同事塔多思·蒙特范凡(Tadros Moutafian)立即着手清理工作,把找到的文物装箱运往开罗。发现陵墓48小时内,一支300人的专业考古工人队伍就被组织了起来,率领他们的工头是位经验丰富的老手。他们的任务是顶着夏天的烈日把找到的棺材还有大概6000件各类文物搬下悬崖,然后再走5英里穿越山谷,运送到尼罗河岸边。这段路程来回需要走8小时,由于一些棺材或箱子实在过于沉重,有时一次甚至就需要动用12名工人去抬。布拉卡博物馆雇用的轮船等在岸边,文物上船后将被送到博物馆统一保管。据加斯顿·马斯佩罗记载,这些棺材和木乃伊乘坐轮船顺流而下时,很多埃及妇女就像送葬一样来到尼罗河岸边失声痛哭。

多数埃及历史专著讲到这段逸闻时都会沿用加斯顿·马斯佩罗的说法,绘声绘色地描述这些埃及妇女排着整齐的送葬队伍,站在古代陵园的围墙上,替这些法老送葬,同时异口同声地将这种行为解释为古埃及风俗在19世纪埃及普通农民生活中的遗留。通常来说,农民的生活方式具有更高稳定性,很多古代习俗因此也更容易在这个群体中保存下来，可是加斯顿·马斯佩罗等人按着这个逻辑得出的结论却显得过于不切实际。1881 年的埃及农民也是现代埃及人，他们和加斯顿·马斯佩罗、艾哈迈德·卡马尔等人同样生活在殖民地背景下，追求工业和农业现代化的现代埃及。只要加以适当的引导，这些农民甚至可以站在时代前列，成为起义的主力，就像他们在 1882 年英国出动海陆军镇压艾哈迈德·乌拉比起义时所做的那样。这些普通埃及人和那些社会精英间其实并不存在太深的"代沟"。加斯顿·马斯佩罗的说法有一部分是对的，这些埃及妇女肯定是在哀悼什么，然而她们哀悼的对象与其说是那些木乃伊，不如说是被人强行夺走的"财源"。[11] 这些珍贵文物一旦离开基纳省，转移到遥远的开罗，就不可能再为她们的家庭带来收入。

来自停灵庙的木乃伊最终被解开身上缠着的布条，在开罗公开展览。1902 年，这些木乃伊被再次搬迁到博物馆位于解放广场，也就是原来伊斯梅里亚广场的新址，成为外国游客中人气最高的展品之一。20 世纪 20—30 年代博物馆的木乃伊展区对普通游客关闭，里面的展品被集中转移到埃及国家英雄萨阿德·扎格卢勒没有使用过的法老风格陵墓里面。20 世纪 80 年代，时任埃及总统萨达特（Anwar Sadat）参观过展览后认为这样将逝去的先人暴露在大庭广众之下实在有失体统，木乃伊展览因此再度停止。[12] 20 世纪 80

图 41　可能根据真实照片制作的版画，表现了游客在埃及国家博物馆参观木乃伊展厅的场景，完成于 1890 年前后

年代晚期，这个被俗称为"木乃伊房间"的展厅恢复开放，不过游客必须经过申请才能得到门票，而且票价也有了大幅提升。如今经过整修的木乃伊展厅特意设计得光线比较昏暗，木乃伊躺在精致的玻璃展柜里，原本赤条条的他们被盖上了宽度上至颈部，下至膝盖的单子，以示今人对逝者的尊重。今天埃及和西方的多数博物馆都会采用这种相对恭敬的方式展览木乃伊，不过由此引发的争议仍旧接连不断，因为很多人认为采取上述措施对逝者还是不够尊重。向来喜欢仗义执言、打抱不平的埃及导游巴沙姆·艾尔·沙马尔

（Bassam el-Shammaa）在 2013 年发起了一场抗议示威，强烈要求把这些木乃伊送回帝王谷原先的陵墓，因为按照伊斯兰教教义，只有让逝者尽快入土为安，才是对他们的最大尊重。某次采访过程中，巴沙姆·艾尔·沙马尔发出了这样的呼吁：[13]

> 我们难道就不能对那些古代法老更尊重些吗！？现在的做法无论如何都不应该用在这些先辈们身上。[1]

将法老解读为自己国家的先辈其实是现代埃及贯通古今，通过构建历史打造共同文化记忆的一种方式。问题在于，"法老"这个文化符号本身充满了矛盾，是一个张力的存在。如果有需要的话，他们也可被塑造为专制和暴政的象征，例如《古兰经》和《圣经》就是这样做的。1981 年的阅兵游行过程中，几位受极端伊斯兰教义影响的军官策划暗杀了时任埃及总统萨达特[2]，据说其中一位军官高呼的口号就是"我杀了法老"。

1881 年那次重大考古发现后的几十年当中，埃及国内的局势

---

[1]　达利亚·阿萨姆（Dalia Assam）《考古学家呼吁将木乃伊移出埃及博物馆》（*Archaeologist Campaigns for Removal of Mummies from Egyptian Museum*）。原书注。

[2]　1981 年 10 月 6 日，萨达特因力主与以色列达成和平协议，在阅兵观礼过程中被伊斯兰极端分子刺杀。

可谓风雨飘摇，艾哈迈德·乌拉比领导的反殖民运动从最初的风风火火逐渐销声匿迹，可是埃及本土势力与西方列强间的博弈却仍在持续。除了外部矛盾，埃及国内的社会矛盾也日渐凸显。生活在南部地区的埃及人大多依赖种田糊口，经济上处于劣势，却拥有大量文物古迹资源。北部地区是现代埃及城市精英盘踞的所在地，这些精英希望将珍贵文物转移到城市里保存、展览，南方的穷人自然不愿意富裕的城里人把筷子伸到自己碗里。

1969 年，导演沙迪·阿卜杜勒·萨拉姆（Shadi Abd al-Salam）的电影《木乃伊之夜》[1]上映。这部电影以停灵庙的考古发现为背景，将艾哈迈德·卡马尔塑造成了这次考古活动的领导者，他在电影里的名字是"穆罕默德·阿尔·拉苏尔"（Mohamed Abd er-Rasul，Wanis Harbat），电影还有个英文名字 *The Night of Counting the Years*（《千年一夜》）。电影的首映式特意请扮演加斯顿·马斯佩罗的演员用古埃及语言致了段辞，现场很热闹，然而影片真正在埃及国内公映却是在 1975 年，《木乃伊之夜》获得业内好评以后参加欧洲电影节。西方批评家以及包括很多埃及学家在内的学者倾向把这部电影的主题解读为现代埃及人对古埃及文化遗产的继承和坚守，沙迪·阿卜杜勒·萨拉姆自己则认为他的电影反映了当代埃

---

[1] *The Mummies*，这部电影直译为《木乃伊》，正式中文译名为《木乃伊之夜》。

及社会两级分化的窘境。从某种意义上来说，今天的埃及内部其实有两个不同的"国家"，一个"国家"里的人受过教育，衣食无忧，生活在城市里，以开罗人和亚历山大人为代表；另一个"国家"的人以文盲为主，饥寒交迫，生活在南方的农村。电影里的艾哈迈德·卡马尔受过高等教育，头上戴着塔布什帽[1]，受国家供养，明显是一个地道的北方人。事实上，现实生活中的他也的确就是这样。

受政府的委派，电影中的艾哈迈德·卡马尔来到南方抢救珍贵文物，顺便还要扮演无知农民启蒙者的角色。南方贫穷农民身上承载的"地道"古埃及文化给艾哈迈德·卡马尔带来了极大精神震撼，他则帮助这些农民认识到他们家乡拥有的文物古迹蕴含着巨大价值。值得注意的是，这个价值是以现代的、理性的[2]、西方的和科学的标准制定出来的。某些埃及本土批评家曾尝试用纳赛尔（Nasser）时代的某些政治理念去中和并掩盖《木乃伊之夜》蕴含的不和谐主题，最终的结果却是越描越黑。1967 年，埃及主导的反以色列联盟在战场上接连失利，这个国家的内部矛盾进一步被激化了出来，民众对国家的文化认同濒临解体，两极分化问题愈发严重。

---

[1] Tarboush，穆斯林男性戴的无沿毡帽。

[2] Rational，这个词在西方现代主义思潮中与"自然的""原始的""非理性的"等概念相对，代表了现代社会对人的桎梏和异化，具体内容可参考哈贝马斯、本雅明等人的相关著作。

　　如果换个角度看问题,《木乃伊之夜》反映的其实也是一种"文化殖民"现象,也就是说,西方通过文化输出,将部分埃及人从他们的固有传统中剥离了出来。当然,作出这个结论的前提是埃及真的拥有一个传承千年从未中断过,也从未受过外来影响的"传统"。经验证明,通过不同的视角审视同一个问题往往可能得出不同的结论,以东方学的视角审视埃及可以得出一种结论,以民族主义(nationalist)的视角审视埃及又可以得出另一种结论。按照后一种视角,《木乃伊之夜》塑造出了理想化的埃及农民形象,似乎时间的流逝,时代的变化根本与他们无关,这些农民承载着源自古埃及的千年传统,国家的现代化则仅仅局限于北方的城市里。

　　埃及的民族主义思潮发轫于 1882—1922 年的 40 年当中,英国先是通过直接武装占领的方式镇压了艾哈迈德·乌拉比领导的起义,迫使后者流亡斯里兰卡(Sri Lanka)20 年。1919 年,埃及国内再次爆发起义(指华夫脱党起义),英国再次将起义成功镇压了下去,同时也被迫做出妥协,给予这个国家有限独立。新兴的埃及需要建立自己传统根基和文化认同,来自上层社会的文化、政治精英通过对古埃及历史"故事新编"的方式,为这个国家的未来指明了方向,提供了前进的动力。这样的文化背景下,法老主义成为了 20世纪 20 年代的埃及文学艺术界的时尚。现实生活中的艾哈迈德·卡马尔足够长寿,直到 1923 年 8 月才撒手人寰。他亲眼见证了埃及独立后的首次议会选举，随后又得知了在尼罗河西岸发现新的法老墓地，也就是图坦卡蒙陵墓的好消息。

埃及的觉醒

埃及的独立让全国民众热情高涨，对未来充满信心，帝王谷中一座完好法老陵墓的重见天日对由萨阿德·扎格卢勒总理领导的政府而言可谓恰逢其时。萨阿德·扎格卢勒从属的政党本身就吸收了法老主义的部分理念，此前的华夫脱运动以及1919年的全国性起义则让整整一代埃及本土作家和艺术家习惯了从古埃及历史中选取形象进行"故事新编"的套路。画家穆罕默德·纳吉（Muhammad Nagi）来自亚历山大城的上流社会家庭，拥有土耳其—彻尔克斯血统背景，曾在佛罗伦萨学习艺术，后来又前往吉维尼[1]师从莫奈[2]。除此之外，这位画家还专门花时间前往卢克索尼罗河西岸的古代遗迹中临摹过大量壁画。1919年的起义过后，穆罕默德·纳吉开始创作名为 *nahdat misr* 的油画，这个名字可以理解为"埃及的再次觉醒"（Reawakening of Egypt）或"埃及的复兴"（Revival of Egypt）。1922年，油画完成，随后在巴黎获奖。1924年，这幅油画被选中，

---

[1] Giverny，位于法国上诺曼底省。
[2] Claude Monet，法国印象派画家代表人物。

用于装饰位于开罗的新议会大厦。[15] 这幅油画的内容表现了伊西斯神乘坐水牛牵引的双轮战车，引领着农民打扮的埃及人组成的行列。行列中有个男人正在演奏乌得琴[1]，另一个男人手里举着古代公牛小雕塑，还有一个女性捧着各种农产品。油画中的儿童赤身露体，这种形象在古埃及壁画中很常见。尼罗河蜿蜒流向远方，衬托着这支由女神引领的队伍。在沙迪·阿卜杜勒·萨拉姆后来创作的电影《木乃伊之夜》中，与这幅油画类似的埃及农民形象被确定为现代埃及人应有的标准形象，含义是继承传统，开创未来。

埃及本土雕塑家艾哈迈迪·穆赫塔尔（Mahoud Mukhtar）有尊雕塑作品，名字也叫《埃及的觉醒》。[16] 艾哈迈迪·穆赫塔尔出生在尼罗河三角洲的农村地区，1908 年来到开罗，进入新成立的造型艺术学院（School of Fine Arts）学习，后来又远赴巴黎的国立高等美术学院（the École des Beaux-Arts）深造，在那里生活、学习了很多年。旅居巴黎期间，他创作了名为《埃及的觉醒》的雕塑。这尊雕塑表现了一位农妇打扮的埃及女性正在掀起自己的面纱，她的身边还有一尊卧姿狮身人面像。1920 年，艾哈迈迪·穆赫塔尔的作品在巴黎艺术沙龙荣获金奖，埃及国内一份具有强烈民族主义倾向的报纸因此发文，呼吁政府出资，以这尊雕像为蓝本，创作一

---

[1]　Oud，中东北非流行的一种弹奏乐器。

图 42　艾哈迈迪·穆赫塔尔创作的《埃及的觉醒》红色花岗岩雕像，1928 年起竖立在开罗市区，1955 年迁移到开罗大学附近

尊放大版的同名作品。正是在这样的背景下，阔别祖国 9 年的艾哈迈迪·穆赫塔尔得以回国主持放大版作品的创作工作。经过认真考量，他决定率领一支团队共同完成这件作品。雕像的石料将使用阿斯旺地区独有的粉红色或红色花岗岩，这种石料经常被古埃及人用来制作雕像，因为它可以在朝阳的映衬下发出玫瑰色的光泽。雕像的创作本身就耗费了若干年，为了选定安放雕像的具体地点，政治家们又讨价还价了若干年。这件作品的寓意虽然已经通过它的名字被表达得清清楚楚，可是在雕像问世后的不同时期，不同社会群体又按照自己的理解对它的内涵作出了新的解读。例如，埃及的女权主义（feminist）运动就将雕像的含义解读为女性积极主动摆脱传统

穆斯林文化，以此号召埃及城市上流社会女性摘掉总督统治时代流行的白色面纱。[17]

　　20 世纪 20 年代，诸如狮身人面像、女神伊西斯、普通农民这些并不互相关联文化符号全都被一股脑地冠以"正统埃及文化"的名号，图坦卡蒙这种具有世界声誉的名人自然更不会被落下。日复一日，游客和媒体的照相机镜头对准正处在挖掘、清理过程中，受到军队严密保护的陵墓不停地"咔嚓""咔嚓"。为了临时存放新发现的文物，方便下一步文物修复工作，埃及政府的相关部门专门将图坦卡蒙陵墓附近的另一处坟墓遗址划定为工作区，霍华德·卡特率领他的团队把大量装饰精美的箱子、光洁雪白的花瓶、双轮战车等陪葬品集中到这个工作区。能够获准进入这个工作区以及图坦卡蒙陵墓内部拍摄的人，只有官方指定的摄影师哈里·伯顿（Harry Burton），本书第 6 章曾介绍过这个人。意识到自己大限将至的图坦卡蒙陵墓考古资助者卡纳冯勋爵在 1923 年 4 月离世前，曾同《泰晤士报》签过合同，允许这份报纸独家、优先刊载哈里·伯顿拍摄的照片。[18] 按照卡纳冯勋爵的设想，通过这种方式出售照片获得的收入可以折抵陵墓考古产生的各种开销。爵士的经济账算得挺精明，却忘了考虑政治账。由于《泰晤士报》垄断了照片使用权，作为陵墓"主人"的埃及本土报纸反倒只能仰他人鼻息，转载二手图片和报道。不仅如此，和《泰晤士报》存在竞争关系的其他英美报纸也对这种做法大为恼火。

　　几张照片终究还是小事，当时最让广大埃及民众揪心的问题是卡纳冯勋爵和他的继承人，以及考古工作的实际负责人霍华德·卡特已经明确表示要将获得的部分文物转让给几家西方博物馆。比如纽约的大都会艺术博物馆[1]，负责照相的哈里·伯顿就是这家博物馆的工作人员，分给他们部分文物，也算支付报酬的一种方式。至于剩下的文物，则将被卡纳冯勋爵和霍华德·卡特纳入自己的私人收藏，埃及人几乎什么也得不到。卡纳冯勋爵热衷收藏各种文物，霍华德·卡特则是替他搜罗藏品的主要代理人。图坦卡蒙陵墓发掘过程中，埃及坊间甚至有谣言说霍华德·卡特已经将部分文物秘密转移到英国，作为礼物献给自己的资助人。类似这样的说法或许是空穴来风，因为 1939 年霍华德·卡特去世后，身为遗嘱执行人之一的哈里·伯顿的确将后者遗产中的几件小型文物归还给了埃及，这些小型文物则是卡纳冯勋爵去世后以遗产的名义馈赠给他的。[19]

　　早在考古工作还没有正式开始前，埃及文物部门就已经对图坦卡蒙陵墓财宝的归属权和分割问题提出了要求。加斯顿·马斯佩罗的继任者皮埃尔·拉考[2]认为发掘出来的多数文物都应该留在埃及，而且埃及文物部门有权介入后期的文物分配工作。就图坦卡蒙

[1]　The Metropolitan Museum of Art，美国最大的艺术博物馆。
[2]　Pierre Lacau，1873—1963 年，法国埃及学家和哲学家。

陵墓的情况来说，陵墓和随葬品归属权的问题其实根本不是问题，因为埃及文物部门颁发的许可证已经明确规定这些东西都属于国家财产。问题在于，那些参与发掘工作的西方考古学者已经被文物吊足了胃口，霍华德·卡特等人不可能轻易向埃及政府妥协。同样出于利益的考虑，他们也不可能终止和《泰晤士报》签订的合同。与这些西方人针锋相对，埃及本土的作家、诗人、剧作家以及大众传媒，已经无一例外地将埃及视为图坦卡蒙陵墓的唯一合法主人。就这样，图坦卡蒙陵墓的发掘过程与埃及乃至整个阿拉伯世界的文化变革和成形过程不期而遇。在这个过程中，作家、诗人抛弃了晦涩难懂的古典诗歌，转而开始创作直白浅显的散文和小说。

法老主义与美国的黑人文艺复兴同属现代主义文化思潮，前面提到的画家穆罕默德·纳吉和雕塑家艾哈迈迪·穆赫塔尔都可以归入这个源流当中。1920 年，秉持同样理念的诗人兼剧作家艾哈迈德·舒基[1]结束多年流亡西班牙的生活返回埃及，很快便着手创作了一系列以图坦卡蒙为题的戏剧作品。借助少年法老图坦卡蒙登基后恢复被前代法老阿赫那吞打入冷宫的太阳神阿蒙的神圣地位这段历史，艾哈迈德·舒基将埃及和英国摆到了并驾齐驱的地位，认为它们都拥有悠久的君主制传统。[20] 按照艾哈迈德·舒基在他创作的

---

[1]　Ahmad Shawqi，他在当代阿拉伯诗坛拥有很大影响力，被誉为"诗歌王子"。

那首篇幅最长的诗歌里的说法：

法老建立有效的君主专制，列强逐鹿的混乱局面因此
结束。[1]

同样是在这首长诗当中，诗人开篇就表达了对图坦卡蒙陵墓及
陪葬品归属权的担忧 21：

我们先辈中最伟大的图坦卡蒙决不允许外人染指，祖先留
下的财富必须得到善待，不应该被窃贼觊觎。[2]

艾哈迈德·舒基同时拥有土耳其 - 切尔克斯血统、希腊血统
和库尔德人血统，阿巴斯二世统治时期还担任过法官。单从这个
背景来说，他不太可能成为真正的民族主义者，然而面对英国的
长期殖民占领，民族主义成为整个埃及最具向心力的政治理念，
这也是那个时代的大势所趋。埃及文化的复兴同这个国家的重

[1] 转引自艾略特·科拉（Elliott Colla）《矛盾的历史：埃及学、古埃及和现代埃及》（ *Conflicted Antiquities: Egyptology, Egyptomania, Egyptian Modernity* ），达勒姆，2007 年，p.220。原书注。
[2] 同上书。p.222。

生紧密相关，受法老主义感召，艾哈迈德·舒基、纳吉布·马哈富兹[1]等作家、诗人发现，很多古埃及文化符号都可以用来表达他们的现代诉求，而且这些诉求通常也都是公众普遍关注的话题。

　　霍华德·卡特还是一个十几岁的孩子时就已经开始在埃及生活、工作，只可惜，这位"埃及通"并没能及时意识到形势的突变对考古工作可能产生的影响，而是仍然按照习以为常的套路带着那

图 43　1923 年初，霍华德·卡特和一名埃及工人从图坦卡蒙陵墓中搬出一张躺椅的一部分构件

[1]　Naguib Mahfouz，埃及著名作家，1988 年获诺贝尔奖。

些西方同行在埃及东奔西走。皮埃尔·拉考的走马上任并没能改变西方人把持埃及政府文物部门的事实，这种情况一直持续到1952年。但他的上任却意味着有史以来第一次，西方人把持的文物部门必须向埃及人自己的民选首相和政府负责。直到1924年2月，也就是图坦卡蒙陵墓发掘的第2阶段，霍华德·卡特这才意识到自己的好时光已经一去不复返，只得抛下打开一半的石棺悻悻离开，皮埃尔·拉考则以埃及政府的名义获得了陵墓的实际控制权。

双方就这么僵持了1年。这个过程中，几名埃及刺客试图在苏丹行刺英国委任的总督未遂，英国政府以此为借口向埃及政府施压，后者只得做出让步，霍华德·卡特得以重返考古现场完成自己的工作。《泰晤士报》的运气就没有这么好，他们失去了独家报道权，只能翻译转载埃及政府用阿拉伯语发布的官方消息。为了维护自身利益，霍华德·卡特后来又和埃及政府展开了旷日持久的谈判。直到20世纪30年代，后者终于同意向卡纳冯勋爵的家族支付一笔巨款，作为爵士当年资助发掘工作的补偿，霍华德·卡特从这笔钱里分到了36000英镑。霍华德·卡特自掏腰包，完成了图坦卡蒙陵墓考古的收尾工作。

每个发掘阶段结束，大量文物就会被运到开罗，图坦卡蒙连同他的宝藏被安排在开罗博物馆中与艾哈迈德·卡马尔发现的木乃伊比邻而居的展厅，这些木乃伊的生活年代比这位少年法老稍晚一些。图坦卡蒙的黄金面罩和棺材、真人等身雕像、大大小小的箱子，还有几百件首饰、衣服、家具、瓶瓶罐罐，以及装饰用的小雕像足足塞满了几个大厅，把这位少年法老的地位衬托得如此高贵，让他享誉世界，每天都能迎来大批参观者。本书写作过程中，位于吉萨的埃及国家博物馆正在筹备以图坦卡蒙宝藏为题的专门展览，只可惜 2011 年埃及国内局势的突变打乱了这个计划。按照卡纳冯勋爵和霍华德·卡特两人当年做出的承诺，图坦卡蒙已经被解开布条的木乃伊至今仍然留在他自己的陵墓里，可是保存状态非常糟糕。自从 1925 年被解开身上的布条起，这位法老的长眠已经多次受到打扰。如果他真的地下有知，重见天日后的巨大荣耀可能永远无法弥补死者内心的那份酸楚。

轮回

埃及的复兴之梦通过对历史的"故事新编"最终在 20 世纪 20 年代以法老主义的形势付诸实施，然而自从 20 世纪 30 年代以来，特别是在第二次世界大战带来的世界格局剧变以后，类似图坦卡蒙这样的民族主义文化符号已经显得有点过时，逐渐落后于时代。单就埃及学的领域而言，法老宝藏带来的热度也很快成为了过眼烟云，图坦卡蒙成为了一个不再流行的研究课题。第二次世界大战结束后，特别是 1952 年纳赛尔革命成功后，泛阿拉伯主义和去殖民化成为了这个国家最热门的话题。20 世纪 70 年代萨达特总统统治时期，埃及着手建立以自由市场为代表的经济模式，加强同西方国家的相关合作，逐渐和苏联疏远起来。这位总统执政期间最惊世骇俗的决策就是签订《戴维营协议》(the Camp David Accords)，承认以色列的合法地位，以此换取美国在军事等多个领域对埃及的支持。

纳赛尔和萨达特两位总统任期内，图坦卡蒙的宝藏再次遭到政治因素绑架，只不过这次法老的财产是被埃及政府主动拿出来充当平等外交关系的筹码，而不是像以前那样，被动成为殖民者们争抢的猎物。1972 年，为纪念图坦卡蒙陵墓发现 50 周年，纳赛尔总统特批将 50 件相关文物转交伦敦的大英博物馆收藏。20 世纪 70 年代晚期，这位总统又先后批准将部分图坦卡蒙文物送到美国和苏联的几个博物馆收藏。这些文物在西方世界很快引起了轰动，等待参观的人群甚至在博物馆外面的广场和街巷排起了蜿蜒的长龙。不仅如此，图坦卡蒙文物引起的热潮还催生了一系列衍生产品，比如电视节目、各种主题展览、相关书籍、博物馆纪念品，以及廉价的旅游纪念品等。

图坦卡蒙木乃伊带有标志性的金色和蓝色相间色带的黄金面罩与纳芙蒂蒂的冠冕具有很多相似性，这两个文化符号在埃及民众抗议游行期间都被赋予了新的文化内涵，而且很快便流传开去。与纳芙蒂蒂的命运相似，图坦卡蒙头像在埃及国内动荡期间也衍生出了戴着防毒面具的形象，一位旅居巴黎的埃及反对派为表示对国内同胞的支持，还特意戴上图坦卡蒙同款头巾上街，以期引起公众注意。有别于 20 世纪 20 年代的民族主义运动或 60—70 年代的法老主义，2011 年埃及的这次复古潮流目的并非是要祭起"传统"这个法宝，把西方殖民者驱逐出去，反倒是要借助这些引起西方世界对现代埃及局势的注意。更有意思的是，埃及抗议示威者使用的这些文化符号在传入西方世界的过程中又会不断本土化，被赋予新的内涵。[22]

就这样，新一代埃及人受政治因素左右再次高举起了"古埃及"这面大旗，只不过这面大旗在新的时代又有了新的意义。2010 年开罗双年展（The Cairo Biennale）期间，生于 1963 年的艺术家卡莱德·海菲兹（Khaled Hafez）通过对一处古埃及陵墓遗址的适当改建，完成了他的多媒体融合艺术作品《坟墓中的三军奏鸣曲》（*Tomb Sonata in Three Military Movements*）。[23] 这件作品将油画、音乐和灯光效果有机结合了起来。油画的内容采取混搭风格，古埃及的豺头神阿努比斯绘画由此得以与媒体拍摄的现代坦克、军机、狙击手等形象共处一室。按照作者本人的说法，这件作品的最终完成还需要仰仗观众借助头脑中对于古埃及的文化记忆进行再创作。乍看起来，作品中那些现代军事形象的黑色、刻板、夸张造型颇有几分神似，可是

图 44　卡莱德·海菲兹《坟墓中的三军奏鸣曲》，完成于 2010 年

细看起来，古今混搭的风格就产生了一种"无厘头"的效果。

　　无论对东方学的话语模式，还是对民族主义的话语模式而言，"古埃及"始终是一个常说常新的话题。20 世纪初期西方现代主义画家站在自己的立场上，将古埃及解读为心中向往的古典世界，地道的埃及农民则成为这个古典世界的象征；今天的我们站在自己的立场上，把前人的建构推倒重来，赋予这个文化符号军事、政治、经济的全新内涵。卡莱德·海菲兹的作品展现了以"古埃及"这个文化符号为舞台，东西古今文化的碰撞融合。坟墓本身象征着死亡，然而经过艺术家的再造，它又成为了新生的象征，这样的坟墓既是一个有机的整体，同时也是充满矛盾和张力的存在。从某种意义上来说，它也是中东地区这个"世界十字路口"过去 50 年间命运的缩影。

第 9 章

寻找永无止境

死亡和新生，古埃及留下的那些巨型石头建筑物以及封禁着时间的墓穴，还有奥西里斯和伊西斯的不朽传奇，如此种种，都在喋喋不休地讲述着这个命题。当代的一些艺术家，比如弗雷德·威尔逊、卡莱德·海菲兹，以及来自南非的威廉·肯特里奇（William Kentridge）则成功地将这个命题融汇到自己的作品中，用来表达某些当代诉求。威廉·肯特里奇的作品《卡内茨在埃及》（*Carnets d'Égypte*）通过颠覆莫扎特经典歌剧《魔笛》的方式，回击了西方世界依照东方学的内在逻辑，将古埃及解读为自己"文化之根"的做法。[1]种族寓言和古埃及这两个元素经常出现在弗雷德·威尔逊和威廉·肯特里奇的作品中，威廉·肯特里奇本身是犹太人，他创作的某些影视作品以及弗雷德·威尔逊的《灰色地带》都曾使用过法老的形象。上述三位艺术家除了本专业以外，对历史、哲学和自然科学领域也有广泛涉猎。卡莱德·海菲兹曾明确表示，自己之所以能把古埃及的陵墓创作成古今东西交融的艺术作品，部分灵感就是来自法国哲学家鲍德里亚[1]，进而把对埃及政府种种穷兵黩武的错误做法的批评通过一座古埃及陵墓的"戏拟"（simulacrum）表达了出来。鲍德里亚在自己的专著中推荐将"戏拟"作为批判现实消费社会的工具。所谓"戏拟"，就是要在真实的基

---

[1]　Jean Baudrillard，法国后现代主义代表人物。

础上略有夸张，它不是现实中存在或存在过的东西，却能带给人亦真亦幻的感觉，甚至让人感觉比真实还要真实。类似的例子包括迪士尼乐园里的海盗船，以及美国的琳琅街景。

较之严肃的艺术创作，当代大众文化对古埃及元素的化用似乎更多还是出于娱乐的目的，比如各种以古埃及为背景的探险电影、万圣节服装、孩子们的玩具，还有被用来安放阿加莎·克里斯蒂娜或者威尔伯·史密斯[1]小说的古埃及棺材形书架。如果鲍德里亚能亲眼看见拉斯维加斯"戏拟"胡夫金字塔狮身人面像和方尖碑等古埃及文化元素的卢克索酒店和赌场，不知又会做何感想？类似这样的"戏拟"或许可以再次证明鲍德里亚当年提出的观点——真实的历史永远可望而不可即，当代消费社会描绘的那个"过去"，无非只是商业利益驱动下的梦幻而已。

自从 1993 年开业，拉斯维加斯的卢克索酒店就明确将古埃及作为自己的经营特色。它的大堂内部随处可见古埃及风格的装饰，附属赌场甚至有依照图坦卡蒙陵墓墓室风格布置的房间，缩小版的"尼罗河"在酒店的楼宇间蜿蜒流淌。2007 年翻新改造后，酒店去掉了很多不那么地道的埃及元素，却仍旧坚持打埃及这张文化牌，甚至还引进了一些文物真品。对很多游客来说，去拉斯维加斯体验

---

[1]　Wilbue Smith，南非小说家，擅长写以古埃及为背景的探险悬疑故事。

图45 拉斯维加斯卢克索酒店外面的狮身人面像复制品和法老半身像

古埃及可能比直接去吉萨更方便。

这种无害的大众文化娱乐消费行为也可以被视为特定时代社会文化的"风向标"。正如本书反复谈到的那样，不同时代、不同地域的人们受制于各自从属的文化语境，出于不同的目的，站在各自的立场上，讲述了一个个同"古埃及"有关的故事。古希腊和罗马时代的学者大多倾慕古埃及的宗教和智慧，某些学者则对此嗤之以鼻，认为古埃及人崇拜的那些神圣动物和兽首人身的神灵纯属臆想。中世纪伊斯兰世界流传过大量与古埃及宝藏和密室有关的民间传说，这些故事被杜撰得异常离奇曲折，丝毫不逊色于后来以印第安纳·琼斯（Indiana Jones）为主角的《夺宝奇兵》系列电影。与此同时，欧洲的基督教世界则在想方设法把《圣经》里的故事附会到古埃及身上去。文艺复兴时代的欧洲知识分子重新发现了古埃及、古希腊和古罗马这 3 个"失落"了的古代文明，大量古代手稿被从故纸堆里翻了出来，借助新兴的出版业迅速传播。恰恰是在这个过程中，古希腊人崇拜的赫尔墨斯·特利斯墨吉斯忒斯让基督教世界找到了和古埃及文明沟通的桥梁，共济会、玫瑰十字会等宗教团体应运而生，吸纳了大批传统贵族群体以外的社会精英。

18 世纪晚期的政治动荡和殖民主义扩张阶段，西方染指埃及已经成为板上钉钉的事情，只是时间早晚而已，拿破仑用他特有的方式迈出了第一步。这场战争过后西方内部爆发的"埃及热"在英语里有个专门的名词——Egyptomania。正如前面所说,这场以古埃及风格的家具和建筑为表象的文化狂潮背后隐藏着后来被称为"东方学"的文化逻辑。这种文化逻辑将东方解读为被西方审视和把玩的对象,与此相对应,东方女性在各种各样以东方为背景的传奇探险故事里则成为了西方冒险家合法的"战利品"。正是在"东方学"文化逻辑的建构下,一个以西方为主导的全球化世界在 19 世纪晚期逐渐成形。泰奥菲尔·戈蒂耶创作的以古埃及公主木乃伊玉足为主题的短篇小说表面看起来是一个有趣的故事,本质上仍然无法摆脱东方学文化逻辑的制约。这个故事似乎是男女间的风花雪月,实际却暗示了全球化背景下西方与东方间的主从关系。这样的暗喻方式经常会被西方的男性作者用在古埃及文明的身上。有意思的是,当现代埃及学者、艺术家和政府官员依照和西方人几乎完全相同的思维方式,将自己国家的过去解读为现代埃及实现现代化的基础和增强民族自豪感的依据时,这个文化符号同时也为美国、加勒比和西非地区的黑人们表达自身诉求提供了丰富的资源。

今天埃及学领域很多被冠以"客观""正确"名号的知识基本都是 19 世纪晚期构建出来的产物。当时,考古学作为一门学科刚刚在欧洲的大学里出现,美国的大学接受这一新兴事物还要再晚一些。考古学逐渐成形以后，大批受西方学术机构资助的考古队涌向埃及，在埃及文物部门的监管下从事考察发掘工作，开罗和西方各地的博物馆这才得以源源不断获得各种古埃及文物。同样是这一时期，作为学科的考古学日臻完善，配套的专著和期刊发表制度随之建立，这门学科至此以"科学"的名义将自己与此前"非科学"的同类活动区分开来，将它们贬斥为不具备专业水平的行为。近水楼台先得月，英国、法国、德国、美国和意大利的考古学者占据了这个领域的主导权，这样的情况至今也并没有完全改变。

英国第一次世界大战前对埃及实行的代理人统治以及战后的直接军事占领，让英国的考古学者在埃及拥有了得天独厚的优势，然而他们的相关工作并非没有遇到任何阻力，比如围绕图坦卡蒙陵墓发掘引起的外交争端。考古学是一种被西方建构出来的"知识"，现代埃及人要想研究自己国家的过去，首先就得掌握这套"知识"。1925 年，埃及人首次开办了本国的大学水平考古学专业教育，可埃及本土的考古学家真正执掌本国文物部门却是 1952 年以后的事。直到 20 世纪 90 年代，来自西方的考古队才被要求随时向埃及政府报告自己的工作进度。就像其他很多拥有大量文物古迹和博物馆的国家一样，埃及人需要处理许多与此相关的棘手问题，比如日常行政管理、文物古迹保护、安全保卫、发展旅游业，以及如何以此为基础构建被普遍接受的文化认同等。构建文化认同这件事说起来简

单，实际却很困难，因为众口难调的难题始终都会存在，不同的
人总会对相同的文化符号给出自己的理解。正是由于这个问题的
存在，印有图坦卡蒙头像的 T 恤并不总能人见人爱，纳芙蒂蒂头
像既可以被刺在身上当文身，也可以成为抗议示威者表达愤怒的
工具。

　　真实的古埃及到底是什么样子？这个问题恐怕永远都没有确定
的答案，因为那些来自很久以前，能够让我们对古埃及管中窥豹的
蛛丝马迹总要经过现代人的解读，也总要经过一层又一层文化记忆
的过滤。狭义上的古埃及艺术、语言和宗教其实早在 2000 多年前
就已经终结，从这种意义上来说，它真的是一个"失落"了的文明。
只不过，这个"失落"了的文明并没有被完全遗忘，它尘封在当代
埃及的漫天黄沙当中，同时也尘封在我们的心灵当中。与其过分纠
结于真实的古埃及到底是什么样子，不如换个角度想问题，来一场
知识考古。扪心自问，我们如何获得了今天与古埃及有关的那套知
识；又是什么人在什么时间、什么地点，出于什么目的构建了这套
知识？这样的知识考古，意义其实并不逊色于直接去埃及的沙漠里
挖掘文物。本书耗费如此多的笔墨，核心目的其实就是进行一场以
埃及为引子的知识考古。

　　作为专业埃及学家，我建议大家多去参观那些塞满古埃及文物
的博物馆，直接去埃及转转，关注各种以"古埃及"为题的专业和

非专业书籍，如果愿意的话，还可以看看《夺宝奇兵》或者《木乃伊之夜》等影视作品。在这个过程中，始终要坚持批判和反思的态度，时刻牢记任何以"昨天"为题的故事，都难免打上"今天"的烙印；任何以"别人"为主角的故事，最终总能找到"自己"的影子。

致　谢

本书完成之时，照例要向汤姆·哈德威克（Tom Hardwick）表示感谢，感谢他为本书撰写提供的宝贵意见，感谢他多年来的倾心相交，感谢他作为老友在埃及学研究方面给我的启发和支持。除此之外，在东安格利亚大学（the University of East Anglia）追随我攻读硕士学位，参与"解读古埃及"研讨会的学生们也为本书的撰写提供了很多帮助和灵感，这里一并表示感谢。当然，我也不能忘记英国伦敦弗洛伊德博物馆的大力支持，以及参观结束后博物馆人员在汉普斯特德的路易斯匈牙利–法式餐馆[1]尽地主之谊，招待我的蛋糕和咖啡。本书在 Reaktion Books 出版过程中，本·海因斯（Ben Hayes）和艾米·萨尔特（Amy Salte）两位编辑表现了极大的耐心，中肯地提出了很多建议，令我感激不尽。

---

[1] Louis Hungarian Patisserie-Hampstead，汉普斯特德是伦敦的富人居住区。

重要人名、地名中英文对照表

阿拜多斯	Abydos
阿卜德·艾尔－拉斯南	Abd Er-rassul
阿布辛波	Abu Simbel
阿尔巴尼亚	Albanian
阿赫那吞	Akhenaten
阿基米德	Archimedes
阿加莎·克里斯蒂	Agatha Christie
阿莱斯特·克劳利	Aleister Crowley
阿兰·加德纳	Alan Gardiner
阿里·穆巴拉克	Ali Mubarak
阿陇·道格拉斯	Aaron Douglas
阿玛那	Amarna
阿曼	Amman
阿曼尼亚	Alminya

阿蒙霍特普三世	Amenhotep III
阿姆斯特丹	Amsterdam
阿瑟·柯南·道尔	Arthur Conan Doyle
阿斯旺	Aswan
阿维森纳	Avicenna
埃德夫	Edfu
埃德温·郎	Edwin Long
埃流斯·加鲁斯	Aelius Gallus
埃塞俄比亚	Ethiopian
埃斯那	Esna
艾哈迈德·福阿德	Ahmed Fuad
艾哈迈德·卡马尔	Ahmed Kamal
艾哈迈德·舒基	Ahmad Shawqi
艾哈迈德·乌拉比	Ahmed Urabi
艾哈迈迪·穆赫塔尔	Mahoud Mukhtar
艾斯尤特	Asyut
爱德华·波因特	Edward Poynter
爱德华·萨义德	Edward Said
安德鲁·罗宾逊	Andrew Robinson
安德罗斯岛	Andros

比蒙	Behemoth
彼得·博古茨基	Peter Bogucki
彼得罗·德拉·维尔	Pietro Della Valle
彼得斯·坎普	Pertrus Camper
波士顿	Boston
波斯	Persia
布兰·斯托克	Bram Stock
布卢门巴赫	Johann Friedrich Blumenbach
布鲁姆斯伯里	Bloomsbury
布鲁诺	Giordano Bruno
布伦达·派克	Brenda Parker
达尔文	Darwin
大马士革	Damascus
大卫·罗伯茨	David Roberts
大英博物馆	the British museum
底比斯	Thebes
底格里斯河	the Tigris
帝王谷	the valley of the kings
杜波依斯	Web du Bois
杜丽特尔	the poet H.D

哥达	Gotha
格奥尔格·埃伯斯	Georg Ebers
贡布里希	Ernst Gombrich
古斯塔夫·克林姆特	Gustav Klimt
圭多·雷尼	Guido Reni
哈布城	Medinet habu
哈德良	Hadrian
哈里·伯顿	Harry Burton
哈特谢普苏特	Hatshepsut
海德公园	Hyde park
海尔·塞拉西	Haile Selassie
海兰德·盖瑞特	Highland Garnet
海因里希·布鲁格施	Heinrich Brugsch
赫尔墨斯	Hermes
赫尔墨斯·特利斯墨吉斯忒斯	Hermes Trismegistus
赫库兰尼姆	Herculaneum
亨利·哈葛德	Henry Rider Haggard
恒河	the Ganges
红海	the Red Sea
胡夫	Khufu

恺撒	Julius Caesar
克里斯蒂安·赫兹	Chrstian Hertzog
克里斯蒂娜·里格斯	Christina Riggs
克娄巴特拉	Cleopatra
库鲁	Kurru
拉迪亚德·吉卜林	Rudyard Kipling
拉夫顿·史密斯	Grafton Elliot Smith
拉斯·特法里	Ras Tafari
拉斯维加斯	Las Vegas
兰开夏	Lancashire
兰斯顿·休斯	Langston Hughes
劳伦斯·阿尔玛·塔德玛	Lawrence Alma-tadema
老普林尼	Pliny the elder
蕾哈娜	Rihanna
黎巴嫩	Lebanon
黎凡特	the Levant
利比亚	Libyan
联合国教科文组织	the United Nations Educational, Scientific and Cultural Organization
林肯总统	president Lincoln

密西西比河	the Mississippi
缪斯女神	Muses
摩洛哥	Morocco
摩西	Moses
莫勒菲·凯特·阿桑特	Molefi Kete Asante
莫奈	Claude Monet
莫扎特	Mozart
穆巴拉克	Hosni Mubarak
穆罕默德·阿卜德·艾尔–拉斯南	Mohamed Abd Er-rassul
穆罕默德·阿里	Mohamed Ali
穆罕默德·纳吉	Muhammad Nagi
拿破仑	Napoleon Bonaparye
那尔迈	Narmer
纳芙蒂蒂	Nefertiti
纳吉布·马哈富兹	Naguib Mahfouz
纳帕塔	Napata
纳赛尔	Nasser
纳沃纳广场	the Piazza Navona
奈菲尔塔利	Nefertari
奈加代	Naqada

瓦迪哈勒法	Wadi Halfa
威尔伯·史密斯	Wilbue Smith
威尔第	Giuseppe Verdi
威廉·霍尔曼·亨特	William Holman Hunt
威廉·肯特里奇	William Kentridge
威廉·斯蒂克利	William Stukeley
威廉·斯托里	William Wetmore Story
威廉·约翰·班克斯	William John Bankes
威尼斯	Venice
维多利亚女王	Queen Victoria
维凡·多米尼克·德农	Vivant-donminique Denon
维苏威火山	mount Vesuvius
维也纳	Vienna
西班牙广场	the Plaza de España
西格蒙德·弗洛伊德	Simund Freud
西奈半岛	the Sinai Peninsula
西印度群岛	the west Indies
希罗多德	Herodotus
锡耶纳	Siena
象岛	Elephantine

约翰·阿克布莱德	Johan Akerblad
约翰·卡尔霍恩	John Calhoun
约瑟	Joseph
约瑟芬·德·博阿尔内	Josephine de Beauharnais
约瑟夫·博诺米	Joseph Bonomi
约西亚·诺特	Josiah Nott
约西亚·威治伍德	Josiah Wedgwood
詹姆斯·乌雪	James Ussher
茱莉亚·巴尔比拉	Julia Balbilla

参考文献

第 1 章　寻找古埃及

1　Janine Burke, The Gods of Freud: Sigmund Freud's Art Collection(Sydney and New York, 2006), with the baboon at pp. 226, 232–3; Stephen Barker, ed., Excavations and their Objects: Freud's Collectionof Antiquity (Albany, NV, 1996); Lynn Gamwell and Richard Wells,eds, Sigmund Freud and Art: His Personal Collection of Antiquities (Binghamton, NY, 1989). 伦敦弗洛伊德博物馆网页可以浏览他收藏文物的各种信息，网址 (www.freud.org.uk)。

2　Paul Connerton, How Societies Remember (Chicago, Il, 1989); Maurice Halbwachs, On Collective Memory, ed. and trans. Lewis A. Coser (Chicago, Il, 1992).

3　关于巴黎方尖碑参考 Todd Porterfield, The Allure of Empire: Art in the Service of French Imperialism, 1798–1836 (Princeton, NJ,

1998), pp. 13–41。

4 James P. Allen, 'Language, Scripts and Literature', in A Companion to Ancient Egypt, ed. Alan B. Lloyd (Oxford and Malden, ma, 2010), II, pp. 661–662.

5 John H. Taylor, Journey through the Afterlife: The Ancient Egyptian Book of the Dead (London, 2010), cat. 161, pp. 306–309.

6 Salima Ikram, ed., Divine Creatures: Animal Mummies in Ancient Egypt (Cairo and New York, 2005).

7 Dieter Kessler and Abd el Halim Nur el-Din, 'Tuna el-Gebel: Millions of Ibises and Other Animals', ibid., pp. 120–163.

8 Martin Bommas, 'Isis, Osiris, and Sarapis', in The Oxford Handbook of Roman Egypt, ed. Christina Riggs (Oxford, 2012), pp. 419–435; Hugh Bowden, Mystery Cults of the Ancient World (Princeton, NJ, 2010),pp. 156–197.

9 Kevin van Bladel,The Arabic Hermes: From Pagan Sageto Prophet of Science (Oxford and New York, 2009), pp. 3–21; Garth Fowden, The Egyptian Hermes: A Historical Approach to the Late Pagan Mind (Princeton, NJ, 1993). 还可参考 Gary Lachman, The Quest for Hermes Trismegistus: From Ancient Egypt to the Modern World (Edinburgh, 2011), 这本书综合了同时期学者的观点，单就学术和文

笔水平而言，属上乘之作。

10　Brian A. Curran, The Egyptian Renaissance: The Afterlife of Ancient Egypt in Early Modern Italy (Chicago, Il, and London, 2007), p. 93.

11　Elliott Colla, Conflicted Antiquities: Egyptology, Egyptomania, Egyptian Modernity (Durham, NC, 2007), pp. 121–165; Israel Gershoni and James P. Jankowski, Egypt, Islam, and the Arabs: The Search for Egyptian Nationhood, 1900–1930 (New York and Oxford, 1986), pp. 77–95.

12　David Gange, Dialogues with the Dead: Egyptology in British Culture and Religion, 1822–1922 (Oxford, 2013), pp. 263–267.

13　Sigmund Freud, Moses and Monotheism, trans. Katherine Jones (London, 1939).

第 2 章　4000 年埃及史

1　David O'Brien, After the Revolution: Antoine-Jean Gros, Painting and Propaganda under Napoleon (University Park, pa, 2004).

2　Ibid., pp. 92–94. For the Napoleonic campaign in Egypt, see Juan Cole, Napoleon's Egypt: Invading the Middle East (New York, 2007).

3　希罗多德关于埃及的书总共有 2 卷，网上存在很多翻译版

本 (例如 , http://perseus.mpiwg-berlin.mpg.de). 相关内容还可参考 Ian S. Moyer, Egypt and the Limits of Hellenism (Cambridge, 2011), pp. 42–83; Alan B. Lloyd, 'Egypt', in Brill's Companion to Herodotus, ed. Egbert Bakker, Irene de Jong and Hans van Wees (Leiden, 2002), pp. 415–436。

4 P.D.A. Harvey, ed., The Hereford World Map: Medieval Maps and their Context (London, 2006), 该书在学术层面进行了相当广泛的讨论，网上地图浏览可登录 www.themappamundi.co.uk, accessed13 July 2016。

5 Okasha el-Daly, Egyptology, The Missing Millennium: Ancient Egypt in Medieval Arabic Writings (Walnut Creek, CA, 2005), pp. 48–49.

6 Edward Said, Orientalism (New York, 1978). 关于萨义德作品的影响，以及目前的其他相关作品，可参考 Zachary Lockman, Contending Visions of the Middle East: The History and Politics of Orientalism, 2nd edn (Cambridge and New York, 2009)。

7 曼农留下的各种文献残件已由 W. G. Waddell 翻译，主流互联网上很容易找到，例如 http://penelope.uchicago.edu/Thayer. 曼农同时期的其他历史文献可参考 John D. Dillery, Clio's Other Sons: Berossus and Manetho (Ann Arbor, MI, 2015); and especially Moyer, Egypt and the Limits of Hellenism, pp. 84–141。

8　Lutz Popko, 'History-writing in Ancient Egypt', ucla Encyclopedia of Egyptology (Los Angeles, ca, 2014); available at https://escholarship.org, accessed 12 July 2016.

9　Alice Stevenson, 'Predynastic Burials', ucla Encyclopedia of Egyptology (Los Angeles, ca, 2009); David Wengrow, 'Predynastic Art', ucla Encyclopedia of Egyptology (Los Angeles, ca, 2009); both availableat https://escholarship.org, accessed 12 July 2016; David Wengrow, The Archaeology of Early Egypt: Social Transformations in North-east Africa, 10,000 to 2650 BC (Cambridge, 2006); Béatrix Midant-Reynes, The Prehistory of Egypt from the First Egyptians to the First Pharaohs (Oxford and Malden, ma, 2000).

10　Rowena Gale and Renée Friedman, 'Buried in her Bark Pyjamas', Nekhen News, 13 (2001), pp. 15–16; available at www.hierakonpolis-online.org, accessed 12 July 2016.

11　Mark Lehner, The Complete Pyramids (London, 2008). For pyramids of early Dynasty 4, see Richard Bussmann, 'Pyramid Age: Huni to Radjedef', ucla Encyclopedia of Egyptology (Los Angeles, CA, 2015); available at https://escholarship.org, accessed 12 July 2016.

12　John Baines and Christina Riggs, 'Archaism and Kingship: A Late Royal Statue and its Early Dynastic Model', Journal of Egyptian

Archaeology, IXXXVII (2001), pp. 103–118.

13 Adela Oppenheim, Dorothea Arnold, Dieter Arnold and Kei Yamamoto, eds, Ancient Egypt Transformed: The Middle Kingdom (New York, 2015), pp. 319–322, which summarizes the pyramid sites of this period and provides further references.

14 Brian A. Curran, Anthony Grafton, Pamela O. Long and Benjamin Weiss, Obelisk: A History (Cambridge, MA, 2009).

15 Marjorie M. Fisher, Peter Lacovara, Salima Ikram and Sue D'Auria, eds, Ancient Nubia: African Kingdoms on the Nile (Cairo, 2012); Robert Morkot, The Black Pharaohs: Egypt's Nubian Rulers (London, 2000).

16 Jean-Marcel Humbert, 'The Egyptianizing Pyramid from the 18th to the 20th Century', in Imhotep Today: Egyptianizing Architecture, ed. Jean-Marcel Humbert and Clifford Price (London, 2003), pp. 25–39.

第 3 章　神圣文字

1 R. B. Parkinson, The Rosetta Stone (London, 2005), pp. 26–32.

2 关于埃及语言和文字的综述可参考 James P. Allen, 'Language, Scripts and Literature', in A Companion to Ancient Egypt, ed. Alan B. Lloyd (Oxford and Malden, ma, 2010), II, pp. 641–662, and his Middle

Egyptian: An Introduction to the Language and Culture of Hieroglyphs, 3rd edn (Cambridge, 2014)。

3 Peter Parsons, The City of the Sharp-nosed Fish: Greek Lives in Roman Egypt (London, 2007), p. 102.

4 Christina Riggs, The Beautiful Burial in Roman Egypt: Art, Identity, and Funerary Religion(Oxford, 2006).

5 Discussed in Jacco Dieleman, Priests, Tongues, and Rites: The London–Leiden Magical Manuscripts and Translation in Egyptian Ritual (100–300 ce) (Leiden and Boston, MA, 2005).

6 最好的翻译和修补版本出自 Heinz-Josef Thissen, Des Niloten Horapollon Hieroglyphenbuch (Munich, 2001)。互联网上有很多年代更早的英文翻译版，阅读时应特别留心；关于这份文献的当代历史综述可浏览 www.studiolum.com, accessed 13 July 2016。

7 Okasha el-Daly, Egyptology, The Missing Millennium: Ancient Egypt in Medieval Arabic Writings (Walnut Creek, CA, 2005), pp. 65–71.

8 Daniel Stolzenberg, Egyptian Oedipus: Athanasius Kircher and the Secrets of Antiquity (Chicago, Il, and London, 2013).

9 Nicholas Temple, Disclosing Horizons: Architecture, Perspective and Redemptive Space (London and New York, 2006), pp. 166–173;

Susan Sorek, The Emperors' Needles: Egyptian Obelisks and Rome (Liverpool, 2010),pp. 79–84; Brian A. Curran, Anthony Grafton, Pamela O. Longand Benjamin Weiss, Obelisk: A History (Cambridge, ma, 2009),pp. 165–172.

10 参考 Stolzenberg, Egyptian Oedipus, pp. 120–123, 200–206。

11 Ibid., pp. 76–77.

12 Parkinson, The Rosetta Stone, pp. 26–28.

13 Stephanie Moser, Wondrous Curiosities: Ancient Egypt at the British Museum (London and Chicago, ll, 2006), pp. 73–84.

14 R. S. Simpson's translation, reproduced in Parkinson, The Rosetta Stone, pp. 57–60.

第 4 章　洪水赐福

1 László Kákosy, 'The Nile, Euthenia, and the Nymphs', Journal of Egyptian Archaeology, lXVIII(1982), pp. 290–298.

2 Betsy Bryan and Arielle P. Kozloff, Egypt's Dazzling Sun: Amenhotep III and his World(Cleveland, OH, 1992), pp. 90–93, 138–139.

3 Strabo, Geography 17.46. 主流互联网上有很多翻译版本，例如出自 H. L. Jones 的版本，相关内容可浏览 http://penelope.uchicago.edu. 关于 Julia Balbilla，参考 Patricia Rosenmeyer, 'Greek

Verse Inscriptions in Roman Egypt: Julia Balbilla's Sapphic Voice', Classical Antiquity, XXVII/2 (2008), pp. 334–358; T. C. Brennan, 'The Poets Julia Balbilla and Damo at the Colossus of Memnon', Classical World, XCI/4 (1998), pp. 215–234。

4 关于 Antinous 可参考 Royston Lambert 的 Beloved and God: The Story of Hadrian and Antinous (London, 1984), 要想了解这个领域最新的研究成果，可参考 Thorsten Opper, ed., Hadrian: Empire and Conflict (London, 2008); Penelope Curtis and Caroline Vout, Antinous: The Face of the Antique (Leeds, 2006)。

5 Ian Rutherford, 'Travel and Pilgrimage in Roman Egypt', in The Oxford Handbook of Roman Egypt, ed. Christina Riggs (Oxford, 2012), pp. 701–716.

6 Molly Swetnam-Burland, 'Nilotica and the Image of Egypt', in The Oxford Handbook of Roman Egypt, ed. Christina Riggs (Oxford, 2012), pp. 684–697.

7 Casper Andersen, 'The Philae Controversy: Muscular Modernization and PaternalisticPreservation in Aswan and London', History and Anthropology, XXII/2 (2011), pp. 203–220.

8 Elliott Colla, Conflicted Antiquities: Egyptology, Egyptomania, Egyptian Modernity (Durham, nc, 2007), pp. 40–44.

9 Giovanni Belzoni, Narrative of the Operations and Recent Discoveries in Egypt and Nubia (London, 1820), pp. 212–214.

第 5 章　像古埃及人那样行走

1 Ernst Gombrich, Art and Illusion: A Study in the Psychology of Perception (London and New York, 1960); the cartoon appears on p. 2.

2 Paul Edmund Stanwick, Portraits of the Ptolemies: Greek Kings as Egyptian Pharaohs (Austin, tx, 2002), pp. 67–68 (Arsinoe II), 75–76 (Cleopatra iii), 79–81 (Cleopatra VII). 关于 San Jose 那尊被 Stanwick 认定为可能是 Cleopatra III 的雕像，参考 p. 118 (cat. d9)。

3 Stephanie Moser, Designing Antiquity: Owen Jones, Ancient Egypt, and the Crystal Palace (New Haven, CT, and London, 2012), esp. pp. 81–119, also 121–139.

4 Chris Elliot, Egypt in England (London, 2012); James Stevens Curl, The Egyptian Revival: Ancient Egypt as the Inspiration for Design Motifs in the West (New York, 2005); Jean-Marcel Humbert, ed., Egyptomania: Egypt in Western Art, 1730–1930 (Ottawa, 1994).

5 出自 Holman Hunt 的两件古埃及风格椅子的实物保存在 Birmingham Museum and Art Gallery，相关信息可浏览 www.bmagic. org.uk, accessed 14 July 2016。

6 Elliott Colla, Conflicted Antiquities: Egyptology, Egyptomania, Egyptian Modernity (Durham, NC, 2007), pp. 199–210.

7 参考 http://collections.vam.ac.uk, accessed 14 July 2016。

8 Robert J. C. Young, Colonial Desire: Hybridity in Theory, Culture and Race (London and New York, 1995), esp. pp. 118–141.

9 参考 Casper Andersen, 'The Philae Controversy: Muscular Modernization and Paternalistic Preservation in Aswan and London', History and Anthropology, XXII/2 (2011), pp. 203–220。

10 See http://whc.unesco.org.

11 Lynn Meskell, 'Negative Heritage and Past Mastering in Archaeology', Anthropological Quarterly, IXXV/3 (2002), pp. 557–574.

12 普卢塔克撰写的恺撒和安东尼传记都有涉及埃及艳后的内容，主流互联网上很容易找到相关内容的英语版本，例如 Bernadotte Perrin at http://penelope.uchicago.edu. For reliable discussions of Cleopatra in her own historical context。要想了解比较可靠的埃及艳后历史，可参考 Duane W. Roller, Cleopatra: A Biography (New York and Oxford, 2010); Michel Chauveau, Cleopatra: Beyond the Myth (Ithaca, ny, and London, 2002)。要想了解最新的关于埃及艳后的代表性研究成果和不那么有代表性的研究成果，可参考 Mary Hamer, Signs of Cleopatra: History, Politics, Representation (London,

1993)。

13 Okasha el-Daly, Egyptology, The Missing Millennium: Ancient Egypt in Medieval Arabic Writings (Walnut Creek, CA, 2005), pp. 131–137.

14 Mary Hamer, 'Black and White? Viewing Cleopatra in 1862', in The Victorians and Race, ed. Shearer West (Aldershot, 1996), pp. 53–67.

第 6 章　蛇蝎女，狐狸精，睚眦必报者

1 Edward Said, Orientalism (New York, 1978).

2 Judith S. McKenzie, The Architecture of Alexandria and Egypt, c. 300 BC to AD 700 (New Haven, CT, and London, 2007), pp. 64–65 (sceptical that the tomb can be identified), 75; 还可参考 Robert S. Bianchi, 'Hunting Alexander's Tomb', Archaeology (May–June 1993); available at http://archive.archaeology.org, accessed 12 July 2016。

3 Herodotus,Histories 2.86–8.

4 Christina Riggs, Unwrapping Ancient Egypt (London, 2014), pp. 130–140.

5 Okasha el-Daly, Egyptology, The Missing Millennium: Ancient Egypt in Medieval Arabic Writings (Walnut Creek, ca, 2005), pp. 95–107, for Arabic sources; 关于木乃伊在欧洲被利用的历史，可参考 Richard Sugg, Mummies, Cannibals and Vampires: The History of Corpse

Medicine from the Renaissance to the Victorians (Abingdon and New York, 2011), pp. 67–77; Louise Noble,Medicinal Cannibalism in Early Modern English Literature and Culture (New York, 2011), pp. 17–34; and Philip Schwyzer, Archaeologies of English Renaissance Literature (Oxford, 2007), pp. 151–174。

6 Thomas Browne, Religio Medici and Hydriotaphia, or Urne-burial Mumia, ed. and intro. Stephen Greenblatt and Ramie Targott (New York, 2012), p. 136 (Chapter Five); available at http://penelope.uchicago.edu, accessed 15 July 2016.

7 Christian Hertzog, Essay de Mumio-graphie (Gotha, 1718). For a historical overview of the collection and study of Egyptian mummies 关于古埃及木乃伊收藏和研究的历史综述，可参考 Salima Ikram and Aidan Dodson, The Mummy in Ancient Egypt: Equippingthe Dead for Eternity (London, 1998), pp. 61–101, 更多相关内容可参考 Riggs, Unwrapping Ancient Egypt, pp. 41–76。

8 Joscelyn Godwin, Athanasius Kircher's Theatre of the World (London, 2009), pp. 77–80.

9 Thomas Greenhill, [Nekrokedeia]: Or, the Art of Embalming (London, 1705). 关于 Greenhill 的简介，可参考 L.A.Г. Davidson, 'Greenhill, Thomas (fl. 1698–1732)', Oxford Dictionary of National Biography

(Oxford, 2004); 也可浏览 www.oxforddnb.com。

10 Robert J. C. Young, Colonial Desire: Hybridity in Theory, Culture and Race (London and New York, 1995), pp. 118–141.

11 Debbie Challis, The Archaeology of Race: The Eugenic Ideas of Francis Galton and Flinders Petrie (London, 2013).

12 Grafton Elliot Smith, The Royal Mummies (Cairo, 1912), p. v.

13 Riggs, Unwrapping Ancient Egypt, pp. 67–76.

14 这个故事有很多英文文献和网上资源可供参考，例如 www. gutenberg.org。

15 Nicholas Daly, 'That Obscure Object of Desire: Victorian Commodity Culture and Fictions of the Mummy', novel, XXVIII/1 (1994), pp. 24–51; Ruth Hoberman, 'In Quest of a Museal Aura: Turn of the Century Narratives about Museum-displayed Objects', Victorian Literature and Culture, XXXI/2 (2003), pp. 467–482; Roger Luckhurst, The Mummy's Curse: The True History of a Dark Fantasy (Oxford, 2012).

16 Bradley Deane, 'Mummy Fiction and the Occupation of Egypt: Imperial Striptease', English Literature in Translation, 1880–1920, LI/4 (2008), pp. 381–410.

17 关于"Smith and the Pharaohs"的故事全本，可浏览 www.

gutenberg.org。

18 关于这次陵墓考古发掘有很多相关报道，但很少有这方面的报道能兼顾同时期埃及政治和文化形势，这方面的例外包括 Elliott Colla, Conflicted Antiquities: Egyptology, Egyptomania, Egyptian Modernity (Durham, nc, 2007), pp. 172–226; James F. Goode, Negotiating for the Past: Archaeology, Nationalism, and Diplomacy in the Middle East, 1919–1941 (Austin, TX, 2007), pp. 75–91; and Donald Malcolm Reid, Contesting Antiquity in Egypt: Archaeologies, Museums and the Struggle for Identities from World War i to Nasser (Cairo and New York, 2015), pp. 51–79。

第 7 章　出非洲记

1 Debbie Challis, The Archaeology of Race: The Eugenic Ideas of Francis Galton and Flinders Petrie (London, 2013), pp. 21–44.

2 Nicholas Grindle, 'Our Own Imperfect Knowledge: Petrus Camper and the Search for an "Ideal Form", res, 31 (1997), pp. 139–148; Miriam C. Meijer, Race and Aesthetics in the Anthropology of Petrus Camper (1722–1789) (Amsterdam, 1999).

3 Christina Riggs, 'An Autopsic Art: Drawings of "Dr Granville's Mummy" in the Royal Society Archives', Royal Society Notes and

Records, lXX (2016), pp. 107–133.

4 Timothy Champion, 'Beyond Egyptology: Egypt in 19th and 20th Century Archaeology and Anthropology', in The Wisdom of Egypt: Changing Visions through the Ages, ed. Peter Ucko and Timothy Champion (London, 2003), pp. 161–185; Dana D. Nelson, National Manhood: Capitalist Citizenship and the Imagined Fraternity of White Men (Durham, nc, and London, 1998), pp. 102–34; Robert Bernasconi, 'Black Skin, White Skulls: The Nineteenth Century Debate over the Racial Identity of the Ancient Egyptians', Parallax, XIII/2 (2007), pp. 6–20.

5 可参考这两本书最新学术研究版的编辑前言：Josiah Clark Nott and George Robins Gliddon, Types of Mankind [1854], ed. Robert Bernasconi (Bristol, 2002)。

6 Challis, Archaeology of Race.

7 Jo Marchant, The Shadow King: The Bizarre Afterlife of King Tut's Mummy (Boston, MA, 2013), pp. 160–161, with press reports online, especially through the website of sponsor National Geographic (for example Brian Handwerk, 'King Tut's New Face: Behind the Forensic Reconstruction', 11 May 2005, http://news.nationalgeographic.com, accessed 16 July 2016.)

8　Scott Trafton, Egypt Land: Race and Nineteenth-century American Egyptomania (Durham, NC, 2004).

9　Ibid., pp. 63–84. See also Stephen Howe, Afrocentrism: Mythical Pasts and Imagined Homes (London and New York, 1998), pp. 35–58; Robin Derricourt, Antiquity Imagined: The Remarkable Legacy of Egypt and the Ancient Near East (London, 2015), pp. 130–157.

10　W. E. B. Du Bois, The Souls of Black Folk (Chicago, II, 1903), p. 3.

11　Nathan Irvin Huggins, Harlem Renaissance (New York and Oxford, 1972, rev. 2007); Kevin Hillstrom, Defining Moments: The Harlem Renaissance (Chicago, II, 2011).

12　Renée Ater, 'Making History: Meta Warrick Fuller's "Ethiopia"', American Art, XVII/3 (2003), pp. 12–31.

13　Sieglinde Lemke, Primitivist Modernism: Black Culture and the Origins of Transatlantic Modernism (Oxford, 1998), pp. 48–52. 关于这些艺术家的更多信息可浏览 www.loismailoujones.com。

14　Cheikh Anta Diop, The African Origin of Civilization: Myth or Reality (New York, 1974), pp. 153–155, 179–201. On Diop, see Howe, Afrocentrism, pp. 163–192; Derricourt, Antiquity Imagined, pp. 157–159.

15　Howe, Afrocentrism, pp 230–239; Derricourt, Antiquity Imagined, pp. 159–167.

16 Martin Bernal, Black Athena: The Afroasiatic Roots of Classical Civilization, vol. I: The Fabrication of Ancient Greece, 1785–1985 (New Brunswick, NJ, 1987). There is an extensive literature, including Howe, Afrocentrism, pp. 193–211, and Derricourt, Antiquity Imagined, pp. 167–169. See also Jacques Berlinerblau, Heresy in the University: The Black Athena Controversy and the Responsibilities of American Intellectuals (New Brunswick, NJ, and London, 1999); Robert J. C. Young, 'The Afterlives of Black Athena', in African Athena: New Agendas, ed. Daniel Orrells et al. (Oxford, 2011), pp. 174–188.

17 Ferdinand de Jong and Michael Rowlands, 'Postconflict Heritage', Journal of Material Culture, XIII/2 (2008), pp. 131–134.

第 8 章　与历史相遇

1 要想了解此类涂鸦在互联网上流传的更多信息，可参考 Soraya Morayef, 'Pharaonic Street Art: The Challenge of Translation', pp. 194–207, and John Johnston, 'Democratic Walls: Street Art as Public Pedagogy', pp. 178–193, in Translating Dissent: Voices from and with the Egyptian Revolution, ed. Mona Baker (London and New York, 2016)。

2 Donald Malcolm Reid, Whose Pharaohs? Archaeology, Museums, and Egyptian National Identity from Napoleon to World War

I (Berkeley, CA, 2002), pp. 50–54, 96–98, 108–112.

3 George R. Gliddon, An Appeal to the Antiquaries of Europe on the Destruction of the Monuments of Egypt (London, 1840); the work is often cited approvingly by Egyptologists.

4 Reid, Whose Pharaohs?, pp. 54–58.

5 Ibid., pp. 93–108.

6 Anne Clément, 'Rethinking "Peasant Consciousness" in Colonial Egypt: An Exploration of the Performance of Folksongs by Upper Egyptian Agricultural Workers on the ArchaeologicalExcavation Sites of Karnak and Dendera at the Turn of the Twentieth Century (1885–1914)', History and Anthropology, XXI/2 (2010), pp. 73–100; Nathan J. Brown, 'Who Abolished Corvée Labour in Egypt and Why?', Past and Present, CXllV/1 (1994), pp. 116–137.

7 Reid, Whose Pharaohs?, pp. 116–118 (on the School), 179–181, 230–234 (on Ali Mubarak). For Mubarak, see also Darrell Dykstra, 'Pyramids, Prophets, and Progress: Ancient Egypt in the Writings of Ali Mubarak', Journal of the American Oriental Society, CXIV/1 (1994), pp. 54–65.

8 Reid, Whose Pharaohs?, pp. 186–189, 201–204; Reid, Contesting Antiquity in Egypt: Archaeologies, Museums and the Struggle for

Identities from World War I to Nasser (Cairo and New York, 2015), pp. 29–33.

9 Juan R. I. Cole, Colonialism and Revolution in the Middle East: Social and Cultural Origins of Egypt's Urabi Movement (Princeton, NJ, 1993).

10 Christina Riggs, Unwrapping Ancient Egypt (London, 2014), pp. 61–67.

11 Gaston Maspero, 'Rapport sur la trouvaille de Déir-el-Bahari', Bulletin de l'Institut d'Égypte, 2nd ser., 2 (1881), p. 135.

12 See Riggs, Unwrapping Ancient Egypt, pp. 192–194, 198–201.

13 Dalia Assam, 'Archaeologist Campaigns for Removal of Mummies from Egyptian Museum', Asharq al-Awsat, 4 February 2015, www.english.awsat. com, accessed 12 July 2016.

14 Elliott Colla, 'Shadi Abd Al-Salam's Al-Mumiya: Ambivalence and the Egyptian Nation-state', in Beyond Colonialism and Nationalism in the Maghrib: History, Culture, and Politics, ed. Ali Abdullatif Ahmida (New York, 2010), pp. 109–143.

15 Reid, Contesting Antiquity, pp. 44–45; Patrick Kane, The Politics of Art in Modern Egypt:Aesthetics, Ideology and Nation-building (London, 2013), pp. 24–32, 38–45; Caroline Williams,

'Twentieth-century Egyptian Art: The Pioneers, 1920–52', in Re-Envisioning Egypt, 1919–1952, ed. Arthur Goldschmidt et al. (Cairo and New York, 2005), pp. 431–432.

16 Reid, Contesting Antiquity, pp. 44–47, 128–130; Kane, The Politics of Art, pp. 28–31; Williams, 'Twentieth-century Egyptian Art', pp. 428–429; Alexandra Dika Seggerman, 'Mahmoud Mukhtar: "The First Sculptor from the Land of Sculpture"', World Art, IV/1 (2014), pp. 27–46.

17 关于女权主义在埃及民族主义理论中扮演的角色及相关评论，可参考 Beth Baron, Egypt as a Woman: Nationalism, Gender, and Politics (Cairo, 2005)。

18 记载这次发现的相关文献很多，例如 T.G.H. James, Howard Carter: The Path to Tutankhamun (London and New York, 1992, rev. 2001), pp. 277–281, 328–330, 480–485。

19 Ibid., pp. 447–448, 469–471.

20 Elliott Colla, Conflicted Antiquities: Egyptology, Egyptomania, Egyptian Modernity (Durham, NC, 2007), p. 220.

21 Ibid., p. 222.

22 关于这个话题可参考 Timothy Mitchell, Rule of Experts: Egypt, Techno- politics, Modernity (Berkeley, CA, 2002)。

23 Jessica Winegar, 'Khaled Hafez: The Art of Dichotomy', Contemporary Practice, II (2008), unpaginated. 可参考埃及双年艺术展网页关于艺术家的介绍 www.khaledhafez.net, accessed 16 July 2016; 这件作品在 Hafez 近期举办的个人艺术展 'A Temple for Extended Days', at the Ayyam Gallery, Dubai 也被公开展出过，相关内容可浏览 www.ayyamgallery.com, accessed 16 July 2016。

第 9 章　寻找永无止境

1 William Kentridge, Carnets d'Égypte (Paris, 2010), 还可浏览艺术家的画廊网页 www.goodman-gallery.com, accessed 16 July 2016。

其他

Allen, James P., 'Language, Scripts and Literature', in A Companion to Ancient Egypt, ed. Alan B. Lloyd (Oxford and Malden, ma, 2010), vol. II, pp. 641–662.

—, Middle Egyptian: An Introduction to the Language and Culture of Hieroglyphs, 3rd edn (Cambridge, 2014)

Andersen, Casper, 'The Philae Controversy: Muscular Modernization and PaternalisticPreservation in Aswan and London', History and Anthropology, XXII/2 (2011), pp. 203–220.

Assam, Dalia, 'Archaeologist Campaigns for Removal of Mummies from Egyptian Museum',

Asharq al-Awsat, 4 February 2015, www.english.awsat.com, accessed 12 July 2016.

Ater, Renée, 'Making History: Meta Warrick Fuller's "Ethiopia"', American Art, XVII/3 (2003), pp. 12–31.

Baines, John, and Christina Riggs, 'Archaism and Kingship: A Late Royal Statue and its Early Dynastic Model', Journal of Egyptian Archaeology, LXXXVII (2001), pp. 103–118.

Barker, Stephen, ed., Excavations and their Objects: Freud's Collection of Antiquity (Albany, NY, 1996).

Baron, Beth, Egypt as a Woman: Nationalism, Gender, and Politics (Cairo, 2005).

Beitak, Manfred, Avaris, The Capital of the Hyksos: Recent Excavations at Tell el-Daba (London, 1996).

Belzoni, Giovanni, Narrative of the Operations and Recent Discoveries in Egypt and Nubia (London, 1820).

Berlinerblau, Jacques, Heresy in the University: The 'Black Athena' Controversy and theResponsibilities of American Intellectuals (New Brunswick, NJ, and London, 1999).

Bernal, Martin, Black Athena: The Afroasiatic Roots of Classical Civilization, vol. I: The Fabrication of Ancient Greece, 1785–1985 (New Brunswick, NJ, 1987).

Bernasconi, Robert, 'Black Skin, White Skulls: The Nineteenth Century Debate Over the Racial Identity of the Ancient Egyptians', Parallax, XIII/2 (2007), pp. 6–20.

Bianchi, Robert S., 'Hunting Alexander's Tomb', Archaeology (May–June 1993); available at http://archive.archaeology.org.

van Bladel, Kevin, The Arabic Hermes: From Pagan Sage to Prophet of Science (Oxford and New York, 2009).

Bommas, Martin, 'Isis, Osiris, and Sarapis', in The Oxford Handbook of Roman Egypt, ed.

Christina Riggs (Oxford, 2012), pp. 419–435.

Bowden, Hugh, Mystery Cults of the Ancient World (Princeton, NJ, 2010).

Brennan, T. C., 'The Poets Julia Balbilla and Damo at the Colossus of Memnon', Classical World, XCI/4 (1998), pp. 215–234.

Brown, Nathan J., 'Who Abolished Corvée Labour in Egypt and Why?', Past and Present, CXLIV/1 (1994), pp. 116–137.

Burke, Janine, The Gods of Freud: Sigmund Freud's Art Collection

(Sydney and New York, 2006).

Bussmann, Richard, 'Pyramid Age: Huni to Radjedef', ucla Encyclopedia of Egyptology (Los Angeles, CA, 2015); available at https://escholarship.org, accessed 12 July 2016.

Challis, Debbie, The Archaeology of Race: The Eugenic Ideas of Francis Galton and Flinders Petrie (London, 2013).

Champion, Timothy, 'Beyond Egyptology: Egypt in 19th and 20th Century Archaeology and Anthropology', in The Wisdom of Egypt: Changing Visions through the Ages, ed. Peter Ucko and Timothy Champion (London, 2003), pp. 161–185.

Chauveau, Michel, Cleopatra: Beyond the Myth (Ithaca, NY, and London, 2002).

Clément, Anne, 'Rethinking "Peasant Consciousness" in Colonial Egypt:An Exploration of the Performance of Folksongs by Upper Egyptian Agricultural Workers on the Archaeological Excavation Sites of Karnak and Dendera at the Turn of the Twentieth Century (1885–1914)', History and Anthropology, XXII/2 (2010), pp. 73–100.

Cole, Juan R. I., Colonialism and Revolution in the Middle East: Social and Cultural Origins of Egypt's Urabi Movement (Princeton, NJ, 1993).

—, Napoleon's Egypt: Invading the Middle East (New York, 2007)Colla, Elliott, Conflicted Antiquities: Egyptology, Egyptomania, Egyptian Modernity (Durham, NC, 2007).

—, 'Shadi Abd Al-Salam's Al-Mumiya: Ambivalence and the Egyptian Nation-state', in Beyond Colonialism and Nationalism in the Maghrib: History, Culture, and Politics, ed. Ali Abdullatif Ahmida (New York, 2010), pp. 109–143.

Connerton, Paul, How Societies Remember (Cambridge, 1989).

Curl, James Stevens, The Egyptian Revival: Ancient Egypt as the Inspiration for Design Motifs in the West (New York, 2005).

Curran, Brian A., The Egyptian Renaissance: The Afterlife of Ancient Egypt in Early Modern Italy (Chicago, IL, and London, 2007).

—, Anthony Grafton, Pamela O. Long and Benjamin Weiss, Obelisk: A History (Cambridge, MA, 2009).

Curtis, Penelope, and Caroline Vout, Antinous: The Face of the Antique (Leeds, 2006).

Daly, Nicholas, 'That Obscure Object of Desire: Victorian Commodity Culture and Fictions of the Mummy', novel, XXVIII/1 (1994), pp. 24–51.

el-Daly, Okasha, Egyptology, The Missing Millennium: Ancient

Egypt in Medieval Arabic Writings (Walnut Creek, CA, 2005).

Davidson, L.A.F., 'Greenhill, Thomas (fl. 1698–1732)', Oxford Dictionary of National Biography (Oxford, 2004); available at www. oxforddnb.com.

de Jong, Ferdinand, and Michael Rowlands, 'Postconflict Heritage', Journal of Material Culture, XIII/2 (2008), pp. 131–134.

Deane, Bradley, 'Mummy Fiction and the Occupation of Egypt: Imperial Striptease', EnglishLiterature in Translation, 1880–1920, LI/4 (2008), pp. 381–410.

Derricourt, Robin, Antiquity Imagined: The Remarkable Legacy of Egypt and the Ancient Near East (London, 2015).

Dieleman, Jacco, Priests, Tongues, and Rites: The London–Leiden Magical Manuscripts and Translation in Egyptian Ritual (100–300 ce) (Leiden and Boston, MA, 2005).

Dillery, John D., Clio's Other Sons: Berossus and Manetho (Ann Arbor, MI, 2015).

Diop, Cheikh Anta, The African Origin of Civilization: Myth or Reality (New York, 1974).

Dykstra, Darrell, 'Pyramids, Prophets, and Progress: Ancient Egypt in the Writings of AliMubarak', Journal of the American Oriental

Society, CXIV/1 (1994), pp. 54–65.

Elliot, Chris, Egypt in England (London, 2012).

Fisher, Marjorie M., Peter Lacovara, Salima Ikram and Sue D'Auria, eds, Ancient Nubia: African Kingdoms on the Nile (Cairo, 2012).

Fowden, Garth, The Egyptian Hermes: A Historical Approach to the Late Pagan Mind (Princeton, NJ, 1993).

Gale, Rowena, and Renée Friedman, 'Buried in her Bark Pyjamas', Nekhen News, 13 (2001), pp. 15–16; available at www.hierakonpolis-online.org.

Gamwell, Lynn, and Richard Wells, eds, Sigmund Freud and Art: His Personal Collection of Antiquities (Binghamton, NY, 1989).

Gange, David, Dialogues with the Dead: Egyptology in British Culture and Religion, 1822–1922 (Oxford, 2013).

Gershoni, Israel, and James P. Jankowski, Egypt, Islam, and the Arabs: The Search for Egyptian Nationhood, 1900–1930 (New York and Oxford, 1986).

Gliddon, George R., An Appeal to the Antiquaries of Europe on the Destruction of the Monuments of Egypt (London, 1840).

Godwin, Joscelyn, Athanasius Kircher's Theatre of the World (London, 2009).

Gombrich, Ernst, Art and Illusion: A Study in the Psychology of Perception (London and New York, 1960).

Goode, James F., Negotiating for the Past: Archaeology, Nationalism, and Diplomacy in the Middle East, 1919–1941 (Austin, TX, 2007).

Greenhill, Thomas, [Nekrokedeia]: Or, the Art of Embalming (London, 1705).

Grindle, Nicholas, 'Our Own Imperfect Knowledge: Petrus Camper and the Search for an "Ideal Form"', RES, 3I (1997), pp. 139–148.

Halbwachs, Maurice, On Collective Memory, ed. and trans. Lewis A. Coser (Chicago, IL, 1992).

Hamer, Mary, 'Black and White? Viewing Cleopatra in 1862', in The Victorians and Race, ed. Shearer West (Aldershot, 1996), pp. 53–67.

—, Signs of Cleopatra: History, Politics, Representation (London, 1993) Harvey, P.D.A., The Hereford World Map: Medieval Maps and their Context (London, 2006).

Hertzog, Christian, Essay de Mumio-graphie (Gotha, 1718).

Hillstrom, Kevin, Defining Moments: The Harlem Renaissance (Chicago, IL, 2011).

Hoberman, Ruth, 'In Quest of a Museal Aura: Turn of the Century

Narratives about Museum-displayed Objects', Victorian Literature and Culture, XXXI/2 (2003), pp. 467–482.

Howe, Stephen, Afrocentrism: Mythical Pasts and Imagined Homes (London and New York, 1998).

Huggins, Nathan Irvin, Harlem Renaissance (New York and Oxford, 1972, rev. 2007).

Humbert, Jean-Marcel, 'The Egyptianizing Pyramid from the 18th to the 20th Century', in Imhotep Today: Egyptianizing Architecture, ed. Jean-Marcel Humbert and Clifford Price (London, 2003), pp. 25–39.

—, ed., Egyptomania: Egypt in Western Art, 1730–1930 (Ottawa, 1994) Ikram, Salima, ed., Divine Creatures: Animal Mummies in Ancient Egypt (Cairo and New York, 2005).

Ikram, Salima, and Aidan Dodson, The Mummy in Ancient Egypt: Equipping the Dead for Eternity (London, 1998).

James, T.G.H., Howard Carter: The Path to Tutankhamun (London and New York, 1992, rev. 2001.

Kákosy, László, 'The Nile, Euthenia, and the Nymphs', Journal of Egyptian Archaeology,LXVIII(1982), pp. 290–298.

Kane, Patrick, The Politics of Art in Modern Egypt: Aesthetics, Ideology and Nation-building (London, 2013).

Kentridge, William, Carnets d'Égypte (Paris, 2010).

Kessler, Dieter, and Abd el Halim Nur el-Din, 'Tuna el-Gebel: Millions of Ibises and Other Animals', in Divine Creatures: Animal Mummies in Ancient Egypt, ed. Salima Ikram (Cairo and New York, 2005), pp. 120–163.

Lachman, Gary, The Quest for Hermes Trismegistus: From Ancient Egypt to the Modern World (Edinburgh, 2011).

Lehner, Mark, The Complete Pyramids (London, 2008).

Lloyd, Alan B., 'Egypt', in Brill's Companion to Herodotus, ed. Egbert Bakker, Irene de Jong and Hans van Wees (Leiden, 2002), pp. 415–436.

Lockman, Zachary, Contending Visions of the Middle East: The History and Politics of Orientalism, 2nd edn (Cambridge and New York, 2009).

Luckhurst, Roger, The Mummy's Curse: The True History of a Dark Fantasy (Oxford, 2012).

McKenzie, Judith S., The Architecture of Alexandria and Egypt, c. 300 bc to ad 700 (New Haven, CT, and London, 2007).

Marchant, Jo, The Shadow King: The Bizarre Afterlife of King Tut's Mummy (Boston, MA, 2013).

Maspero, Gaston, 'Rapport sur la trouvaille de Déir-el-Bahari', Bulletin de l'Institut d'Égypte, 2nd ser., 2 (1881), pp. 129–169.

Meijer, Miriam C., Race and Aesthetics in the Anthropology of Petrus Camper (1722–1789) (Amsterdam, 1999).

Meskell, Lynn, 'Negative Heritage and Past Mastering in Archaeology', Anthropological Quarterly, IXXV/3 (2002), pp. 557–574.

Midant-Reynes, Béatrix, The Prehistory of Egypt from the First Egyptians to the First Pharaohs (Oxford and Malden, MA, 2000).

Mitchell, Timothy, Rule of Experts: Egypt, Techno-politics, Modernity (Berkeley, CA, 2002).

Morkot, Robert, The Black Pharaohs: Egypt's Nubian Rulers (London, 2000).

Moser, Stephanie, Designing Antiquity: Owen Jones, Ancient Egypt, and the Crystal Palace (New Haven, ct, and London, 2012).

—, Wondrous Curiosities: Ancient Egypt at the British Museum (London and Chicago, II, 2006).

Moyer, Ian S., Egypt and the Limits of Hellenism (Cambridge, 2011).

Nelson, Dana D., National Manhood: Capitalist Citizenship and the Imagined Fraternity of White Men (Durham, NC, and London, 1998).

Noble, Louise, Medicinal Cannibalism in Early Modern English Literature and Culture (New York, 2011).

Nott, Josiah Clark, and George Robins Gliddon, Types of Mankind [1854], ed. Robert Bernasconi (Bristol, 2002).

O'Brien, David, After the Revolution: Antoine-Jean Gros, Painting and Propaganda under Napoleon (University Park, PA, 2004).

Oppenheim, Adela, Dorothea Arnold, Dieter Arnold and Kei Yamamoto, eds, Ancient Egypt Transformed: The Middle Kingdom (New York, 2015).

Opper, Thorsten, ed., Hadrian: Politics and Empire (London, 2008).

Parkinson, R. B., Cracking Codes: The Rosetta Stone and Decipherment (London, 1999).

—, The Rosetta Stone (London, 2005).

Parsons, Peter, The City of the Sharp-nosed Fish: Greek Lives in Roman Egypt (London, 2007).

Popko, Lutz, 'History-writing in Ancient Egypt', ucla Encyclopedia of Egyptology (Los Angeles, CA, 2014); available at https://escholarship.org.

Porterfield, Todd, The Allure of Empire: Art in the Service of French Imperialism, 1798–1836 (Princeton, NJ, 1998).

Reid, Donald Malcolm, Contesting Antiquity in Egypt: Archaeologies, Museums and the Struggle for Identities from World War I to Nasser (Cairo and New York, 2015).

—, Whose Pharaohs? Archaeology, Museums, and Egyptian National Identity from Napoleon to World War i (Berkeley, CA, 2002).

Riggs, Christina, 'An Autopsic Art: Drawings of "Dr Granville's Mummy" in the Royal Society Archives', Royal Society Notes and Records, IXX (2016), pp. 107–133.

—, The Beautiful Burial in Roman Egypt: Art, Identity, and Funerary Religion (Oxford, 2006).

—, Unwrapping Ancient Egypt (London, 2014).

Roller, Duane W., Cleopatra: A Biography (New York and Oxford, 2010).

Rosenmeyer, Patricia, 'Greek Verse Inscriptions in Roman Egypt: Julia Balbilla's Sapphic Voice', Classical Antiquity, XXVII/2 (2008), pp. 334–358.

Rutherford, Ian, 'Travel and Pilgrimage in Roman Egypt', in The Oxford Handbook of Roman Egypt, ed. Christina Riggs (Oxford, 2012), pp. 701–716.

Said, Edward, Orientalism (New York, 1978).

Schwyzer, Philip, Archaeologies of English Renaissance Literature (Oxford, 2007).

Seggerman, Alexandra Dika, 'Mahmoud Mukhtar: "The First Sculptor from the Land of Sculpture"', World Art, IV/I(2014), pp. 27–46.

Smith, Grafton Elliot, The Royal Mummies (Cairo, 1912).

Sorek, Susan, The Emperors' Needles: Egyptian Obelisks and Rome (Liverpool, 2010).

Stanwick, Paul Edmund, Portraits of the Ptolemies: Greek Kings as Egyptian Pharaohs (Austin, TX, 2002).

Stevenson, Alice, 'Predynastic Burials', ucla Encyclopedia of Egyptology (Los Angeles, CA, 2009); available at https://escholarship. org.

Stolzenberg, Daniel, Egyptian Oedipus: Athanasius Kircher and the Secrets of Antiquity (Chicago, II, and London, 2013).

Sugg, Richard, Mummies, Cannibals and Vampires: The History of Corpse Medicine from the Renaissance to the Victorians (Abingdon and New York, 2011).

Swetnam-Burland, Molly, 'Nilotica and the Image of Egypt', in The Oxford Handbook of Roman Egypt, ed. Christina Riggs (Oxford, 2012), pp. 684–697.

Taylor, John H., Journey through the Afterlife: The Ancient Egyptian Book of the Dead (London, 2010).

Temple, Nicholas, Disclosing Horizons: Architecture, Perspective and Redemptive Space (London and New York, 2006).

Thissen, Heinz-Josef, Des Niloten Horapollon Hieroglyphenbuch (Munich, 2001).

Wengrow, David, The Archaeology of Early Egypt: Social Transformations in North-east Africa, 10,000 to 2650 BC (Cambridge, 2006).

—, 'Predynastic Art', ucla Encyclopedia of Egyptology (Los Angeles, ca, 2009); available at https://escholarship.org.

Williams, Caroline, 'Twentieth-century Egyptian Art: The Pioneers, 1920–52', in Re-Envisioning Egypt, 1919–1952, ed. Arthur Goldschmidt et al. (Cairo and New York, 2005), pp. 426–447.

Winegar, Jessica, 'Khaled Hafez: The Art of Dichotomy', Contemporary Practices, ii (2008), unpaginated.

Young, Robert J. C., 'The Afterlives of Black Athena', in African Athena: New Agendas, ed. Daniel Orrells et al. (Oxford, 2011), pp. 174–188.

—, Colonial Desire: Hybridity in Theory, Culture and Race (London and New York, 1995).

互联网上的古埃及

目前有许多以古埃及及近现代埃及为题的网页，这里无法一一列举。就古埃及艺术和考古领域而言，比较权威的博物馆包括大英博物馆、波士顿美术博物馆（the Museum of Fine Arts, Boston）、大都会艺术博物馆（the Metropolitan Museum of Art），这些博物馆拥有种类非常丰富的藏品，读者可以访问他们的网页。很多非英语欧洲国家的博物馆，比如卢浮宫博物馆和都灵埃吉齐奥博物馆（the Museo Egizio in Turin）也都提供英文版网页的浏览服务。诸如美国埃及研究中心（the American Research Center in Egypt）、芝加哥大学东方学院（the Oriental Institute of the University of Chicago）、位于开罗的德国考古研究所（the German Archaeological Institute in Cairo），以及埃及探索学会（the Egypt Exploration Society）这样的学术研究机构也都会在各自的网页及大众媒体上发布最新的活动信息，提供各种数据资源。

名为"挖掘文物"（Artefacts of Excavation）的网站，网址 http://egyptartefacts.griffith.ox.ac.uk，旨在搜寻那些 19 世纪末、20 世纪初，通过英国考古活动流散到世界各地的埃及文物。名为"美国埃及控"（American Egyptomania）的网站，网址（http://chnm.

gmu.edu），涉及内容非常广泛，与本书存在很多交集，比如东方学和非洲中心主义等。如果你想阅读各种关于当代埃及政治、文化的英文报道，可以浏览 Jadaliyya，它的报道范围涵盖整个中东地区，主办方为非营利性的阿拉伯研究所（Arab Studies Institute），以及金字塔在线（Ahram Online）、独立埃及（Egypt Independent）这样的网页。另外，埃及文物部门也有自己的配套网页，还会定期在脸书（Facebook）上更新信息。